最高人民法院案例指导与参考丛书

最高人民法院
物权案例指导与参考

（第二版）

最高人民法院案例
指导与参考丛书编选组 编

人民法院出版社

图书在版编目（CIP）数据

最高人民法院物权案例指导与参考／最高人民法院案例指导与参考丛书编选组编. -- 2 版. -- 北京：人民法院出版社，2021. 12

（最高人民法院案例指导与参考丛书）

ISBN 978-7-5109-3356-1

Ⅰ. ①最… Ⅱ. ①最… Ⅲ. ①物权法—案例—中国 Ⅳ. ①D923. 25

中国版本图书馆 CIP 数据核字(2021)第 245235 号

最高人民法院物权案例指导与参考（第二版）

最高人民法院案例指导与参考丛书编选组 **编**

责任编辑 陈晓璇
执行编辑 吴朔桦
出版发行 人民法院出版社
地　　址 北京市东城区东交民巷 27 号（100745）
电　　话 （010）67550629（责任编辑）　67550558（发行部查询）
65223677（读者服务部）
客服 QQ 2092078039
网　　址 http://www.courtbook.com.cn
E - mail courtpress@sohu.com
印　　刷 保定市中画美凯印刷有限公司
经　　销 新华书店

开　　本 787 毫米 ×1092 毫米 1/16
字　　数 341 千字
印　　张 20.75
版　　次 2021 年 12 月第 1 版　2021 年 12 月第 1 次印刷
书　　号 ISBN 978-7-5109-3356-1
定　　价 78.00 元

出版说明

案例指导制度是一项具有中国特色的司法制度。自建立以来，案例指导制度发展迅速，在统一裁判标准、提高审判质量、提升司法公信力方面发挥了重要作用。最高人民法院院长周强指出："及时将最高人民法院出台的指导案例汇聚成册，不断总结案例指导工作经验，是贯彻落实党的十八届四中全会关于加强和规范案例指导工作要求的具体措施，必将有力推动案例指导制度的发展完善。"① 基于此，我们编辑了《最高人民法院案例指导与参考丛书》，将最高人民法院出台的指导性案例分类汇编成册，并收录近几年来《最高人民法院公报》《中国审判指导丛书》中公布的具有重要参考价值的典型案例，为广大法官审理类似案件提供指导与参考，使公众从案例中直观领悟法律的原则和精神，更好地发挥司法的指导引领作用。

本套丛书具有以下特点：

第一，精选案例、指导实践。本套丛书收录了截至目前最高人民法院发布的全部指导性案例以及部分指导性案例理解与参照适用的权威论述，并对近几年来《最高人民法院公报》《民事审判指导与参考》《执行工作指导》《商事审判指导》《立案工作指导》《审判监督指导》《知识产权审判指导》等《中国审判指导丛书》中刊发的典型案例进行了系统梳理，精选出社会广泛关注、法律规定比

---

① 周强：《充分发挥案例指导作用 促进法律统一正确实施》，载《人民法院报》2015年1月4日第1版。

较原则、具有典型性、疑难复杂或者新类型的案例予以收录。这些案例经过了最高人民法院的层层筛选，案例中所蕴含的裁判思路、裁判标准和裁判方法将为广大法律工作者从“抽象到具体”的法律适用，提供从“具体到具体”的参照，对司法实践中的法律适用难点问题进行实例指导。

第二，精细编排，精准参照。本套丛书将最高人民法院公布的指导性案例以及分布在《最高人民法院公报》和最高人民法院各审判业务庭出版的审判参考类图书中的大量案例进行了精细分类编排，以案件类型为分卷标准，目前已陆续出版了合同、物权、侵权、劳动、婚姻家庭与继承、知识产权、保险、票据、公司、行政诉讼、执行、环境资源、建设工程等案例指导与参考分册，各分册以案由、异议理由对精选收录的案例进一步细化分类，每一案例均注明案例来源，方便读者进行同类案件查找比对。各分册还特别提炼了所收录案例的裁判要点，并在目录中进行醒目提示，使读者对案例的指导与参考要点一目了然，准确定位所需参照案例。在部分指导性案例后附录最高人民法院案例指导工作办公室撰写的理解与参照文章，有助于读者领会和把握案例的精神实质和指导与参考意义。

本套丛书一经推出便得到读者广泛好评。因近几年我国法律的立改废释工作举措密集，同时新类型案件层出不穷，本编写组特推出本套丛书第二版，以期为读者提供最新、最全的最高人民法院案例指导与参考。衷心希望本套丛书的出版能够为法律实务工作提供切实有效的办案指导与参考，同时也能够为法学理论研究提供权威、真实的案例素材。书中存在的不当之处，敬请广大读者批评指正。

编　者

二〇二一年十一月

目录

物权确认纠纷

返还原物纠纷

排除妨害纠纷

恢复原状纠纷

财产损害赔偿纠纷

侵害集体经济组织成员权益纠纷

建筑物区分所有权纠纷

业主知情权纠纷

相邻关系纠纷

建设用地使用权纠纷

建筑物和其他土地附着物抵押权纠纷

占有物返还纠纷

其他纠纷

物权确认纠纷

1. 于忠民与田胤先、刘颖房屋所有权确认纠纷案*

第三人撤销之诉中不对原审判决当事人的诉讼请求进行处理

【裁判摘要】

第三人撤销之诉的目的在于撤销原判决中对该第三人不利的部分。与再审程序不同，第三人撤销之诉中不对原审当事人的诉讼请求进行处理。

原告：于忠民，女，49岁，汉族，住辽宁省大连市中山区。

被告：田胤先，男，50岁，汉族，住辽宁省大连市中山区。

被告：刘颖，女，33岁，汉族，住所地广东省深圳市南山区。

原告于忠民因与被告田胤先、被告刘颖发生所有权确认纠纷，向上海市嘉定区人民法院提起诉讼。

原告于忠民诉称：于忠民与被告田胤先于1988年结婚，婚后育有两个女儿。2007年10月，田胤先以案外人李某名义购买了系争房屋，先后支付房款1018万元、30万元。后李某调离上海，系争房屋预告登记至田胤先名下。2009年4月2日，田胤先在于忠民不知情的

* 摘自《最高人民法院公报》2018年第7期。

情况下，擅自将系争房屋登记至被告刘颖名下。2011 年 7 月 4 日，田胤先出具书面证明，证实其将所购买的系争房屋赠予刘颖。2011 年 12 月 7 日，于忠民向大连市中级人民法院起诉田胤先、刘颖要求确认赠予行为无效。2012 年 2 月 8 日，刘颖向大连市中级人民法院提出管辖权异议申请。大连市中级人民法院于 2012 年 2 月 16 日裁定驳回其管辖权申请。随后刘颖提出上诉，辽宁高院于 2012 年 5 月 17 日裁定驳回上诉。2012 年 5 月 14 日，田胤先就系争房屋向嘉定区人民法院提起诉讼。嘉定区人民法院于 2012 年 8 月 9 日作出（2012）嘉民三（民）初字第 504 号民事判决书，判决确认田胤先在上海市嘉定区系争房屋中具有 60% 的所有权份额。于忠民认为系争房屋的购房款均系田胤先出资，系于忠民与田胤先的共同财产，田胤先擅自将其赠予刘颖，损害了于忠民的合法权益。现两被告恶意串通向嘉定区人民法院隐瞒于忠民在大连市中级人民法院已就赠予行为的效力提起诉讼的事实，致使原告未能参与该案的诉讼，且嘉定区人民法院的该份生效民事判决损害了于忠民的合法权益，故起诉要求：撤销上海市嘉定区人民法院于 2012 年 8 月 9 日作出的（2012）嘉民三（民）初字第 504 号民事判决。

被告田胤先辩称：不同意撤销判决，要求驳回原告于忠民的诉讼请求。田胤先与被告刘颖之间是合作投资系争房产，且对收益等作出了约定。与刘颖之间不存在恶意串通，系争房屋原登记在刘颖名下，确认田胤先具有 60% 所有权份额并未损害于忠民的权益。

被告刘颖辩称：本案没有赠予的问题，被告田胤先从未取得过系争房屋的物权。与田胤先之间关于系争房屋是合作投资关系，刘颖已按照双方约定给付田胤先 270 万元，田胤先亦予以确认。原告于忠民主张撤销权已超过诉讼时效。刘颖在 2012 年 8 月 30 日大连市中级人民法院庭审时已向于忠民出具了本案系争的生效判决。2013 年 1 月 1 日实施《民事诉讼法》，于忠民应当在 2013 年 6 月 30 日前提出撤销权之诉，但于忠民并未提出。撤销权之诉的诉讼时效不适用中止中断的规定。综上，要求驳回于忠民的诉讼请求。

上海市嘉定区人民法院一审查明：原告于忠民与被告田胤先系夫妻关

系，于1988年12月28日登记结婚，目前仍为夫妻。被告刘颖与田胤先于2009年生育一非婚生之女。

2007年10月，田胤先以案外人李某的名义向上海新安亭置业有限公司（以下简称新安亭公司）购买了系争房屋，并于2007年10月24日之前通过李某等人支付房款1018万元，房屋于2007年10月19日预告登记至李某名下（2008年5月28日注销该登记）。田胤先于2008年4月8日向新安亭公司支付30万元，后因实测面积变动，新安亭公司分两次退还田胤先26337元。系争房屋于2008年6月6日预告登记至田胤先名下。2008年6月8日，两被告签订合作协议，约定：双方共同出资购买系争房屋；产权登记在刘颖名下，但属双方共同所有；返还各自出资后，收益归双方共同所有。2009年1月25日，田胤先出具收条，确认收到刘颖给予部分购房款270万元，今后的税费、物业费等费用由刘颖负责缴纳，产权属双方共同所有，田胤先占60%，刘颖占40%，双方暂不使用该房屋，一旦出售先返还各自的实际出资，所得收益双方各得50%，处分该房屋时需双方完全同意。2009年3月13日，田胤先与新安亭公司签订关于注销系争房屋商品房预售合同及预告登记的注销协议，并于2009年3月16日注销登记。2009年3月24日，刘颖与新安亭公司签订系争房屋的《上海市商品房出售合同》，系争房屋于2009年4月20日登记至刘颖名下。2011年7月4日，田胤先出具证明一份，确认系争房屋系其于2009年4月赠予刘颖。2011年11月5日，田胤先出具系争房屋购买过程说明一份，陈述其以李某名义购买系争房屋，之后李某与新安亭公司解除预售合同，其本人与新安亭公司重新签订预售合同并进行了预告登记；2009年3月将系争房屋赠予女友刘颖，并由新安亭公司配合注销了预售合同及预告登记，由刘颖重新与新安亭公司签订出售合同并办理了产权登记，刘颖本人实际上并未支付任何房价款。

2011年12月7日，原告于忠民向大连市中级人民法院提起诉讼，以被告田胤先在夫妻关系存续期间，隐瞒原告多次将大量夫妻共同财产用于给被告刘颖购买财产，于忠民得知后索要未果为由，要求两被告返还钱款2500万元。大连市中级人民法院受理后，刘颖在答辩期间提出管辖权异议，以案件系涉不动产纠纷为由，要求移送上海法院审理。大连市中级人民法院审查后认为该案的争议性质为确认赠予行为效力问题，不属于因不动产纠纷引起的诉讼，非专属管辖，裁定驳回了该申请。后被告刘颖提出上诉，辽宁省高级人民法院裁定驳回上诉，维持原裁定。

在该案的管辖权异议上诉期间，被告田胤先于2012年5月14日，将被告刘颖诉至上海市嘉定区人民法院，要求判令确认田胤先对上海市嘉定区博园路×弄×号房屋（以下简称系争房屋）享有60%的所有权。诉讼中，田胤先和刘颖共同向上海市嘉定区人民法院隐瞒了于忠民已就系争房屋向大连市中级人民法院起诉的事实、于忠民的身份情况及两被告的关系。上海市嘉定区人民法院于2012年8月9日作出（2012）嘉民三（民）初字第504号民事判决书，判决确认田胤先在上海市嘉定区博园路×弄×号房屋中具有60%的所有权份额，判决作出后，双方均未上诉，该判决生效。

2012年8月30日，大连市中级人民法院就原告于忠民诉被告田胤先、刘颖赠予合同一案进行开庭，庭审中于忠民变更诉讼请求，要求确认两被告之间的赠与行为无效；要求刘颖返还所赠予房屋并将涉案房产的登记状态恢复至于忠民与田胤先所有。同日，刘颖将上海市嘉定区人民法院（2012）嘉民三（民）初字第504号民事判决书作为证据在庭审中提交于忠民质证。2013年7月4日，大连市中级人民法院作出（2012）大民一初字第3号民事判决书，判决确认田胤先赠予刘颖系争房屋的行为无效，刘颖将系争房屋过户至田胤先或原告于忠民名下。该判决作出后，刘颖于2013年7月20日向辽宁省高级人民法院提起上诉。经辽宁省高级人民法院释明，于忠民以上海市嘉定区人民法院作出的（2012）嘉民三（民）初字第504号民事判决损害了其合法权益为由，于2013年9月26日向上海市嘉定区人民法院起诉要求撤销该判决。

2013年10月23日，辽宁省高级人民法院作出（2013）辽民一终字第216号民事裁定书，裁定撤销大连市中级人民法院（2012）大民一初字第3号民事判决；驳回原告于忠民的起诉。

另查明，被告刘颖确认支付给新安亭公司的购房款均为被告田胤先支付，其未向新安亭公司支付过房款。两被告目前均未使用系争房屋。系争房屋目前仍登记在刘颖名下。诉讼中，上海市嘉定区人民法院根据原告于忠民的申请，对系争房屋进行了司法查封。

审理中，原告于忠民认为若原审判决被撤销，应确认系争房屋的权属为原告与被告田胤先共同共有，要求被告刘颖返还赠予房产的份额；田胤先则认为若撤销权成立，系争房屋应由其享有100%的所有权；刘颖则表示不同意撤销。

上海市嘉定区人民法院一审认为本案的争议焦点：（1）关于诉讼时效。（2）关于原审判决是否应撤销。（3）关于判决撤销后的处理。

1. 关于诉讼时效。原告于忠民虽然于2012年8月30日获知原审判决，但当时大连市中级人民法院尚未对原告起诉两被告要求确认赠予系争房屋的行为无效的诉讼作出判决，也就是说于忠民的民事权益是否会因原审判决而受到实际的损害尚不确定，而大连市中级人民法院的一审判决支持了于忠民的诉请，故直至被告刘颖于2013年7月20日向辽宁省高级人民法院提起上诉，于忠民经辽宁省高级人民法院释明后，方知道其民事权益会因原审判决受到损害。而辽宁省高级人民法院裁定撤销大连市中级人民法院的判决，驳回于忠民的起诉，于忠民的民事权益方才受到了实际的损害，故诉讼时效应从于忠民知道其民事权益会受到损害之时起算，于忠民的起诉并未超过诉讼时效。

2. 关于原审判决是否应撤销。被告田胤先出资购买系争房屋的行为发生在其与原告于忠民的夫妻关系存续期间，该行为依照我国《婚姻法》规定应为用夫妻共同财产购买房屋。田胤先购买房屋并取得预告登记的准物权后，在被告刘颖并未支付过房款的情况下，未经于忠民同意，擅自将预告登记注销，并将房屋登记至刘颖名下，损害了于忠民作为夫妻一方对于共同财产的所有权和平等的处分权。原审判决根据房屋的权属登记在刘颖名下及两被告对于田胤先所占份额的确认对系争房屋的权属作出认定，侵害了于忠民的民事权益，应予撤销。

3. 关于原审判决撤销后，对原审原告田胤先诉讼请求的处理。两被告在原告于忠民已就系争房屋的赠与行为提起诉讼的情况下，由原审原告田胤先向上海市嘉定区人民法院提起诉讼要求确认其在系争房屋中占有60%的所有权份额，并故意向法院隐瞒于忠民已就系争房屋向大连市中级人民法院起诉的事实、于忠民的身份情况及两被告的关系，企图通过诉讼阻挠大连市中级人民法院相关案件的审理，侵害原告于忠民的合法权益，属于恶意诉讼，故对于原审原告田胤先的诉讼请求应予驳回。

据此，上海市嘉定区人民法院依照《中华人民共和国民事诉讼法》第五十六条、第一百一十二条，《中华人民共和国婚姻法》第十七条之规定，于2014年10月22日作出判决：一、撤销（2012）嘉民三（民）初字第504号民事判决；二、驳回原审原告田胤先的诉讼请求。

刘颖不服一审判决，向上海市第二中级人民法院提起上诉。

上诉人刘颖称：其支付了180万房款并将一台宝马轿车以70万元作为房款抵付被上诉人田胤先，刘颖已实际支付房款。被上诉人于忠民在大连中院的起诉与系争房屋没有关系，刘颖没有隐瞒于忠民起诉的事实。田胤先未取得系争房屋所有权，即便是赠予，也只是钱款。撤销判决的诉讼时效从当事人知道或应当知道之日开始计算，本案诉讼时效已过。田胤先出具给于忠民的陈述及赠予证明，田胤先和己方均不认可，原审没有任何证据可供确认。刘颖与田胤先不存在恶意串通，于忠民和田胤先是夫妻，是利益共同体，两人相互勾结侵犯刘颖合法权益。原判认定事实和适用法律均存在错误，请求二审予以撤销。

被上诉人于忠民辩称：原审判决认定事实清楚，适用法律正确，请求驳回上诉，维持原判。

被上诉人田胤先未作答辩。

上海市第二中级人民法院经二审，确认了一审查明的事实。

上海市第二中级人民法院二审认为：系争房屋是被上诉人田胤先在与被上诉人于忠民夫妻关系存续期间购买，田胤先对于系争房屋的处置未征得于忠民的同意，影响于忠民对系争房屋的民事权益。在（2012）嘉民三（民）初字第504号民事诉讼中，田胤先、上诉人刘颖未告知原审法院于忠民已就系争房屋向大连市中级人民法院提起诉讼，导致于忠民因不能归责于本人的事由未能参加该案诉讼。于忠民提供的田胤先出具的证明、购房过程说明以及大连市中级人民法院、辽宁省高级人民法院的诉讼过程等证据能够证明已经发生法律效力的（2012）嘉民三（民）初字第504号民事判决书内容错误，损害其民事权益。于忠民请求撤销该判决的诉请，依法应予支持。

至于诉讼时效问题，原审法院对此已作阐述，理由确实充分，法院予以认同。上诉人刘颖关于此节的上诉意见，与事实不符，法院不予采纳。

鉴于被上诉人于忠民本案原审诉请即为撤销（2012）嘉民三（民）初字第504号民事判决，原审法院在本案中一并驳回田胤先在该案件中的诉请，有所不妥，本院予以纠正。

据此，上海市第二中级人民法院依照《中华人民共和国民事诉讼法》第五十六条第三款、第一百七十条第一款第（二）项之规定，于2015年3月31日作出判决：一、维持上海市嘉定区人民法院（2013）嘉民三（民）撤字第1号民事判决主文第一项；二、撤销上海市嘉定区人民法院（2013）嘉民三（民）撤字第1号民事判决主文第二项。

本判决为终审判决。

2. 宜兴市新街街道海德名园业主委员会诉宜兴市恒兴置业有限公司、南京紫竹物业管理股份有限公司宜兴分公司物权确认纠纷、财产损害赔偿纠纷案*

开发商无充分证据证明房屋系其所有，且其已将房屋建设成本分摊到出售给业主的商品房中，则该房屋属于小区全体业主所有

【裁判摘要】

开发商与小区业主对开发商在小区内建造的房屋发生权属争议时，应由开发商承担举证责任。如开发商无充分证据证明该房屋系其所有，且其已将该房屋建设成本分摊到出售给业主的商品房中，则该房屋应当属于小区全体业主所有。开发商在没有明确取得业主同意的情况下，自行占有使用该房屋，不能视为业主默示同意由开发商无偿使用，应认定开发商构成侵权。业主参照自该房屋应当移交时起的使用费向开发商主张赔偿责任的，人民法院应予支持。

原告：宜兴市新街街道海德名园业主委员会。住所地：江苏省宜兴市环科园兴业路。

法定代表人：徐法军，该委员会主任。

* 摘自《最高人民法院公报》2018 年第 11 期。

被告：宜兴市恒兴置业有限公司。住所地：江苏省宜兴市环科园兴业路。

法定代表人：施洪飞，该公司董事长。

被告：南京紫竹物业管理股份有限公司宜兴分公司。住所地：江苏省宜兴市环科园兴业路。

负责人：张年富，该公司经理。

原告宜兴市新街街道海德名园业主委员会（以下简称海德名园业委会）因与被告宜兴市恒兴置业有限公司（以下简称恒兴公司）、南京紫竹物业管理股份有限公司宜兴分公司（以下简称紫竹物业公司）发生物权确认纠纷、财产损害赔偿纠纷，向江苏省宜兴市人民法院提起诉讼。

原告海德名园业委会诉称：2007 年 12 月，被告恒兴公司发包建设宜兴市新街街道海德名园小区 1 期、2 期、3 期工程，其中包括坐落在海德名园二期内面积为 1123. 62 平方米的会所。2009 年 3 月 27 日，恒兴公司将前期小区物业移交给被告紫竹物业公司管理，在所移交的物业材料中明确了 26 号会所除“位于会所二层、面积 476 平方米”作为物业用房，但产权归全体业主所有。该会所自修建至今，一直为恒兴公司所占有使用，且使用至今扣除物业用房外未向业主缴纳分文租赁费用。紫竹物业公司对于租金的损失应承担连带责任，因紫竹物业公司进场时业主们把会所移交给了紫竹物业公司，在会所被别人占用后，紫竹物业公司没有帮业主们维权。故请求判令恒兴公司与紫竹物业公司支付自 2008 年 11 月 1 日起至今的租赁费用 80 万元（暂按 10 万元每年计算）。

审理中，原告海德名园业委会增加诉讼请求，要求确认海德名园二期 26 号会所中除物业用房外的 647. 62 平方米的房屋所有权为宜兴市新街街道海德名园全体业主所有，并明确损失是从 2008 年 11 月 1 日起计算至起诉之日止。

被告恒兴公司辩称：请求驳回原告海德名园业委会的诉请。既然原告诉状中写到本案诉争的 26 号会所是恒兴公司投资建造，而原告并没有提供其对主张的租赁的物业有法律上的所有权或者支配权的依据，因此原告的诉请没有事实和法律的依据，且该诉请开始时间是 2008 年，也应该是从当时开始的之前两年。原告增加的确认所有权的诉请是一个独立的诉，应该先审确认所有权的诉，然后才能审理赔偿损失之类的诉。

被告紫竹物业公司辩称：（1）根据相关规定，涉及小区有关物业和管理的重大事项，需要业主共同决定。（2）原告海德名园业委会要求租赁费用 80 万元，前提是有会所的所有权或者有效的裁判文书确认会所归业委会所有，但是业委会并没有提供相关证据证明会所归业委会所有。（3）其公司是物业服务单位，要求其公司承担相应的责任没有依据。（4）对原告增加诉请没有异议，但是要等所有权确认之后才能审理损失赔偿。

江苏省宜兴市人民法院一审查明：宜兴市新街街道海德名园一、二、三期小区的开发商系被告恒兴公司。在海德名园二期内建有海德名园会所，该会所的建设工程规划许可证载明的建设项目名称为海德名园会所、建设规模为两层 1215 平方米。该证的“附图及附件名称”内载有：其中物业管理用房建筑面积 700 平方米，核发红卡等内容。根据规划部门的解释，“核发红卡”的房产不得销售。该会所至今没有房产证。2008 年 11 月 1 日，恒兴公司与被告紫竹物业公司签订物业移交验收接管协议，该协议第一条移交物业基本情况载明移交物业为海德名园 118800 多平方米的住宅。第三条载明本物业管理区域内配置的会所、物业服务用房等情况如下：（1）会所，位于海德名园二期第 26 号，面积 1123 平方米，使用情况为部分开放；（2）物业管理服务用房，位于会所二楼，面积 475 平方米，使用情况为实际投入的物业用房还不止 475 平方米。协议约定紫竹物业公司自 2008 年 10 月 30 日开始承接物业。海德名园二期第 26 号会所除物业公司使用的 476 平方米物业用房外，其余面积 647. 62 平方米是由恒兴公司使用或控制。海德名园小区于 2013 年 8 月 18 日成立首届业主大会，于 2017 年 3 月 24 日进行第二届业主委员会换届选举，第二届业主委员会任期五年。第二届业主委员会于 2017 年 4 月两次书面通知恒兴公司商讨小区管理，会所、人防工程的使用管理等事宜。

江苏省宜兴市人民法院一审认为：对于小区会所在有合法规划、没有规定、没有产权证的情况下，有约定从约定，没有约定的，如有证据证明会所的成本实际列入了商品房建造成本，构成商品房对外销售价格的组成部分，则归业主所有。本案应认定海德名园二期第26号会所的成本实际已列入商品房建造成本，构成商品房对外销售价格的组成部分，理由如下：（1）根据被告恒兴公司与被告紫竹物业公司签订的物业移交验收接管协议，会所属海德名园小区内配置的用房即配套用房，根据建设工程规划许可，该会所不能销售，故该会所显然不属于恒兴公司认为的是规划在商铺部分的。（2）从物价局核定海德名园商品房预售价格的材料看，一期恒兴公司申报列入的是每平方米15元的“物业房”成本，而二期恒兴公司申报列入的是每平方米22.9元的“物业用房、会所”成本，且二期先核定的多层第16、17、19幢小区配套明细表“物业用房、会所”栏内还明确注有“会所1300平方米”的内容。从上述情况可以看出恒兴公司申报列入商品房对外销售价格的是整幢会所而不仅是物业用房的成本。（3）从会所列入商品房对外销售价格的金额分析，会所的成本是由物业用房和争议面积两个部分共同组成的，一期调取到的商品房预售价格核定材料仅有第5、6幢两幢楼的，该两幢楼经计算列入的金额为118965元，根据一期的房屋数量，一期列入商品房对外销售价格的物业用房成本远远大于该118965元。二期调取到的6幢多层，3幢高层、小高层列入商品房对外销售价格的物业用房、会所成本经计算总计1067242元，根据二期的房屋数量，金额也明显大于该1067242元。三期没有商品房预售价格的核定材料，销售价格中有无相应成本无法确定。（4）恒兴公司所列会所成本明细是其公司单方制作，金额无法完全确认，其公司主张的分摊方法更与事实不符。例如，根据恒兴公司提供的材料，二期的土地成本为58545113.69元，按恒兴公司的分摊方法，住宅应分摊45085447.81元，会所应分摊3476133.41元。按物价局核定的地价实际住宅分摊了50228549.55元，多分摊了5143101.74元，住宅分摊的土地成本足以涵盖会所的土地成本。因此，对恒兴公司主张的成本分摊方法不予采信。且会所是不得销售的房屋，在规费等费用上与商品房应有区别。（5）恒兴公司提供的土地分割证、图纸等不能证明会所属恒兴公司所有。综上，再结合商品房预售价格核定材料中反映的建筑安装工程费成本，应认定会所的成本已构成商品房对外销售价格的组成部分，对会所的建设成本进行司法审价也无必要。本案海德名园二期第26号会所有争议的647.62平方米的房屋应属海德名园小区全体业主所有。恒兴公司占有使用除物业用房外的其他会所房屋，应支付参照租赁费用计算的损失。按物业移交验收接管协议紫竹物业公司承接物业的时间是2008年10月30日，海德名园业委会有权要求从2008年11月1日起开始计算损失，金额可按评估报告确定的标准计算。因恒兴公司系连续占有使用会所，故本案未过诉讼时效。损失计算至起诉之日共计803150元。原告海德名园业委会要求紫竹物业公司承担赔偿责任于法无据，不予支持。

据此，江苏省宜兴市人民法院依照《中华人民共和国物权法》第四条、第三十三条、第三十七条，《中华人民共和国民法通则》第七十二条、第一百三十七条之规定，于2017年11月27日作出判决：一、宜兴市新街街道海德名园二期第26号会所除物业用房外的647.62平方米的房屋属海德名园小区全体业主所有；二、被告宜兴市恒兴置业有限公司于判决发生法律效力之日起10日内支付原告宜兴市新街街道海德名园业主委员会损失803150元；三、驳回原告宜兴市新街街道海德名园业主委员会对被告南京紫竹物业管理股份有限公司宜兴分公司的诉讼请求。

恒兴公司不服一审判决，向无锡市中级人民法院提起上诉称：（1）本案涉及两个不同的诉，被上诉人海德名园业委会在一审第二次开庭前增加确认所有权的诉请，与起诉时的财产损害赔偿属于不同法律关系，应另行起诉，不能在本案中增加，故一审程序违法。（2）其公司在一审中要求对案涉会所的建设成本是否分摊到海德名园商品房中进行审计，但一审法院未予准许，仅凭部分与客观事实有出入的表述，就认定会所的建设成本已分摊到商品房中，缺乏依据。（3）一审对会所的租金评估参照物业与会所不同，评估时并未考虑会所是在小区内部的特殊性，因此，一审法院对于租赁费用的认定不当。（4）会所系其公司获得土地使用权并投入资金建造而成，至本案诉讼前，海德名园业委会并未认为其公司存在侵权行为，也未提出过权利主张，这至少表明海德名园业委会对会所的使用状况是同意的，也未要求支付对价，因此，一审法院不能支持海德名园业委会提出自2018年起至今所有租金的诉请，法律没有规定会所所有权归于何方，其公司也不存在侵权行为。故请求二审法院依法改判。

被上诉人海德名园业委会辩称：根据上诉人恒兴公司在一审中提供的证据及计算方式，表明案涉会所的成本已纳入海德名园商品房，对会所成本没有审价的必要。会所一直由恒兴公司使用，业主及业委会均没有使用过会所，业委会自成立后，曾对会所多次向恒兴公司提出主张，当地社区领导也组织双方协调过此事，但恒兴公司一直未归还会所。对于会所的租赁费用，评估公司是进行大量的调查之后作出的评估，并且参照物业用房中 182.77 平方米以每年 3.8 万元出租给他人的租金标准，恒兴公司占用会所造成的实际损失远超评估的 80 多万元，故本案评估价格是合理的。一审判决正确，请求驳回上诉，维持原判。

原审被告紫竹物业公司陈述称：一审判决其公司不承担责任正确，请求维持原判。

无锡市中级人民法院经二审审理，确认了一审查明的事实。

江苏省无锡市中级人民法院二审认为本案二审的争议焦点：（1）一审法院是否存在程序违法问题；（2）案涉会所归谁所有；（3）上诉人恒兴公司是否应向被上诉人海德名园业委会支付会所的使用费。

1. 关于一审法院是否存在程序违法问题，因被上诉人海德名园业委会在起诉时要求上诉人恒兴公司、原审被告紫竹物业公司支付案涉会所的租赁费用，由于在一审法院的第一次庭审中恒兴公司对会所的权属提出抗辩，一审法院向海德名园业委会释明，应先对会所进行确权，才能进一步明确租赁费用的诉请。海德名园业委会表示在本案中对会所进行确权，并书面申请增加该项诉讼请求，一审法院及时向恒兴公司、紫竹物业公司送达了海德名园业委会的该申请，并且对海德名园业委会增加的该项诉请在第二次庭审中进行了审理。因此，一审法院将海德名园业委会的两项诉讼请求一并审理，既有利于双方争议的解决，亦不存在程序违法问题。故恒兴公司提出的该项上诉意见，缺乏依据，不予采纳。

2. 案涉会所属海德名园全体业主所有，理由如下：《中华人民共和国物权法》第七十条[①]规定，业主对建筑物内的住宅、经营性用房等专有部分享有所有权，对专有部分以外的共有部分享有共有和共同管理的权利；该法第七十三条[②]规定，建筑区划内的其他公共场所、公用设施和物业服务用房，属于业主共有。《最高人民法院关于审理建筑物区分所有权纠纷案件具体应用法律若干问题的解释》第三条[③]规定，除法律、行政法规规定的共有部分外，建筑区划内的以下部分，也应当认定为《中华人民共和国物权法》第六章所称的共有部分：其他不属于业主专有部分，也不属于市政公用部分或者其他权利人所有的场所及设施等。本案中，案涉会所位于海德名园小区内，与476平方米的物业用房同属一套建筑的整体，根据建设工程规划许可证、物业移交接管协议备案证明存根，以及上诉人恒兴公司与原审被告紫竹物业公司签订的物业移交验收接管协议等书面证据所载明的内容来看，恒兴公司在移交物业时，是将会所与物业用房一并作为配套用房移交给紫竹物业公司，而且写明产权归全体业主所有。被上诉人海德名园业委会在本案中提供了上述证据，对其主张已经尽到初步举证义务。而恒兴公司辩称会所系其公司所有，作为海德名园小区的开发商，恒兴公司应当进一步提供充分证据予以证明。恒兴公司虽然提供了土地分割证、会所成本核算等证据，但根据一审法院向宜兴市国土资源局、宜兴市环科园规划办公室调查了解的情况，以及宜兴市物价局对海德名园商品房价格核定的相关材料，恒兴公司所举证据并不足以证明会所系其公司所

---

① 对应《民法典》第二百七十一条：“业主对建筑物内的住宅、经营性用房等专有部分享有所有权，对专有部分以外的共有部分享有共有和共同管理的权利。”

② 对应《民法典》第二百七十四条：“建筑区划内的道路，属于业主共有，但是属于城镇公共道路的除外。建筑区划内的绿地，属于业主共有，但是属于城镇公共绿地或者明示属于个人的除外。建筑区划内的其他公共场所、公用设施和物业服务用房，属于业主共有。”

③ 《最高人民法院关于审理建筑物区分所有权纠纷案件具体应用法律若干问题的解释》已被修改，2021年1月1日施行的《最高人民法院关于审理建筑物区分所有权纠纷案件适用法律若干问题的解释》第三条：“除法律、行政法规规定的共有部分外，建筑区划内的以下部分，也应当认定为民法典第二编第六章所称的共有部分：（一）建筑物的基础、承重结构、外墙、屋顶等基本结构部分，通道、楼梯、大堂等公共通行部分，消防、公共照明等附属设施、设备，避难层、设备层或者设备间等结构部分；（二）其他不属于业主专有部分，也不属于市政公用部分或者其他权利人所有的场所及设施等。建筑区划内的土地，依法由业主共同享有建设用地使用权，但属于业主专有的整栋建筑物的规划占地或者城镇公共道路、绿地占地除外。”

有。根据物价局核定的价格，以及第16、17、19幢小区配套明细表中载明的“会所1300平方米”，可以表明恒兴公司已将会所的成本列入商品房价格中，因此，没有必要再专门对会所的建设成本进行审价。综上，依据《中华人民共和国物权法》及司法解释的规定，针对双方当事人的举证情况，应认定案涉会所属海德名园全体业主所有。

3. 关于上诉人恒兴公司占有使用案涉会所应当承担的责任。首先，会所属于全体业主所有，恒兴公司作为海德名园小区的开发商对此理应知晓，并且在物业移交验收接管协议备案证明中也明确了该事实，故恒兴公司自将物业用房于2008年10月30日移交给紫金物业公司时，本应将会所一并移交给全体业主占有、使用、收益，但恒兴公司却一直无偿占有使用至今，致使海德名园全体业主不能使用、收益，从而造成了相应损失。依据《中华人民共和国物权法》第三十七条①的规定，因恒兴公司的侵权，被上诉人海德名园业委会作为全体业主代表有权请求恒兴公司赔偿损失。其次，恒兴公司认为海德名园业委会没有主张过权利，至少表明是同意其公司使用的。但依据《中华人民共和国民法总则》第一百四十条②的规定，沉默只有在有法律规定、当事人约定或者符合当事人之间的交易习惯时，才可以视为意思表示。海德名园业委会明确表示曾多次向恒兴公司提出归还会所的主张，并未同意恒兴公司无偿使用，恒兴公司亦未能举证证明其公司占有使用会所符合法律所列上述情形，故恒兴公司所提该项上述意见，并无事实和法律依据。最后，《中华人民共和国侵权责任法》第十九条③规定，侵害他人财产的，财产损失按照损失发生时的市场价格或者其他方式计算。本案中，原审法院参照会所的租赁费用来确定本案损失，并依法委托评估机构对此进行评估。根据评估机构对会所租赁费用的评估过程来看，评估机构不仅到现场查勘了会所的实际情况，还对类似商业办公

① 对应《民法典》第二百三十八条：“侵害物权，造成权利人损害的，权利人可以依法请求损害赔偿，也可以依法请求承担其他民事责任。”

② 对应《民法典》第一百四十条：“行为人可以明示或者默示作出意思表示。沉默只有在有法律规定、当事人约定或者符合当事人之间的交易习惯时，才可以视为意思表示。”

③ 对应《民法典》第第一千一百八十四条：“侵害他人财产的，财产损失按照损失发生时的市场价格或者其他合理方式计算。”

用房的租金情况进行了大量的调查和分析，从而作出了不同时段租赁费用的评估结论，因此，评估机构的评估具有事实依据，亦无程序违法之处，恒兴公司未能提供相应证据推翻该评估意见，故评估意见合法有效，一审法院据此作为参照确定本案损失，并无不妥。

综上，江苏省无锡市中级人民法院依照《中华人民共和国民事诉讼法》第一百七十条第一款第一项之规定，于2018年1月26日作出判决：驳回上诉，维持原判。

3. 中国农业发展银行安徽省分行诉张大标、安徽长江融资担保集团有限公司保证金质权确认之诉案*

金钱质押生效必须满足金钱特定化和移交债权人占有两个条件

【裁判摘要】

根据《最高人民法院关于适用〈中华人民共和国担保法〉若干问题的解释》第八十五条规定，金钱质押生效的条件包括金钱特定化和移交债权人占有两个方面。双方当事人已经依约为出质金钱开立了担保保证金专用账户并存入保证金，该账户未作日常结算使用符合特定化的要求。特定化并不等于固定化，账户因业务开展发生浮动不影响特定化的构成。占有是指对物进行控制和管理的事实状态，银行取得对该账户的控制权，实际控制和管理该账户即应认定符合出质金钱移交债权人占有的要求。

原告：中国农业发展银行安徽省分行。住所地：安徽省合肥市包河区金寨路。

负责人：王富君，该行行长。

被告：张大标，男，43岁，汉族，住安徽省合肥市包河区。

---

* 摘自《最高人民法院公报》2015年第1期。

第三人：安徽长江融资担保集团有限公司。住所地：安徽省合肥市芜湖路。

法定代表人：赵永东，该公司董事长。

原告中国农业发展银行安徽省分行（以下简称农发行安徽分行）因与被告张大标、第三人安徽长江融资担保集团有限公司（以下简称长江担保公司）发生执行异议纠纷，向安徽省合肥市中级人民法院提起诉讼。

原告农发行安徽分行诉称：2009 年 4 月 7 日，农发行安徽分行与第三人长江担保公司签订《信贷担保业务合作协议》，约定长江担保公司在农发行安徽分行开立担保保证金专户，长江担保公司将具体担保业务约定的保证金存入该担保保证金专户，缴存的保证金不低于所担保贷款额度的 10%，未经农发行安徽分行同意，长江担保公司不得动用担保保证金专户内的资金。上述合作协议签订后，农发行安徽分行同长江担保公司就信贷担保业务按约进行了合作。2011 年 12 月 19 日，安徽省合肥市中级人民法院在审理张大标诉安徽省六本食品有限责任公司、长江担保公司等民间借贷纠纷一案过程中，根据张大标的申请，对长江担保公司上述保证金账户内的资金进行了保全并在该案判决生效后，将上述保证金账户内的资金 13383132.57 元划至法院账户。后安徽省合肥市中级人民法院又裁定驳回了农发行安徽分行的执行异议。农发行安徽分行认为，上述账户内的资金实际系长江担保公司向农发行安徽分行提供的质押担保，人民法院对该账户内的资金不得进行强制执行。请求判令：农发行安徽分行对长江担保公司在农发行安徽分行处开设的担保保证金账户内的资金享有质权，人民法院对该账户内资金停止强制执行，案件受理费由张大标承担。

被告张大标辩称：原告农发行安徽分行与第三人长江担保公司之间的《贷款担保业务合作协议》没有质押的意思表示；长江担保公司在农发行安徽分行处开设的账户不符合中国人民银行规定的人民币专用账户开户条件，不构成账户的特定化；农发行安徽分行为长江担保公司开设的账户资金本身是浮动的，不符合特定化的要求，故请求驳回农发行安徽分行的诉讼请求。

第三人长江担保公司认可原告农发行安徽分行对账户资金享有质权的

意见。

安徽省合肥市中级人民法院一审查明：

1. 2009 年 4 月 7 日，为合作开展面向中小企业担保贷款业务，原告农发行安徽分行与第三人长江担保公司签订一份《贷款担保业务合作协议》。其中第三条“担保方式及担保责任”约定：甲方（长江担保公司）向乙方（农发行安徽分行）提供的保证担保为连带责任保证；保证担保的范围包括主债权及利息、复息、罚息、违约金、损害赔偿金和实现债权的费用。第四条“担保保证金（担保存款）”约定：甲方在乙方开立担保保证金专户，担保保证金专户行为农发行安徽分行营业部，账号为2033×××××××××××××××9511；甲方需将具体担保业务约定的保证金在保证合同签订前存入担保保证金专户，甲方需缴存的保证金不低于贷款额度的10%；未经乙方同意，甲方不得动用担保保证金专户内的资金。第八条“违约责任”约定：甲方在乙方处开立的担保专户的余额无论因何原因而小于约定的额度时，甲方应在接到乙方通知后3 个工作日内补足，补足前乙方可以中止本协议项下业务。上述协议还就合作范围与内容、合作条件与担保程序、贷款的催收、展期及担保责任的承担等事项作出约定。2009 年 10 月 30 日、2010 年 10 月 30 日，农发行安徽分行与长江担保公司还分别签订与上述合作协议内容相似的两份《信贷担保业务合作协议》。

2. 2009 年 4 月 7 日《贷款担保业务合作协议》签订后，原告农发行安徽分行同第三人长江担保公司就贷款担保业务进行合作，长江担保公司在农发行安徽分行处开立担保保证金账户，账号为2033×××××××××××××××9511。长江担保公司按照协议约定缴存规定比例的担保保证金，并据此为相应额度的贷款提供了连带保证责任担保。自 2009 年 7 月至 2012 年 12 月，上述账号发生 100 余笔业务，有的为贷方业务，有的为借方业务。

3. 2011 年 12 月 19 日，安徽省合肥市中级人民法院在审理张大标诉安徽省六本食品有限责任公司、长江担保公司等民间借贷纠纷一案过程中，根据张大标的申请，对长江担保公司上述保证金账户内的资金 14957852 元进行保全。该案判决生效后，安徽省合肥市中级人民法院将上述保证金账户内的资金 13383132. 57 元划至该院账户。农发行安徽分行作为案外人提出执行异议，该院于2012年11月2日裁定驳回异议，并告知农发行安徽分行有权自裁定书送达之日起15日内向法院提起诉讼。2012年11月，农发行安徽分行提起本案诉讼。

本案一审的争议焦点为：第三人长江担保公司就账号中的资金对原告农发行安徽分行是否构成质押担保。

合肥市中级人民法院一审认为：根据《中华人民共和国担保法》第六十三条①、第六十四条②及《最高人民法院关于适用〈中华人民共和国担保法〉若干问题的解释》第八十五条③的规定，质押合同成立并生效须符合两个条件：一是签订书面的质押合同，二是完成质押物的交付。金钱作为特殊的动产质押须具备以下要件：一是双方当事人要签订质押合同，有将金钱作为质押的意思表示；二是要对质押物的金钱进行特定化，并移交债权人占有。

首先，第三人长江担保公司与原告农发行安徽分行签订的是合作协议并非质押合同，且约定的保证方式为连带责任保证，整个合同行文中没有质押条款，由此表明双方并无将金钱作为质押的意思表示。其次，合作协议中虽然约定长江担保公司向约定账户存入一定数额的保证金，但没有约定农发行安徽分行就保证金在债务人不清偿到期债务时享有优先受偿权的相关内容。再次，保证金账户是长江担保公司开立，在形式上不符合法定的“移交债权人占有”。最后，涉案保证金账户多次存有进出账的情形，账户内的资金的数额不断浮动，不符合法律规定的特定化的要件。上述事实表明，长江担保公司并无就账号为2033××××××××××××××××9511中的资金提供质押担保的意思表示。农发行安徽分行主张其与长江担保公司存在质押担保法律关系，对账号为2033××××××××××××××××9511

---

① 对应《民法典》第四百二十五条：“为担保债务的履行，债务人或者第三人将其动产出质给债权人占有的，债务人不履行到期债务或者发生当事人约定的实现质权的情形，债权人有权就该动产优先受偿。前款规定的债务人或者第三人为出质人，债权人为质权人，交付的动产为质押财产。”

② 对应《民法典》第四百二十七条：“设立质权，当事人应当采用书面形式订立质押合同。”

③ 《最高人民法院关于适用〈中华人民共和国担保法〉若干问题的解释》现已废止。

中的资金享有优先受偿权的理由不能成立，对其诉讼请求不予支持。

综上，合肥市中级人民法院依照《最高人民法院关于民事诉讼证据的若干规定》第二条，《中华人民共和国担保法》第六十三条、第六十四条、第六十五条，《最高人民法院关于适用〈中华人民共和国担保法〉若干问题的解释》第八十五条之规定，于2013年3月28日判决：驳回中国农业发展银行安徽省分行的诉讼请求。

农发行安徽分行不服一审判决，向安徽省高级人民法院提起上诉称：（1）一审判决认定农发行安徽分行与长江担保公司之间无将金钱作为质押的意思表示与事实不符，长江担保公司所缴存的保证金是为其自身可能需要承担的代偿责任提供质押担保。（2）案涉《贷款担保业务合作协议》约定未经农发行安徽分行同意，长江担保公司不得动用保证金专户内的资金，表明该保证金的占有权实际上已经完成转移。（3）案涉保证金账户内的金额浮动属正常情形，原审判决认定不符合特定化要求没有依据。请求支持其诉讼请求。

被上诉人张大标辩称：案涉《贷款担保业务合作协议》约定原审第三人长江担保公司不得动用保证金专户内的资金一节，只是说明长江担保公司对资金的处分受到了一定的限制，并不能说明占有权已经发生了转移。另依据《中国人民银行结算账户管理办法》的规定，该账户所用的科目是“40196其他单位存款”，不是“保证金”科目，也印证了案涉账户不是特户。请求驳回上诉，维持原判。

安徽省高级人民法院经二审，确认了一审查明的事实。

另查明：（1）案涉《贷款担保业务合作协议》第六条“贷款的催收、展期及担保责任的承担”约定：借款人逾期未能足额还款的，甲方在接到乙方书面通知后5日内按照第三条约定向乙方承担担保责任，并将相应款项划入乙方指定账户。第八条“违约责任”约定：甲方违反本协议第六条的约定，没有按时履行保证责任的，乙方有权从甲方在其开立的担保基金专户或其他任一账户中扣划相应的款项。（2）农发行会计科目中，设置有“405保证金存款”一级科目及“40501结算保证金、40502企业经营风险保证金、40566外汇保证金、40599其他保证金”二级科目。案涉保证金在“40196 其他单位存款”科目项下进行核算。

安徽省高级人民法院二审认为：《中华人民共和国物权法》第二百一十条[①]规定：“设立质权，当事人应当采取书面形式订立质权合同。质权合同一般包括下列条款：（一）被担保债权的种类和数额；（二）债务人履行债务的期限；（三）质押财产的名称、数量、质量、状况；（四）担保的范围；（五）质押财产交付的时间。”第二百一十二条[②]规定：“质权自出质人交付质押财产时设立。”《最高人民法院关于适用〈中华人民共和国担保法〉若干问题的解释》第八十五条规定：“债务人或者第三人将其金钱以特户、封金、保证金等形式特定化后，移交债权人占有作为债权的担保，债务人不履行债务时，债权人可以以该金钱优先受偿。”依照上述法律及司法解释的规定，金钱作为一种特殊的动产，具备一定形式要件后，可以用于质押。本案中，上诉人农发行安徽分行主张其对案涉账户内的资金享有质权，应当从农发行安徽分行与原审第三人长江担保公司之间是否存在质押合意以及质权是否设立两个方面进行审查。

一、上诉人农发行安徽分行与原审第三人长江担保公司之间是否存在质押关系

案涉《贷款担保业务合作协议》约定，上诉人农发行安徽分行与原审第三人长江担保公司之间合作开展面向中小企业的担保贷款业务。从长江担保公司提供担保的方式看，依据协议第三条“担保方式及担保责任”的约定，长江担保公司为借款企业借款向农发行安徽分行提供保证担保方式，对此双方当事人均无争议。双方存在争议的是长江担保公司是否向农发行安徽分行提供了质押担保。经审查，依据该协议第四条“担保保证金”约定“甲方（长江担保公司）在乙方（农发行安徽分行）开立担保

---

① 对应《民法典》第四百二十七条：“设立质权，当事人应当采用书面形式订立质押合同。质押合同一般包括下列条款：（一）被担保债权的种类和数额；（二）债务人履行债务的期限；（三）质押财产的名称、数量等情况；（四）担保的范围；（五）质押财产交付的时间、方式。”

② 对应《民法典》第四百二十九条：“质权自出质人交付质押财产时设立。”

保证金专户；担保保证金专户行为农发行安徽分行营业部，账号2033××××××××××××××××9511；甲方需将具体担保业务约定的保证金，在《保证合同》签订前将担保基金存入在乙方开立的担保保证金专户，甲方需缴存的保证金不低于贷款额度的10%；未经乙方同意甲方不得动用担保保证金专户内的资金”，第八条“违约责任”约定“甲方违反本协议第六条的约定，没有按时履行保证责任的，乙方有权从甲方在其开立的担保基金专户或其他任一账户中扣划相应的款项；甲方在乙方处开立的担保专户的余额无论因任何原因而小于约定的额度时，甲方应在接到乙方通知后3个工作日内补足，补足前乙方可以中止本协议项下的业务”的内容，农发行安徽分行与长江担保公司之间协商一致，达成对长江担保公司为担保业务所缴存的保证金设立担保保证金专户，长江担保公司按照贷款额度的一定比例缴存保证金；农发行安徽分行作为开户行对长江担保公司存入该账户的保证金取得控制权，长江担保公司不能自由使用该账户内的资金；长江担保公司未履行保证责任，农发行安徽分行有权从该账户中扣划相应的款项优先受偿的合意。该合意具备质押合同的一般要件，符合《最高人民法院关于适用〈中华人民共和国担保法〉若干问题的解释》第八十五条关于金钱质押的规定。一审判决关于双方当事人之间无将金钱作为质押的意思表示及协议中没有优先受偿权内容的认定不当。

二、案涉质权是否设立

依照《中华人民共和国物权法》第二百一十二条“质权自出质人交付质押财产时设立”的规定，交付行为应被视为设立动产质权的生效条件。金钱质押作为特殊的动产质押，不同于不动产抵押和权利质押，依照《最高人民法院关于适用〈中华人民共和国担保法〉若干问题的解释》第八十五条规定，金钱质押生效的条件包括金钱特定化和移交债权人占有两个方面。

1. 原审第三人长江担保公司于2009年4月3日在上诉人农发行安徽分行开户，设立的账号为2033××××××××××××××××9511，与案涉《贷款担保业务合作协议》约定的账号一致，即双方当事人已经按照协议约定为出质金钱开立了担保保证金专用账户。保证金专户开立后，长江担保公司按照每次担保贷款额度的一定比例向该账户缴存保证金，该账户亦未作日常结算使用，故符合《最高人民法院关于适用〈中华人民共和国担保法〉若干问题的解释》第八十五条规定的金钱以特户形式特定化的要求。另占有是指对物进行控制和管理的事实状态，因案涉账户开立在上诉人农发行安徽分行，农发行安徽分行作为质权人，取得对该账户的控制权，实际控制和管理该账户，符合出质金钱移交债权人占有的要求。故案涉质权依法设立。至于“405 保证金存款”与“40196 其他单位存款”会计科目同属于银行内部的会计核算方式，《最高人民法院关于适用〈中华人民共和国担保法〉若干问题的解释》第八十五条对特户的外在形式也未作出规定，故不应当以此作为质权生效的条件。

2. 关于账户资金浮动的问题。保证金以专户形式特定化并不等于固定化。案涉账户在使用过程中，账户内的资金根据业务发生情况虽处于浮动状态，但均与保证金业务相对应，除缴存的保证金外，支出的款项均用于保证金的退还和扣划，未用于非保证金业务的日常结算，即上诉人农发行安徽分行可以控制该账户，原审第三人长江担保公司对该账户内的资金使用受到限制，故该账户资金的浮动仍符合金钱作为质权的特定化和移交占有的要求。被上诉人张大标辩解 2011 年 12 月 26 日从该账户转出 6151562.76 元，表明长江担保公司对该账户资金享有处置权。因该笔款项是农发行安徽分行在贷款逾期未还时予以扣划用以清偿债务的款项，故应当属于实现质权的情形。农发行安徽分行与长江担保公司之间虽约定按贷款额度的一定比例缴存保证金，但长江担保公司所缴存的保证金并非为具体某一笔借款提供质押担保，农发行安徽分行对进入该账户内的资金均依法享有质权。故不能理解为农发行安徽分行在长江担保公司未履行担保责任时只能按缴存的保证金数额扣划，否则协议关于担保专户余额小于约定额度时，长江担保公司应予补足的约定即没有实际意义。据此，张大标的此节辩解理由不能成立。

综上，一审判决认定事实清楚，但适用法律不当。据此，安徽省高级人民法院依照《中华人民共和国民事诉讼法》第一百七十条第一款第（二）项之规定，于 2013 年 11 月 19 日判决：一、撤销安徽省合肥市中级人民法院（2012）合民一初字第00505号民事判决；二、中国农业发展银行安徽省分行对安徽长江投资担保集团有限公司账户（账号：2033××××××××××××××××9511）内的13383132.57元资金享有质权。一审案件受理费102099元，由张大标负担；二审案件受理费102099元，由张大标负担。

本判决为终审判决。

返还原物纠纷

4. 长三角商品交易所有限公司诉卢海云返还原物纠纷案*

▶

劳动者不能以用人单位拖欠劳动报酬为由对单位的财产行使留置权

【裁判摘要】

留置权是平等主体之间实现债权的担保方式；除企业之间留置的以外，债权人留置的动产，应当与债权属于同一法律关系。

劳动关系主体双方在履行劳动合同过程中处于管理与被管理的不平等关系。劳动者以用人单位拖欠劳动报酬为由，主张对用人单位供其使用的工具、物品等动产行使留置权，因此类动产不是劳动合同关系的标的物，与劳动债权不属于同一法律关系，故人民法院不予支持该主张。

原告：长三角商品交易所有限公司，住所地：江苏省无锡市滨湖区高浪东路。

法定代表人：翟小平，该公司董事长。

被告：卢海云，男，汉族，50岁，住江苏省无锡市崇安区。

原告长三角商品交易所有限公司（以下简称长三角公司）因与被告卢海云发生返还原物纠纷，向江苏省无

* 摘自《最高人民法院公报》2017年第1期。

锡市崇安区人民法院提起诉讼。

原告长三角公司诉称：被告卢海云原系长三角公司副总经理，为方便卢海云工作，长三角公司将捷达苏B×××××轿车配给卢海云使用。后长三角公司管理层进行调整，卢海云拒绝调整安排并且旷工多日，因此，长三角公司于2014年2月21日作出处罚通告1份，载明卢海云连续旷工13日，从即日起给予辞退处理等内容，并于当日将该通告送达给卢海云，故长三角公司与卢海云之间的劳动关系已经解除。因此，卢海云无权继续占用该车辆，也无权以劳资纠纷为由对苏B×××××轿车行使留置权，理由：（1）卢海云与长三角公司之间的劳资纠纷应适用劳动法，不能适用物权法上的留置权来对抗长三角公司。（2）长三角公司将车辆配置给卢海云使用并非基于劳动关系，而是提供给高管的一种福利，与工资、社保金纠纷并非同一法律关系，长三角公司有权按照民法上的所有权要求卢海云返还车辆。（3）即使卢海云申请劳动仲裁，但仲裁裁决书尚未生效，债权债务没有确定，卢海云无权留置长三角公司的财产。（4）由于卢海云拒不返还苏B×××××轿车，造成长三角公司必须额外支付公司员工外出打车、租车的费用。经向各车辆租赁公司咨询，捷达轿车的租赁价格约每日100元。故请求法院判令卢海云向长三角公司返还苏B×××××轿车；卢海云向长三角公司支付苏B×××××轿车的使用费（自2014年2月21日起至返还车辆之日止，按每天100元计算）。

被告卢海云辩称：原告长三角公司确实将捷达苏B×××××轿车配给卢海云使用，也收到长三角公司于2014年2月21日向卢海云送达的处罚通告，卢海云同意解除与长三角公司之间的劳动关系，但不同意返还苏B×××××轿车，理由：（1）因长三角公司未结欠被告工资、社保金及经济赔偿金，故卢海云对长三角公司享有债权。同时，卢海云已就劳资纠纷向无锡市滨湖区劳动人事争议仲裁委员会申请劳动仲裁。（2）苏B×××××轿车是卢海云担任公司副总经理期间由长三角公司配置给其使用，因此，卢海云是基于劳动关系合法占有苏B×××××轿车。（3）卢海云占有的车辆与债权同属劳动关系，故可以对苏B×××××汽车行使留置权，直至长三角公司付清相关费用。(4) 长三角公司主张的车辆使用费没有事实和法律依据，因此不同意支付车辆使用费。

无锡市崇安区人民法院一审查明：捷达苏 B×××××轿车登记在原告长三角公司名下，被告卢海云原系长三角公司副总经理，长三角公司2013年9月6日购买该车后即交付卢海云使用。2014年2月21日，长三角公司向卢海云送达《关于卢海云同志旷工和挪/占用公司财产处罚通告》，载明卢海云“连续旷工13日，我公司多次通知，拒不去集团物流园报到，也不来交易所，并挪用和拒还公司小车（捷达苏 B×××××），其行为违反了我司《员工手册》第三章第十五条关于旷工的规定和第十三章第七十二条第十款挪用公司财物的规定，属于严重的违纪行为，从即日起给予辞退处理”等内容。卢海云对解除劳动关系并无异议，但认为长三角公司解除劳动关系违法，应向其支付拖欠的工资、社保金及经济补偿金，故拒绝向长三角公司返还苏 B×××××轿车。

另查明：被告卢海云于2014年6月9日向无锡市滨湖区劳动人事争议仲裁委员会申请劳动仲裁，2014年7月25日该委作出锡滨劳人仲案字(2014)第339号仲裁裁决书，载明原告长三角公司应支付卢海云2013年1月至2014年1月的工资差额126000元及违法解除劳动合同的经济赔偿金8万元等内容。

无锡市崇安区人民法院一审认为：原告长三角公司因被告卢海云担任长三角公司副总经理，将苏B×××××汽车配置给卢海云使用，故卢海云因长三角公司的安排合法占有、使用该车辆。卢海云系基于其与长三角公司的劳动关系合法占有该车辆，又主张基于该劳动关系长三角公司应结欠其工资及经济赔偿金，故卢海云依法有权对该车行使留置权。因此，卢海云在长三角公司与其解除劳动关系后，基于长三角公司尚欠其工资及经济补偿金事宜，有权对苏 B×××××汽车行使留置权。故对长三角公司要求卢海云返还车辆、支付车辆使用费的主张不予支持。

综上，无锡市崇安区人民法院依照《中华人民共和国民法通则》第五条之规定，于2014年8月6日作出判决：驳回长三角公司的诉讼请求。

长三角公司不服一审判决，向无锡市中级人民法院提起上诉。

上诉人长三角公司上诉称：（1）因劳动关系产生的债权不能适用留置权。留置权属于担保物权，具有自主救济性，根据《中华人民共和国担保法》第八十四条①规定，留置权只适用保管合同、运输合同、加工承揽合同发生的债权债务纠纷。本案系劳资纠纷，且已经提请仲裁，寻求了公力救济，因此，不能再适用留置权。（2）卢海云对苏B×××××汽车属于非法占有。卢海云只是获得在职期间使用该车的权利，并没有取得该车的完整使用权，该车的使用权是有时间限制和条件限制的，而卢海云作为公司高管，只是获得不需批准使用的权利，这种临时的、短期的使用权不属于合法占有，因此，也无留置权适用余地。请求二审法院依法改判。诉讼中，长三角公司放弃要求卢海云支付苏B×××××轿车使用费的主张，仅要求卢海云返还苏B×××××轿车。

被上诉人卢海云辩称：（1）《中华人民共和国物权法》对《中华人民共和国担保法》中的留置权适用范围进行了扩大，不局限于保管、运输、加工承揽合同发生的债权，卢海云基于劳动关系产生的债权可以适用留置权。（2）卢海云系担任长三角公司副总经理而合法占有苏B×××××轿车，符合留置权成立的“合法占有”要件，虽然长三角公司对劳动仲裁不服又提起了诉讼，但是卢海云的债权仍未得到清偿，应有权行使留置权。请求二审维持原判。

无锡市中级人民法院经二审，确认了一审查明的事实。

另查明：

1. 上诉人长三角公司不服锡滨劳人仲案字（2014）第339号仲裁裁决书，已向无锡市滨湖区人民法院提起诉讼，该案尚处于诉讼程序中。

2. 二审中，上诉人长三角公司提供《全日制劳动合同书》1份，用以证明被上诉人卢海云作为公司高管，被安排在管理岗位。长三角公司并进

---

① 对应《民法典》第四百四十九条：“法律规定或者当事人约定不得留置的动产，不得留置。”

一步对管理岗位的工作内容作出解释，即行政管理、财务以及人事工作。卢海云对《全日制劳动合同书》的真实性、合法性没有异议，也认可卢海云名义上是主持交易所全面工作，实际是分管行政管理、财务以及人事工作。据此，法院对卢海云的管理岗位及主要分管“行政管理、财务以及人事”的工作内容予以认可。

本案二审的争议焦点为：被上诉人卢海云是否可以就其劳动债权对上诉人长三角公司的苏B×××××汽车行使留置权。

无锡市中级人民法院二审认为：留置权是平等主体之间实现债权的担保方式；除企业之间留置的以外，债权人留置的动产，应当与债权属于同一法律关系。劳动关系主体双方在履行劳动合同过程中处于管理与被管理的不平等关系。劳动者以用人单位拖欠劳动报酬为由，主张对用人单位供其使用的工具、物品等动产行使留置权，因此类动产不是劳动合同关系的标的物，与劳动债权不属于同一法律关系，故该主张与法律规定相悖。上诉人长三角公司的上诉理由成立，应予采纳。理由如下：

1. 基于劳动关系产生的债权不能行使留置权。《中华人民共和国物权法》第二百三十条[①]规定：“债务人不履行到期债务，债权人可以留置已经合法占有的债务人的动产，并有权就该动产优先受偿。”第二百三十一条[②]规定：“债权人留置的动产，应当与债权属于同一法律关系，但企业之间留置的除外。”根据法律规定及法律体系的架构，留置权的行使要件之一应为存在平等主体间的债权债务关系。留置权是担保物权之一，规定在《中华人民共和国民法通则》《中华人民共和国担保法》《中华人民共和国物权法》等民法体系中，其调整对象应是平等主体间的民事担保关系，排除因管理行为产生的债权债务对担保法的运用。留置权在性质上是平等主

---

① 对应《民法典》第四百四十七条：“债务人不履行到期债务，债权人可以留置已经合法占有的债务人的动产，并有权就该动产优先受偿。前款规定的债权人为留置权人，占有的动产为留置财产。”

② 对应《民法典》第四百四十八条：“债权人留置的动产，应当与债权属于同一法律关系，但是企业之间留置的除外。”

体间实现债权的一种方式，其平等性表现在债权人可通过留置债务人的动产对抗债务人，督促其履行债务，并可通过对留置物进行变价优先受偿来保护债权。而劳动关系一方为用人单位，另一方为劳动者，与一般的民事关系相比，双方在履行劳动合同过程中处于管理和被管理的不平等关系，劳动者不能基于劳动管理关系而对所占有的用人单位的财产适用留置，否则将导致劳动管理秩序的紊乱。《中华人民共和国劳动法》及《中华人民共和国劳动合同法》已经对劳动者的合法权利设置了倾斜性保护条款，劳动者完全可以通过法定的正当途径保护自己的劳动债权，如再使用私力救济方式保护劳动债权，不仅影响劳动生产和管理秩序，还将造成债权债务保护的不公平性。另外，由于留置权具有优先受偿性，不仅优于一般债权人，还优先于享有抵押权、质押权人的其他债权人，而劳资纠纷产生于用人单位与劳动者之间，本质上系经济组织的内部纠纷，从用人单位与劳动者共担经营风险的角度而言，也不应通过行使留置权而优先于外部债权人受偿。

2. 被上诉人卢海云所扣留的苏B×××××轿车，不是双方劳动合同关系的标的物，不符合“同一法律关系”的构成要件。除企业间留置外，留置的动产应与债权属于同一法律关系。这实际上对留置的动产范围作了严格限定。所谓同一法律关系，是指债权人占有动产是基于与其债权发生的同一法律关系发生，动产与债权发生具有紧密联系性。劳动合同的基本法律关系为劳动者承担向用人单位提供劳动和接受用人单位管理的义务，并有权要求用人单位依约支付劳动报酬。本案中，卢海云被上诉人长三角公司安排在管理岗位，分管行政事务、财务以及人事工作，因此，卢海云所扣留的苏B×××××轿车，仅仅是长三角公司为公司高管出行提供的便利，并非双方建立的劳动关系的标的物，长三角公司可以随时收回车辆，并不影响原有劳动关系的履行，长三角公司是基于所有权而不是基于劳动关系要求卢海云返还车辆。故卢海云占有苏B×××××轿车与其主张的工资、社保金等劳动债权并非基于同一法律关系。

3. 双方劳动关系已经解除，被上诉人卢海云丧失合法占有苏

B×××××轿车的基础。作为上诉人长三角公司高管所享受的便利，卢海云合法占有苏B×××××轿车是有时间限制和条件限制的，在双方劳动关系解除后，卢海云合法占有苏B×××××轿车的条件已不存在，理应向长三角公司返还苏B×××××轿车。

综上，一审判决事实认定清楚，但适用法律错误，应予纠正。上诉人长三角公司放弃被上诉人卢海云支付苏B×××××轿车使用费的主张，是对自身合法权利的处分。据此，无锡市中级人民法院根据《中华人民共和国物权法》第二百三十条、第二百三十一条和《中华人民共和国民事诉讼法》第一百七十条第一款第（二）项之规定，于2014年11月17日判决如下：一、撤销无锡市崇安区人民法院于2014年8月6日作出的（2014）崇民初字第0562号民事判决；二、卢海云自本判决生效之日起10日内向长三角公司返还苏B×××××轿车。一审案件诉讼费875元、二审案件受理费875元，均由卢海云负担。

本判决为终审判决。

5. 某村民委员会诉郑某某等十二人返还原物纠纷案*

属于农村建设工程中未分配的房屋，其所有权归属集体所有，人民法院对村民委员会要求私自侵占者返还该房屋的应予以支持。

【裁判摘要】

属新农村建设工程中未分配的房屋，其所有权归属集体所有，当事人未经法定程序违法私自侵占，人民法院对村民委员会要求返还该房屋的诉讼请求予以支持。

一、基本案情

被告郑某某等系北京市房山区某村村民。2009 年，北京市房山区某村为推进新农村建设，决定启动整建制搬迁工程。2009 年 6 月 22 日，经全村户代表大会表决通过《某村整建制搬迁工程实施方案》，并签署了《某村户代表大会决议》。2010 年 3 月，搬迁工程开始动工，被告郑某某系第一期搬迁村民，按照实施方案，被告郑某某家旧宅将被拆除，并可在规划区内分配新房。2011 年 10 月 6 日，某村村民代表大会通过了《关于新房分配相关事宜的决议》，依据被告郑某某等 12 人的申请，某村村民委员会为被告郑某某等 12 人分配了住房。因对村集体后续搬迁分房政策不满，被告郑某某等 12 人

* 摘自 2016 年 8 月 22 日最高人民法院公布的关于弘扬社会主义核心价值观典型案例。

在搬进依据《关于新房分配相关事宜的决议》应分得的房屋后，将某村村内小区未分配12套住房换锁，并占为己有。2013年12月27日，原告北京市房山区某村村民委员会诉至人民法院，请求人民法院依法判令郑某某等12名被告返还村集体房屋。

郑某某等12名被告则认为：不同意返还房屋，12名被告确实按《某村整建制搬迁工程实施方案》分配了新房，12名被告是第一期，但后来村委会没有严格按照方案执行，在第二期、第三期搬迁过程中存在分房不公的现象。例如，一部分人可以在自己的宅基地上建房，不在搬迁规划区居住，甚至盖平房；一部分人分配新房面积超标；有些人不交个人负担部分费用也可入住；一些人户口早已迁出本村的，在搬迁过程中将户口迁回也可以分房；部分村干部存在违反实施方案的情况，违规建房，多占面积。

二、裁判结果

法院生效裁判认为：无权占有不动产或者动产的，权利人可以请求返还原物。本案诉争的位于北京市房山区某村村内小区的房屋属某村整建制搬迁工程中未分配住房，其所有权应归属村集体所有，郑某某等12名被告未经法定程序私自占有，实属不当，某村村民委员会要求返还该房屋的诉讼请求，于法有据，应予以支持。12名被告认为原告北京市房山区某村村民委员会在执行拆迁政策过程中有不公正现象以及部分村干部存在违规多占问题，应通过正当渠道予以反映、解决，本院亦将案件审理过程中村民反映的问题，正式函告北京市房山区霞云岭乡政府，促请乡政府予以调查、核实并争取妥善解决。

法院于2014年12月4日作出判决：被告郑某某等12人于判决生效后10日内将北京市房山区某村村内小区的未分配房屋返还原告北京市房山区某村村民委员会。宣判后，双方均未提出上诉，该判决现已生效。

三、典型意义：诚实守法

本案在于教育、警示新农村建设中的违法行为人，保障新农村建设的正常进行。在新农村建设中，一些法律意识淡薄且存有侥幸心理的农村村民，无视、漠视法律、法规、规章及村规民约，妄图以违法行为获取非法或不当利益，且行为往往具有集团性，对新农村建设危害极大。本案以判决的方式，昭示了在新农村建设当中应当遵循的契约精神，打击了新农村建设中违法侵占行为和违约失信行为，破除了新农村建设的障碍，维护了新农村建设秩序，保障了新农村建设的顺利推进。

6. 唐某三人诉俞某某返还原物纠纷案*

▶

物权人将房产赠与他人，受赠人承诺允许赠与人及其再婚配偶继续居住使用房屋至去世，在房产已经转移登记至受赠人后，受赠人无权单方撤销承诺

【裁判摘要】

物权人将房产赠与他人，受赠人承诺允许赠与人及其再婚配偶继续居住使用房屋至去世，该承诺应视为赠与人作出赠与房产时所附的赠与义务，或称之为附条件的赠与。在房产已经转移登记至受赠人后，受赠人无权单方撤销承诺。

一、基本案情

案涉房屋原系唐某三人的父亲唐某某与母亲韩某某的夫妻共同财产。2007 年，韩某某去世。2008 年，唐某三人通过继承遗产及唐某某的房屋产权赠与，取得案涉房屋所有权，并出具承诺书，承诺：父亲唐某某及其续弦未离世前，有终身无偿居住该房屋的权利，但此房只能由唐某某及其续弦居住，其无权处置（出租、出售、出借等），唐某三人无权自行处置该房产。后俞某某与唐某某登记结婚，共同居住案涉房屋。2016 年 1 月，唐某某去世，64 岁的俞某某仍居住在内。同年 6

* 摘自 2021 年 2 月 24 日最高人民法院公布的人民法院老年人权益保护十大典型案例。

月，唐某离婚，其以无房居住为由要求入住该房屋，遭俞某某拒绝。唐某三人提起本案诉讼，要求判令俞某某立即返还唐某三人名下的案涉房屋。

二、裁判结果

安徽省合肥市庐阳区人民法院认为，唐某三人在取得案涉房屋所有权时作出的承诺系其真实意思表示，且不违反法律强制性规定，俞某某依据该承诺享有继续在案涉房屋居住的权利，唐某三人应按承诺履行其义务。同时，俞某某不存在违反承诺书中对案涉房屋出租、出售、出借的行为，故对唐某三人要求俞某某立即返还其名下案涉房屋的请求，不予支持，判决驳回唐某三人的诉讼请求。

三、典型意义

物权人将房产赠与他人，受赠人承诺允许赠与人及其再婚配偶继续居住使用房屋至去世。在现行法律规定下，该承诺应视为赠与人作出赠与房产时所附的赠与义务，或称之为附条件的赠与。在房产已经转移登记至受赠人后，受赠人无权单方撤销承诺。本案纠纷发生时我国法律并未直接对居住权作出规定，在此情况下，应充分尊重当事人的意思自治。本案的裁判结果不仅符合情理，也与新颁布实施的《中华人民共和国民法典》关于居住权规定的相关精神一致，即不动产过户后，原物权人继续使用不动产，该种保留房屋居住使用权的赠与，可视为设立居住权的合同，新产权人亦无权单方撤销该合同。这一审判思路贯彻了党的十九大提出的加快建立多主体供给多渠道保障住房制度的要求，有利于解决老年人赡养、婚姻家庭生活中涉及的房产问题，保障老有所居，切实保护老年人的权益。

排除妨害纠纷

7. 濉溪县杜庙木材大市场有限公司诉从家根排除妨害纠纷案*

生效判决无法执行且确有错误，应当通过审判监督程序解决

【裁判摘要】

作为执行依据的生效判决内容应当明确具体。如果生效判决无法执行且确有错误，也不应当通过另诉程序解决，而应当通过审判监督程序解决。

原告：濉溪县杜庙木材大市场有限公司。住所地：安徽省濉溪县。

法定代表人：张守维，该公司经理。

被告：从家根，男，46岁，住安徽省濉溪县。

原告濉溪县杜庙木材大市场有限公司（以下简称杜庙木材大市场）因与被告从家根发生排除妨害纠纷，向安徽省濉溪县人民法院提起诉讼。

原告杜庙木材大市场诉称：2011年，被告从家根租用杜庙木材大市场的2.6亩土地，在租用土地范围内搭建了4间临时建筑。合同到期后，从家根拒不履行续订义务也拒绝搬离。为此，杜庙木材大市场起诉至安徽省濉溪县人民法院，要求判令从家根返还土地使用权并赔偿损失，该院支持了杜庙木材大市场的诉讼请求。从家根不服该判决提起上诉，安徽省淮北市中级人民法院驳

* 摘自《最高人民法院公报》2019年第2期。

回从家根的上诉，维持了一审判决。杜庙木材大市场遂向安徽省濉溪县人民法院申请强制执行。在该院执行期间，从家根实际赔偿杜庙木材大市场的损失款至2014年年底。然而，在执行过程中，从家根仍然拒绝拆除在杜庙木材大市场土地使用权范围内的建筑物及堆放物。据此，请求判令从家根排除妨碍，拆除在其2.6亩土地使用权范围内全部建筑物及堆放物，并赔偿杜庙木材大市场自2015年1月1日起的损失，具体标准参照（2014）濉民二初字第00010号判决书。

被告从家根辩称：原告杜庙木材大市场并未依法取得涉案土地的使用权，其起诉本身缺乏诉权。涉案的之前已经生效的两份判决书的判决结果缺乏事实与法律依据，不能作为本案的定案依据，且从家根有新的证据足以否认上述两份判决。2008年10月1日，杜庙木材大市场与涉案村民签订的协议系无效协议，杜庙木材大市场与从家根签订的协议同样是无效协议，均不受法律保护。从家根现在经营的土地是依据2013年9月5日与相关村民之间签订的协议，与杜庙木材大市场无关。综上，杜庙木材大市场与本案没有任何法律关系，建议驳回其诉讼请求。

安徽省濉溪县人民法院一审查明：2008年10月1日，原告杜庙木材大市场的法定代表人张守维以淮北建材市场（未经依法登记）的名义与濉溪县濉溪镇杜庙村王铁炉村民组32户农民签订《土地租赁协议》，村民自愿将承包地共计75.79亩出租给淮北建材市场用于建设板材市场，租期期限为2008年10月1日起至2018年10月1日止。2011年6月20日，杜庙木材大市场依法登记成立，法定代表人为张守维。2011年7月1日，杜庙木材大市场与被告从家根签订《场地租赁协议》，该协议约定，杜庙木材大市场将2.6亩土地租给从家根使用，年租金为每亩3446元，使用期限至2013年7月1日。租赁期满，从家根既不续租又不搬离，杜庙木材大市场为此诉至安徽省濉溪县人民法院，要求从家根返还2.6亩土地的使用权，赔偿损失10万元。安徽省濉溪县人民法院于2014年6月17日作出（2014）濉民二初字第00010号民事判决：一、从家根于判决生效后5日内返还杜庙木材大市场2.6亩土地使用权（土地位置北邻赵德朋、王少青，西临徐俊、南至路边，东至河堤底。即从南路中心取点，向北垂直量够宽35.5米，再垂直向东量够长48.6米形成的长方形范围），赔偿杜庙木材大市场经济损失8586.3元（3446÷12×11.5×2.6），2014年6月20日以后的损失按此标准继续计算至限定的债务履行之日止；二、驳回杜庙木材大市场的其他诉讼请求。从家根不服上诉至安徽省淮北市中级人民法院，安徽省淮北市中级人民法院于2014年9月24日作出（2014）淮民二终字第00160号民事判决，驳回上诉，维持原判。杜庙木材大市场申请原审法院执行期间，从家根已实际赔偿杜庙木材大市场2014年12月31日前的损失。2.6亩土地上的建筑物及堆放物至今未拆除。

安徽省濉溪县人民法院一审认为：公民违反合同应当承担民事责任。本案中，被告从家根租用原告杜庙木材大市场2.6亩土地，合同到期后，其继续占有使用租赁物没有法律依据，依法应当返还，从家根在涉案土地上的建筑物及堆放物应当拆除，故对原告杜庙木材大市场要求从家根拆除涉案土地上的建筑物及堆放物的诉讼请求予以支持。被侵权人有权请求侵权人承担侵权责任，侵权人造成的损失应当予以赔偿，从家根在合同到期后继续占有使用租赁物未有法律依据，给原告造成了一定的经济损失，其应按照同期土地租赁费用赔偿杜庙大市场损失，自2015年1月起按照每亩年租金3446元的标准赔偿。

综上，安徽省濉溪县人民法院依照《中华人民共和国民法通则》第一百零六条第一款、第一百三十四条，《中华人民共和国合同法》第八条、第四十四条、第二百三十五条，《中华人民共和国侵权责任法》第三条、第十五条，《中华人民共和国民事诉讼法》第六十四条，《最高人民法院关于民事诉讼证据的若干规定》第二条之规定，于2015年4月27日判决：一、被告从家根于判决书生效之日起5日内将在原告濉溪县杜庙木材大市场有限公司2.6亩土地使用权（土地位置北邻赵德朋、王少青，西临徐俊、南至路边，东至河堤底。即从南路中心取点，向北垂直量够宽35.5米，再垂直向东量够长48.6米形成的长方形）范围内的建筑物及其他堆放物拆除；二、被告从家根按照（3446÷12×2.6）的标准赔偿原告濉溪县杜庙木材大市场有限公司的经济损失，从2015年1月1日起计算至从家根拆除濉溪县杜庙木材大市场有限公司2.6亩土地使用权范围内的建筑物及其他堆放物时止。

从家根不服一审判决，向安徽省淮北市中级人民法院提起上诉称：被上诉人杜庙木材大市场于 2011 年 6 月 20 日登记设立，与诉争土地及地上附着物不存在任何法律关系。张守维以淮北建材市场的名义与濉溪县濉溪镇杜庙村王铁炉村民组 32 户农民于 2008 年 10 月 1 日签订的《土地租赁协议》和杜庙木材大市场与从家根于 2011 年 7 月 1 日签订《场地租赁协议》均违反法律、行政法规的强制性规定，对当事人不具有法律约束力，系无效协议。前案两审民事判决认定事实、适用法律错误，不能作为定案依据。从家根与濉溪县濉溪镇杜庙村王铁炉村民组 32 户农民于 2013 年 9 月 5 日签订《土地租赁协议》，并依约交纳租金。从家根经营、使用涉案土地与杜庙木材大市场不具有法律上的关联性，杜庙木材大市场要求排除妨碍及赔偿损失无事实和法律依据。请求二审撤销原判，驳回杜庙木材大市场的诉讼请求。

被上诉人杜庙木材大市场二审辩称：上诉人从家根上诉涉及的事实已由前案两审民事判决作出认定，判决未被撤销。从家根的上诉理由不能成立，应驳回上诉，维持原判。

安徽省淮北市中级人民法院经二审，确认了一审查明的事实。另查明：被上诉人杜庙木材大市场与上诉人从家根签订的《场地租赁协议》，租赁期限从 2008 年 10 月 1 日起至 2013 年 7 月 1 日止。从家根与濉溪县濉溪镇杜庙村王铁炉村民组 32 户农民于 2013 年 9 月 5 日就涉案土地另行签订《土地租赁协议》。

安徽省淮北市中级人民法院二审认为：被上诉人杜庙木材大市场与上诉人从家根签订的租赁合同期满后，因从家根不返还租赁土地，其诉至法院要求从家根返还土地使用权并赔偿损失。双方之间的纠纷已经该院（2014）淮民二终字第 00160 号民事判决予以确认，杜庙木材大市场已向该案一审法院提出执行申请，而本次判决和前次判决基于同一事实和理由，属重复诉讼。原审法院对同一纠纷再次作出判决不当，应当予以纠正。进一步分析如下：

根据《中华人民共和国民事诉讼法》第一百二十四条第五项之规定，

“对判决、裁定、调解书已经发生法律效力的案件，当事人又起诉的，告知原告申请再审，但人民法院准许撤诉的裁定除外。”一般认为，这就是我国《民事诉讼法》对“一事不再理”原则的基本表述。2015 年 2 月 4 日起施行的《最高人民法院关于适用〈中华人民共和国民事诉讼法〉的解释》[①] 第二百四十七条规定：“当事人就已经提起的事项在诉讼过程中或者裁判生效后再次起诉，同时符合下列条件的，构成重复起诉：（一）后诉与前诉的当事人相同；（二）后诉与前诉的诉讼标的相同；（三）后诉与前诉的诉讼请求相同，或者后诉的诉讼请求实质上否定前诉裁判结果。”“当事人重复起诉的，裁定不予受理；已经受理的，裁定驳回起诉，但法律、司法解释另有规定的除外。”

对于双方当事人之间的土地租赁合同纠纷，在本案之前，二审法院曾经作出过生效判决。在该案中，被上诉人杜庙木材大市场的诉讼请求是，要求判令上诉人从家根返还土地使用权并赔偿返还前的损失。在杜庙木材大市场胜诉后的执行期间，一审法院仅实际执行到 2014 年 12 月 31 日之前的损失赔偿部分，但因地上存有从家根修建的建筑物和堆放物，而未能实际将涉案土地执行“返还”。现在的问题在于，杜庙木材大市场在本案中要求“排除妨害”的诉讼请求与前案的诉讼请求之间是什么关系？从逻辑上分析，如果不能就地上附着物问题切实地“排除妨害”，则“土地使用权返还”的前案判决结果只能落空，成为难以执行、无法落实的一纸空文；本案关于赔偿自 2015 年 1 月 1 日起的损失，从文义上理解，必然是前案关于赔偿自 2013 年起损失的判决结果之中的一部分。换言之，本案的这两项诉讼请求都是与前案诉讼请求不可分割的：或者是互为因果，或者是有所重复。其中，排除妨害与返还土地使用权之间是互为因果的关系，整段时间的损失赔偿与一段时间的损失赔偿之间则是相互包含的关系。

再换个角度，从本案双方的诉辩意见来看：对被上诉人杜庙木材大市场而言，如果前案判决能够实际执行到位，涉案土地使用权返还到杜庙木

---

① 《最高人民法院关于适用〈中华人民共和国民事诉讼法〉的解释》已于 2020 年修正，修正后第二百四十七条规定内容未作修改。

材大市场的手中，其就不会再提起本案“排除妨害”的诉讼请求；如果前案赔偿损失的诉讼请求得以不折不扣的执行，杜庙木材大市场也绝对不会再对2015年1月1日之后的损失再次诉请赔偿。对上诉人从家根而言，其一审和二审的抗辩意见，无非是强调，不仅本案不应当支持本案原告杜庙木材大市场的诉请，而且前案的生效判决结果也是错误的。总而言之，这两个案子中杜庙木材大市场的诉讼请求，怎么看都是叠床架屋。

《民事诉讼法》中“一事不再理”原则包括两个方面的含义：第一，当事人不得就已经向法院起诉的案件再次起诉；第二，裁判生效后产生既判力，当事人不得就双方争议的法律关系再行起诉，从法院角度讲，就是不得再受理，避免作出相互矛盾的判决，也避免当事人纠缠不清，造成诉累。确定无法执行的判决，即不具有执行力的判决，判决结果不仅值得商榷，也很可能根本就是不当甚至完全错误的。执行遇阻的判决，也不应当简单人为地以某一时点进行切割，之前的执行，之后的另诉。同时，如果本案能够在执行程序中解决当事人之间的纠纷，则前案生效判决不必启动审判监督程序，否则，即应当告知当事人通过对前案生效判决申请再审来解决。既然如此，本案合乎逻辑的结论只能是，杜庙木材大市场在前案中要求返还土地使用权与本案中要求排除妨害，是实质上的“一事”，故应当裁定驳回其本案起诉。

据此，安徽省淮北市中级人民法院依照《中华人民共和国民事诉讼法》第一百二十四条第五项、第一百七十条第一款第二项、第一百七十五条，《最高人民法院关于适用〈中华人民共和国民事诉讼法〉的解释》第二百四十七条、第三百三十条之规定，于2015年9月14日裁定：一、撤销安徽省濉溪县人民法院（2015）濉民一初字第00206号民事判决；二、驳回被上诉人濉溪县杜庙木材大市场有限公司的起诉。

本裁定为终审裁定。

8. 连成贤诉臧树林排除妨害纠纷案*

签订房屋买卖合同后卖方应向买方履行权利与实物的双重交付，买方已取得房屋产权而未实际占有的，其仅基于物权请求权要求有权占有人迁出，法院应慎重审查

【裁判摘要】

签订房屋买卖合同后出卖方应向买受人履行权利与实物的双重交付，在买受方已取得房屋产权而未实际占有的情况下，其仅仅基于物权请求权要求有权占有人迁出，法院应作慎重审查。若占有人对房屋的占有具有合法性、正当性，买受方应以合同相对方为被告提起债权给付之诉，要求对方履行交付房屋的义务或在房屋客观上无法交付的情况下承担相应的违约责任。

原告：连成贤，男，30 岁，汉族，住上海市浦东新区。

被告：臧树林，男，45 岁，汉族，住上海市浦东新区。

原告连成贤因与被告臧树林发生排除妨害纠纷，向上海市浦东新区人民法院提起诉讼。

原告连成贤诉称：原告于 2011 年从案外人谢伟忠处购得上海市浦东新区周浦镇瑞安路×弄×号×室房屋，后案外人谢伟忠一直未履行交房义务，故原告于 2012 年 7 月 5 日诉至法院，要求案外人谢伟忠履行交房

* 摘自《最高人民法院公报》2015 年第 10 期。

义务，在审理过程中，法院依法追加被告臧树林共同参加诉讼，被告主张原告与案外人谢伟忠所签订的房屋买卖合同无效，后未获支持。原告已合法取得系争房屋，现被告仍居住在系争房屋中，严重侵犯了原告作为物权人对物权正常权利的行使，故要求被告立即迁出上海市浦东新区周浦镇瑞安路×弄×号×室房屋。

原告连成贤对其主张提供如下证据材料：（1）（2012）浦民一（民）初字第21647号民事判决书1份，原告连成贤提供此证据证明系争房屋法院判决属原告所有。（2）上海市房地产登记簿1份，原告连成贤提供此证据证明系争房屋的产权登记为原告。

被告臧树林辩称：上海市浦东新区周浦镇瑞安路×弄×号×室房屋属被告所有，被告未出售系争房屋，被告与案外人谢伟忠之间的买卖关系属无效，故不同意原告连成贤的诉求。

经当庭质证，被告臧树林对原告连成贤提供证据的真实性均无异议。

上海市浦东新区人民法院一审查明：上海市浦东新区周浦镇瑞安路×弄×号×室房屋原系被告臧树林房屋拆迁后以补偿安置款购得，2008年8月，系争房屋的权利核准登记至被告名下，房屋由被告及家人居住使用。2011年8月12日，案外人李榛以被告代理人的身份与案外人谢伟忠就系争房屋签订《上海市房地产买卖合同》，约定房地产转让价款为80万元，2011年8月12日，向相关部门递交了房产转移登记申请书，后系争房屋权利登记至案外人谢伟忠名下。2011年10月，原告连成贤与案外人谢伟忠就上海市浦东新区周浦镇瑞安路×弄×号×室房屋签订了买卖合同，约定房地产转让价款为110万元，2012年4月5日，系争房屋权利核准登记至原告名下。2012年7月5日原告起诉案外人谢伟忠要求其将系争房屋交付原告，被告作为第三人申请参与诉讼，后法院判决，确认以被告名义与案外人谢伟忠就上海市浦东新区周浦镇瑞安路×弄×号×室房屋订立的《上海市房地产买卖合同》无效；驳回原告要求案外人谢伟忠将系争房屋交付原告的诉求；驳回被告要求确认原告与案外人谢伟忠就系争房屋的买卖关系无效的诉求。原告以其已合法取得系争房屋，现被告仍居住在系争房屋中，严重侵犯了原告作为物权人对物权正常权利的行使为由诉请法院，要求被告立即迁出上海市浦东新区周浦镇瑞安路×弄×号×室房屋。

上海市浦东新区人民法院一审认为：财产所有权是指所有人依法对自己的财产享有占有、使用、收益和处分的权利。侵占国家的、集体的财产或者他人财产的，应当返还财产，不能返还财产的，应当折价赔偿。本案中根据原告连成贤提供的证据，足以证明原告系上海市浦东新区周浦镇瑞安路×弄×号×室房屋的合法产权人，依法享有占有、使用、收益和处分的权利，被告臧树林现已非上述房屋的产权人，被告已无权居住使用上述房屋，故原告要求被告迁出上述房屋应予准许，但鉴于本案的实际情况，应给予被告一定的时间，另行解决居住问题。被告辩称系争房屋属被告所有，其并未出售系争房屋等意见，与事实不符，也于法无据，法院不予采信。

综上，上海市浦东新区人民法院依照《中华人民共和国民法通则》第一百一十七条第一款的规定，于2013年12月23日判决：被告臧树林于本判决生效之日起2个月内迁出上海市浦东新区周浦镇瑞安路×弄×号×室房屋。

臧树林不服一审判决，向上海市第一中级人民法院提起上诉称：被上诉人连成贤与案外人串通骗取系争房屋产权证，臧树林对系争房屋享有所有权，请求二审法院依法改判驳回连成贤的一审诉请。

被上诉人连成贤答辩称：一审判决正确，请求二审法院依法维持原判。

上海市第一中级人民法院经二审，确认了一审查明的事实。

上海市第一中级人民法院二审认为：本案的争议焦点在于当所有权与占有权能发生分离的情况下，买受人是否可以其为房屋所有权人基于返还原物请求权要求房屋内的实际占有人迁出。

第一，生效判决已确认案外人李榛以被告臧树林代理人身份与案外人谢伟忠就系争房屋所签订的买卖合同无效，即第一手的房屋买卖并非原始产权人臧树林之真实意思表示，该买卖合同对臧树林自始不发生法律效力，其从2008年8月起居住在系争房屋内，并占有、使用该房屋至今具有合法依据，故产权人连成贤在其从未从出售方谢伟忠处获得房屋实际控制权的情况下，径行要求实际占用人臧树林迁出，法院不予支持。

第二，在第二手的房屋买卖交易中，被上诉人连成贤与案外人谢伟忠签订了系争房屋的房地产买卖合同并支付了相应对价，该买卖合同已经生效判决确认为有效合同，故对连成贤与谢伟忠均具有法律约束力，双方均应依合同之约定履行相应义务。鉴于此，连成贤对系争房屋的权利应通过该房地产买卖合同的履行（包括房屋的权利交付以及实物交付）来实现。本案中，虽然连成贤已于2012年4月5日取得了系争房屋的房地产权证，完成了房屋的权利交付过程，但其自始未曾取得系争房屋的占有、使用权。对此，连成贤应依据其与案外人谢伟忠签订的房地产买卖合同之约定，基于债权请求权向合同相对方主张权利。结合本案来看，由于第一手的买卖合同已被确认为无效，案外人谢伟忠自始至终没有合法取得系争房屋，客观上无法向连成贤履行交付房屋的义务，故连成贤应向谢伟忠主张因无法交付房屋导致合同无法继续履行的违约责任。

综上，上海市第一中级人民法院依照《中华人民共和国民事诉讼法》第一百七十条第一款第（二）项，于2014年3月13日判决：一、撤销上海市浦东新区人民法院（2013）浦民一（民）初字第36805号民事判决；二、驳回连成贤要求臧树林迁出上海市浦东新区周浦镇瑞安路×弄×号×室房屋的诉讼请求。

本判决为终审判决。

9. 李某某与李某玉排除妨害纠纷案*

房屋所有人要求残疾人亲属搬离涉案房屋违背亲属间帮助义务的，不应支持

【裁判摘要】

房屋所有权人可以要求与其同住的非所有权人搬离涉案房屋，但若此行为违背社会公德或违反亲属间的帮助义务的，人民法院不予支持。

一、典型意义：依法切实保障残疾人居住权

如何将《中华人民共和国残疾人保障法》中对残疾人权益保护的指导原则和要求落到实处，是残疾人权益保护审判实践中需要重点予以关注的问题。在切实保障残疾人权益，支持残疾人事业，增强残疾人自立能力的具体司法实践中，切实依法加大残疾人居住权利的保护，是解决残疾人工作、生活的基本问题，也是具体落实残疾人权益保护的具体举措。

二、基本案情

案涉房屋内居住有原告李某某、林某某，被告李某玉及其丈夫。李某某、林某某系再婚夫妻，李某玉系李某某与前妻之女。被告李某玉及其丈夫均为聋哑人。李某某的前妻田某某于2004年9月16日去世，继承结束

* 摘自2016年5月13日最高人民法院公布的残疾人权益保障典型案例。

后，案涉房屋归李某某所有。李某玉与其丈夫在经李某某与其前妻田某某同意下自行出资在案涉房屋内搭建一处平台，并自1999年起一直居住于诉争平台内。现二原告李某某、林某某起诉要求李某玉及其丈夫搬离案涉房屋平台。人民法院认为，原告李某某作为被告李某玉的父亲，具有法定的关心帮助被告李某玉的义务，其要求被告搬离案涉房屋，违背了社会公德和公序良俗，也违反了法律规定的人道主义精神和亲属间的帮助义务，故李某某的诉讼请求依法应予驳回。而原告林某某不是涉案房屋的所有权人，其无权要求被告搬离诉争平台，对其诉讼请求依法亦应予驳回。据此，法院判决驳回了原告李某某、林某某的诉讼请求。

三、法律指引

《中华人民共和国残疾人保障法》

第七条第一款　全社会应当发扬人道主义精神，理解、尊重、关心、帮助残疾人，支持残疾人事业。

第九条第三款　残疾人的亲属、监护人应当鼓励和帮助残疾人增强自立能力。

恢复原状纠纷

10. 长城宽带网络服务有限公司江苏分公司诉中国铁通集团有限公司南京分公司恢复原状纠纷案*

▶

通信运营公司与房地产开发公司签订的小区内通信管线等通信设施由通信运营公司享有专有使用权的条款无效

【裁判摘要】

小区内的通信管道在小区交付后属于全体业主共有。通信运营公司与小区房地产开发公司签订的小区内通信管线等通信设施由通信运营公司享有专有使用权的条款，侵犯了业主的共有权，侵犯了业主选择电信服务的自由选择权，应属无效。

原告：长城宽带网络服务有限公司江苏分公司。住所地：江苏省南京市江宁区高峰路。

负责人：李永强，该公司总经理。

被告：中国铁通集团有限公司南京分公司。住所地：江苏省南京市江东北路。

负责人：王会研，该公司总经理。

原告长城宽带网络服务有限公司江苏分公司（以下简称长城公司）因与被告中国铁通集团有限公司南京分公司（以下简称铁通南京分公司）发生恢复原状纠纷，向江苏省南京市江宁区人民法院提起诉讼。

---

* 摘自《最高人民法院公报》2019 年第 12 期。

原告长城公司诉称：2013 年 9 月 18 日，其与南京仟泰物业管理有限公司签订《社区宽带互联接入合作运营协议》。后其依照协议在南方花园小区布线施工。2014 年 9 月 27 日，其工作人员发现前述小区内其铺设的多处光缆被剪断（5653 米 4 芯光缆以及 1056 米 48 芯光缆），1309 米双绞线被剪断抽出带走，其工作人员向 110 报警。经南京市公安局江宁分局岔路派出所查实系被告铁通南京分公司工作人员剪断光缆以及双绞线。后经派出所调解未果，故其请求法院判令铁通南京分公司将剪断的光缆以及双绞线恢复原状并承担本案案件受理费。

被告铁通南京分公司辩称：2014 年 9 月，其工作人员在例行巡检中发现有所有权不明的废旧缆线，于是进行了清除，现无证据证实原告长城公司系缆线的所有权人。即便长城公司是缆线的所有权人，根据中国铁通集团有限公司江苏分公司（以下简称铁通江苏分公司）与江苏经纬房地产有限公司 2001 年 10 月 25 日签订的《经纬房产南方花园 C 组电话协议书》，其公司对南方花园小区 C 组团内户外管道以及楼内户线通道享有专有使用权，长城公司无权在其专属通信管道内铺设光缆。综上，请求驳回长城公司对其的诉讼请求。

南京市江宁区人民法院一审查明：2013 年 9 月 18 日，原告长城公司（甲方）与南京仟泰物业管理有限公司（乙方，以下简称仟泰公司）签订《社区宽带互联接入业务合作运营协议》1 份，约定：甲乙双方在南方花园小区共同建设社区宽带网络；甲方承担信息化社区的网络工程建设的投资、设计、施工、维护以及技术改造，为该小区提供互联网宽带接入服务；甲方有权使用社区内现有的网络线路、设备。后长城公司在南方花园小区的户外通信管道以及楼内户线通道内进行了缆线的铺设。2014 年 9 月，被告铁通南京分公司工作人员将长城公司在南方花园小区 C 组团铺设的合计总长 5653 米 4 芯光缆、1056 米 48 芯光缆以及 1309 米双绞线剪断并将其中的双绞线抽出带走。长城公司工作人员发现缆线被剪断以及丢失后于 2014 年 9 月 27 日报警，南京市公安局江宁分局岔路派出所处警。

另查明，2011 年 6 月 26 日，江苏经纬房地产有限公司（甲方，以下简称经纬公司）与仟泰公司（乙方）签订《前期物业服务合同》，合同期限自2011年7月1日至2014年6月30日，约定：甲方选聘乙方为南方花园提供前期物业管理服务；乙方提供包括物业共用部位的维修养护、物业共用设施设备的日常运行和维修养护等服务内容；乙方经营管理属全体业主所有的物业，经营收入扣除相关经营支出成本后，剩余费用补贴物业服务费用。前述合同有南方花园C组团业主委员会盖章。

2001年10月25日，中国铁通集团有限公司江苏分公司（乙方，原名铁道通信信息有限责任公司江苏分公司）与经纬公司（甲方）签订《经纬房产南方花园C组电话协议书》，约定：甲方同意乙方为南方花园小区C组团电话业务经营商，乙方负责该小区内的电话安装、维护、经营；甲方负责小区内的户外管道及楼内户线通道建设，楼内引入线到户的建设，费用由甲方承担，双方合作期内，使用权归乙方；乙方负责电话交换机房内的设备、户外电缆建设，费用由乙方承担，产权及使用权归乙方；协议合作期20年；合作期内，甲方南方花园小区C组团不再与其他公司进行相同或类似服务的合作；任何一方在合作期内发生所有权或者管理权的变更，影响该项目的合作和经营，变更一方应在变更前60天内书面通知对方，向所有权或管理权受让方移交本协议书以继续履行本协议条款。2002年7月17日，铁通南京分公司成立。

再查明，经纬公司系南方花园小区开发商，南方花园小区系分期开发分批交付，C组团最后一批房屋于2009年交付。

审理中，铁通江苏分公司出具《情况说明》1份，载明：其在2001年10月与经纬公司签订了《经纬房产南方花园C组电话协议书》，协议签订后铁通南京分公司成立，其将南京地区的资产转交给铁通南京分公司，与之所涉及相关协议的权利及义务也一并转移给铁通南京分公司。

南京市江宁区人民法院一审认为：法人的财产权受法律保护。铁通江苏分公司与经纬公司签订的《经纬房产南方花园C组电话协议书》约定协议合作期20年内南方花园小区C组团内通信管道由铁通江苏分公司专属使用，该条款限制其他电信运营公司接入南方花园小区C组团，破坏了公平竞争的市场环境，限制了小区业主自由选择电信服务的权利，损害了小区业主的利益，应属无效。故被告铁通南京分公司依据《经纬房产南方花园C组电话协议书》辩称其对南方花园小区C组团内户外管道以及楼内户线通道享有专有使用权的意见，法院不予采纳。根据《中华人民共和国物权法》之规定[①]，建筑区划内的其他公共场所、公用设施和物业服务用房，属于业主共有。小区内配套的通信管道应属于公用设施的一种，是开发商建设小区楼盘时必须建设的满足建筑物专有部分功能需求的配套设施之一，开发商将房屋交付后，通信管道应该属于业主共有。南方花园小区C组团交付后，小区内的通信管道属南方花园小区C组团业主共有。仟泰公司为小区全体业主提供前期物业服务，服务包括物业共用部位的维修养护、物业共用设施设备的日常运行和维修养护以及经营管理属全体业主所有的物业，仟泰公司有权处分业主共有的通信管道，原告长城公司依据与仟泰公司签订的《社区宽带互联接入业务合作运营协议》有权在南方花园小区的通信管道内铺设缆线。铁通南京分公司在发现通信管道内有非属其公司的缆线后，未查明缆线所有权人自行采取剪断缆线并抽出部分缆线带走的行为侵害了长城公司的财产权，应当承担侵权责任。长城公司要求恢复原状，于法有据，法院予以支持。

据此，南京市江宁区人民法院依照《中华人民共和国物权法》第七十三条，《中华人民共和国侵权责任法》第六条、第十五条，《中华人民共和国合同法》第五十二条第（四）项之规定，于2015年5月7日判决：

被告中国铁通集团有限公司南京分公司于本判决生效后三十日内将剪断、抽出的原告长城宽带网络服务有限公司江苏分公司的缆线恢复原状；如在前述期限内被告中国铁通集团有限公司南京分公司未恢复，由原告长城宽带网络服务有限公司江苏分公司自行恢复，恢复费用由被告中国铁通集团有限公司南京分公司承担。

一审判决宣判后，双方当事人在法定期间内均未上诉，该判决已经发生法律效力。

---

① 对应《民法典》第二百七十四条第二款：“建筑区划内的其他公共场所、公用设施和物业服务用房，属于业主共有。”

财产损害赔偿纠纷

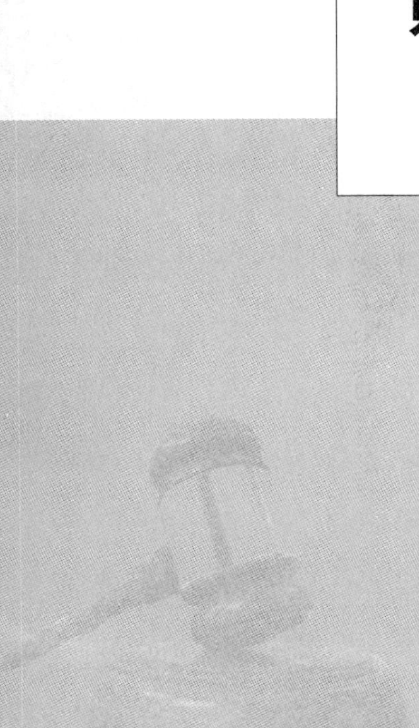

11. 赵淑华与沈阳皇朝万鑫酒店管理有限公司、沈阳中一万鑫物业管理有限公司财产损害赔偿纠纷案*

因第三人原因造成业主财产损害，物业服务企业未尽到专业管理人的谨慎注意义务的，应在其能够预见和防范的范围内承担相应的补充责任

【裁判摘要】

消防安全事关人身、财产安全，属于社会公共利益，确保建筑物消防安全是建设单位的法定义务。商品房买卖合同的购房人一般不具有检测所购房屋是否符合消防安全规定的能力，难以适用一般商品买卖合同在标的物交付后买受人应当及时检验产品质量的规则。

案涉责任人在不同时期的数个行为密切结合致使火灾发生，侵权行为、致害原因前后接继而非叠加，责任人对火灾的发生均有重大过失，但没有共同故意或者共同过失，应各自承担相应的责任。建设单位并非主动积极的行为致受害人权益受损，不承担主要责任。

物业服务企业依法或依约在物业管理区域内负有安全防范义务，应协助做好安全事故、隐患等的防范、制止或救助工作。第三人原因致损，物业服务企业未尽到专业管理人的谨慎注意义务的，应在其能够预见和防范的范围内承担相应的补充责任。

* 摘自《最高人民法院公报》2019 年第 5 期。

最高人民法院民事判决书

（2018）最高法民再206号

再审申请人（一审原告、二审上诉人）：赵淑华，女，汉族，住辽宁省沈阳市。

委托诉讼代理人：姜春光，辽宁光杰律师事务所律师。

被申请人（一审被告、二审被上诉人）：沈阳皇朝万鑫酒店管理有限公司（原沈阳皇朝万鑫房屋开发有限公司）。住所地：辽宁省沈阳市和平区青年大街390号。

法定代表人：朱莉莉，该公司总经理。

委托诉讼代理人：张鑫辉，辽宁同方律师事务所律师。

委托诉讼代理人：王延山，辽宁同方律师事务所律师。

被申请人（一审被告、二审被上诉人）：沈阳中一万鑫物业管理有限公司。住所地：辽宁省沈阳市和平区青年大街390号。

法定代表人：国政海，该公司总经理。

委托诉讼代理人：张鑫辉，辽宁同方律师事务所律师。

委托诉讼代理人：王延山，辽宁同方律师事务所律师。

再审申请人赵淑华因与被申请人沈阳皇朝万鑫酒店管理有限公司（以下简称万鑫公司）、沈阳中一万鑫物业管理有限公司（以下简称中一公司）财产损害赔偿纠纷一案，不服辽宁省高级人民法院（2015）辽民一终字第00300号民事判决，向本院申请再审。本院于2017年12月20日作出（2017）最高法民申4829号民事裁定，提审本案。本院依法组成合议庭审理了本案。再审申请人赵淑华及委托诉讼代理人姜春光，被申请人万鑫公司、中一公司的委托诉讼代理人张鑫辉、王延山到庭参加诉讼。本案现已审理终结。

赵淑华申请再审称：请求撤销沈阳市中级人民法院（2013）沈中民一

初字第39号民事判决及辽宁省高级人民法院（2015）辽民一终字第00300号民事判决，改判万鑫公司、中一公司赔偿赵淑华因火灾导致的房屋损失3186300元、室内财产损失2199363元、租房费用357000元、契税182926.20元、维修基金8646.56元、房屋备案费5000元、赵淑华对兴业银行股份有限公司沈阳分行（以下简称兴业银行）的按揭贷款逾期利息100000元及逾期付款违约金损失228000元。万鑫公司、中一公司给付赵淑华保险理赔款2000000元。事实和理由：（1）万鑫大厦外墙装饰材料违法使用可燃挤塑板是万鑫大厦A座着火并引燃B座的直接原因。第一，《火灾事故认定书》已认定案涉大厦形成立体燃烧的原因是可燃挤塑板引燃。第二，2009年9月25日发布实施的《民用建筑外保温系统及外墙装饰防火暂行规定》（以下简称《暂行规定》）规定，高度大于100米的建筑物保温材料燃烧性能应为A级。万鑫大厦于2009年12月31日竣工验收，于2010年2月9日通过消防验收。《暂行规定》生效在先，万鑫大厦验收在后，万鑫公司在万鑫大厦外墙装饰中使用可燃挤塑板，具有违法性。（2）万鑫公司在大火后获得的保险理赔金与赵淑华的财产损失存在直接关联。第一，《公估报告书》中2009年10月28日的批单将案涉大厦B座226间房产列入投保范围，赵淑华于2009年12月29日购买的案涉房屋已由万鑫公司列入被保险房产之列。第二，根据《保险理赔协议》有关“根据中国人民财产保险股份有限公司财产一切险条款（2009版）第五条保险责任在保险期间内由于自然灾害或意外事故造成保险标的直接物质损坏或灭失，保险人按照本保险合同的约定负责赔偿”之约定，本次火灾属于上述保险合同约定的保险事故。（3）中一公司应承担相应责任。住店客人李欣燃放烟花的位置属中一公司物业管理范围，也属大厦保安巡查范围。中一公司作为物业管理公司，除夕夜任由民众在任何区域随意燃放烟花导致火灾发生。根据《中华人民共和国物业管理条例》的相关规定，中一公司应承担管理责任。

万鑫公司、中一公司辩称：（1）火灾事故发生时，案涉房屋已交付赵淑华，房屋损毁的风险亦转移至赵淑华，相应的财产损失应由赵淑华自行承担。（2）关于本案是否适用《暂行规定》的问题。《关于进一步明确民用建筑外保温材料消防监督管理有关要求的通知》第二条规定，2011 年 3 月 15 日起，各地受理的“建设工程消防设计审核”和“消防验收申报项目”应严格执行本通知要求。万鑫大厦于2008 年4 月 3 日通过消防设计审核，当时《暂行规定》未出台。万鑫大厦 A 座、C 座验收时间为 2009 年 12 月 24 日，万鑫大厦 B 座验收时间为 2010 年 2 月 9 日，均在《暂行规定》实施之前。(3) 万鑫公司没有任何过错，不应承担赔偿责任。案涉火灾事故认定书认定，火灾事故的起火原因系李欣燃放烟花所致，李欣是直接侵权人。万鑫公司采用的挤塑板经检验为合格产品而其他外保温材料在案涉大楼建设期间并无强制性或限制性规定。同时，2009 年 10 月，万鑫大厦工程通过竣工验收。因此，不能认定万鑫公司存在过错。根据侵权责任法的基本法理，无过错即无责任，万鑫公司不应承担赔偿责任。(4) 赵淑华主张万鑫公司获得的保险赔偿金中包括了赵淑华的财产损失，缺少事实依据。建筑物是指尚未销售的房屋，案涉房屋已先于保险期间向赵淑华出售，不属于该保单保险范围。保险标的不包括 B 座的任何房产。此外，赵淑华在上诉状中所提到的保单是作废保单，不是事故发生后用以理赔的保单。(5) 赵淑华超出原审诉讼请求增加的部分，再审不应审查。(6) 赵淑华主张万鑫大厦 A 座着火引燃 B 座与事实不符。综上，请求维持原审判决。

赵淑华向一审法院起诉请求：万鑫公司、中一公司赔偿：房屋损失 4573155 元、室内财产损失 2199363 元、租房费用 187400 元，购买房屋花费的契税 182926. 20 元、维修基金 8646. 56 元、房屋备案费 5000 元，房产的增值损失 2500625 元，万鑫公司、中一公司承担本案诉讼费用。后赵淑华增加要求万鑫公司、中一公司赔偿其购房时银行贷款逾期利息 10 万元及违约金 22. 8 万元的诉请。在审理中，赵淑华又提出火灾发生后，保险公司对万鑫公司的理赔款中包括对业主的赔偿。

一审法院认定事实：2009 年 12 月 29 日，赵淑华与万鑫公司签订《商品房买卖合同》，约定购买该公司开发建设的万鑫大厦 B 座 34 × ×、35 × ×，建筑面积 200. 05 平方米的跃层公寓，购房款 4573155 元。合同签订后，赵淑华向万鑫公司交付购房款 2293155 元，余款 228 万元以在兴业银行按揭贷款方式支付。2011 年 2 月 3 日 0 时 15 分许，万鑫大厦发生火灾，将赵淑华屋内物品烧毁。经沈阳市消防局作出沈公消火认字〔2011〕第 0001 号火灾事故认定书，认定起火原因为：李欣（A 座的住店客人）燃放的组合烟花落至 B 座 11 层××××房间南侧室外平台上，引燃铺设在平台上的塑料草坪，造成墙体外表面装饰保温材料燃烧。灾害成因为由于万鑫大厦外墙保温采用了挤塑板等可燃材料，起火后火势迅速蔓延，形成立体燃烧。

经赵淑华申请，一审法院到沈阳市消防局调取了消防档案。档案记载，火灾发生后，辽宁省建筑材料监督检验院对万鑫大厦绝热用模塑聚苯乙烯泡沫塑料、铝塑复合板、塑料草坪、硅酮密封胶、绝热用挤塑聚苯乙烯泡沫塑料五组样品进行了检验，结论为：绝热用模塑聚苯乙烯泡沫塑料按 GB－2006 标准（E）级检验，该样品不符合标准要求；按 GB/T2406. 2－2009（顶面点燃法）检验，检验结果不符合 20s 内 Fs≤150 的标准；对塑料草坪按 GB－2006 标准检验，该组样品燃烧性能不符合 Dfl 级要求，检验结论不合格。其他三组样品均为合格。

事故发生后，沈阳市和平区人民法院作出（2011）和刑初字第 1160 号刑事判决，认定被告人李欣在燃烧烟花爆竹的过程中，因疏忽大意引发火灾，致使公私财产遭受重大损失，其行为构成失火罪。判处被告人李欣犯失火罪，判处有期徒刑三年。该刑事判决已经发生法律效力。

2008 年 7 月 10 日，沈阳市消防局向万鑫公司出具建筑工程消防设计审核意见书，对万鑫大厦内部装修工程提出审核意见。2010 年 2 月 9 日，沈阳市公安消防局出具建设工程消防验收意见书，载明：万鑫大厦 B 座第 11 层至 37 层经综合评定，消防验收合格。具体情况如下：（1）建筑总平面布置、安全疏散、防火分隔基本符合我局原审核要求；（2）测试室内外消火栓系统，自动喷水灭火系统，供水正常；（3）安全疏散指示标志的设置基本符合规范的要求。

2009 年 9 月 25 日，公安部、原住房和城乡建设部联合制定了《暂行规定》，其中第二条规定民用建筑外保温材料的燃烧性能宜为 A 级，且不低于 B2 级。第四条规定，高度大于等于 100m 的住宅建筑，其保温材料的燃烧性能应为 A 级。

2009 年 10 月，万鑫公司组织相关单位对万鑫大厦进行竣工验收。2010 年 11 月 10 日，沈阳市城乡建设委员会出具辽宁省房屋建筑工程竣工验收备案书，载明：经审查，该工程符合竣工验收备案规定，予以备案。

火灾发生后，万鑫公司经与中国人民财产保险股份有限公司沈阳市分公司协商，该保险公司就本次事故损失向万鑫公司支付全部保险赔偿金额为 4.76 亿。万鑫公司已将万鑫大厦重新装修。

一审法院判决：驳回赵淑华的诉讼请求。一审案件受理费 79400 元，由赵淑华负担。

赵淑华不服一审判决，上诉请求：撤销原判，依法改判或发回重审，判令万鑫公司、中一公司承担本案一、二审诉讼费用。

二审法院认定事实：二审对一审查明的基本事实予以确认。还查明，一审法院调取的辽宁正大保险公估有限公司《公估报告书》第 22 页至第 26 页“四、保单承保情况”记载，保险单 PQYC200921010300000004 附有三张批单，内容分别为修改特别约定、修改保险地址和修改保险标的，其中批单 EQYC201121010300000001 内容明确保险标的自 2011 年 1 月 24 日零时起地址批改为和平区青年大街 390 甲号、392 号。保险单 PQYC201121010800000003 承保项目明细记载，保险标的 394（B）面积 8692 平方米，备注 B 座为公共区域面积。赵淑华与万鑫公司签订的商品房买卖合同中约定有“皇朝万鑫酒店式服务公寓交房标准”，其中室内基础和装修部分包括：入户门：实木钢板门；天花：石膏板封棚，刮白刷乳胶漆……地面：进口天然石材/实木复合地板；内墙：布基壁纸/成品木饰面/成品软包；厨房系统：电陶炉、抽拉式吸油烟机、嵌入式微波炉、嵌入式冰箱；橱柜品牌：西班牙品牌法格；卫生间面盆、坐厕：德国杜拉维特；水龙头：德国高仪；鱼缸：金凯登；电动窗帘轨道品牌：广东乐屋。

二审法院认为，本案系万鑫大厦火灾造成赵淑华所有的两处房屋及室内财产发生损害，赵淑华作为上述财产的权利人要求万鑫公司与中一公司共同承担财产损害赔偿责任的纠纷。故，本案的争议焦点为万鑫公司和中一公司应否就万鑫大厦火灾给赵淑华造成的财产损失承担赔偿责任。

首先，万鑫大厦火灾给赵淑华造成的财产损失应当是指因火灾而导致的赵淑华财产价值上的减少，包括直接损失和间接损失。赵淑华在本案中主张的财产损失主要包括：（1）房屋损失以及购房契税、房屋维修基金以及房屋备案费用；（2）室内财产损失；（3）赵淑华火灾后租赁房屋用于居住的费用；（4）案涉房屋增值的损失；（5）赵淑华逾期偿还银行贷款所产生的利息及违约金；（6）万鑫公司获得的保险理赔款中涉及案涉房屋部分。二审法院认为：第一，关于房屋损失及相关费用问题，房屋价款以及买受人缴纳的契税、房屋维修基金、房屋备案费用系购买房屋的必要支出，能够在一定时间范围内体现房屋的实际价值。现案涉房屋虽因火灾受到损害，但房屋本身并未发生灭失，赵淑华以其为购买案涉房屋而支出的款项数额作为实际损失，缺乏事实依据。但鉴于赵淑华所购买案涉房屋交付时含有室内基础和装饰部分，故其所主张的房屋损失及相关费用中应当以室内基础和装饰部分的价值作为损失依据。第二，关于赵淑华逾期偿还银行贷款所产生的利息及违约金。赵淑华因购买案涉房屋而向银行贷款，其是否能够完整地履行债务人的还款义务与案涉房屋是否发生火灾并无必然联系，且赵淑华单方提供的财产清单大部分为室内家具、电器、服装、古玩字画、首饰、日用品，亦不足以说明火灾所导致的财产损害影响其偿还能力，故赵淑华的该项主张与万鑫大厦火灾之间缺乏关联性，不应作为其财产损失予以审查。第三，关于赵淑华主张的万鑫公司获得的保险理赔款中涉及案涉房屋部分。赵淑华主张保险单 PQYC200921010300000004 制作时间在其与万鑫公司签订商品房买卖合同之前，故案涉房屋已被列入万鑫公司投保范围。但根据《公估报告书》记载，该保险单及所附三张批单最终明确保险标的为和平区青年大街 392 号（A 座）和 390 甲号（裙房）的建筑物及建筑物的附属设备，并不包括案涉房屋所在的 B 座。万鑫公司投保的三张保单中涉及万鑫大厦 B 座的保单 PQYC201121010800000003 保险期限开始于赵淑华购买案涉房屋之后，且该保单承保项目明细记载保险标的“B 座为公共区域面积”。赵淑华主张万鑫公司因案涉房屋而获取保险赔偿金缺乏事实依据，亦不应作为赵淑华的财产损失。如上所述，火灾给赵淑华造成的财产损失应当包括室内财产损失、室内基础和装修部分价值、赵淑华在火灾后租赁房屋居住的必要费用以及火灾所导致的案涉房屋增值的损失，对于赵淑华所主张的其他损失，因与万鑫大厦火灾之间缺乏关联性，且无事实及法律依据，二审法院对于赵淑华的上述主张，不予支持。

其次，万鑫公司及中一公司就万鑫大厦发生火灾是否存在过错。第一，根据沈阳市消防局火灾事故认定书以及沈阳市和平区人民法院（2011）和刑初字第1160号刑事判决记载，万鑫大厦火灾是由于案外人李欣燃放烟花爆竹所致，且（2011）和刑初字第1160号刑事判决已经认定李欣的行为构成失火罪，说明万鑫公司及中一公司并未直接实施导致万鑫大厦失火的侵权行为。第二，根据一审法院调取的沈阳市消防局消防档案记载，万鑫大厦所使用的绝热用模塑聚苯乙烯泡沫塑料和塑料草坪分别不符合E级和Df1级要求，应当认定万鑫大厦在本案火灾前所使用的建筑材料存在不符合《暂行规定》相关条款规定的情形。但《暂行规定》系2009年9月25日颁布实施，此前我国并未就建筑外保温及装饰材料的防火性能作出规定，该《暂行规定》作为部门规范性文件也没有就溯及力作出特殊规定。依据《中华人民共和国立法法》第九十三条规定："法律、行政法规、地方性法规、自治条例和单行条例、规章不溯及既往，但为了更好地保护公民、法人和其他组织的权利和利益而作的特别规定除外。"前述暂行规定不具有溯及力。在《暂行规定》颁布实施前，万鑫大厦已经基本完成工程施工，万鑫大厦的设计、施工均发生于《暂行规定》颁布实施之前，且最终经沈阳市公安消防局消防验收合格，并办理了竣工验收备案手续，故一审法院认为"不能认定该大厦外墙使用了挤塑板等材料存在过错"，并无不当，二审法院予以确认。第三，关于中一公司就万鑫大厦火灾是否存在过错。《中华人民共和国侵权责任法》（以下简称《侵权责任法》）第三十七条规定："宾馆、商场、银行、车站、娱乐场所等公共场所的管理人或者群众性活动的组织者，未尽到安全保障义务，造成他人损害的，应当承担侵权责任。因第三人的行为造成他人损害的，由第三人承担侵权责任；管理人或者组织者未尽到安全保障义务的，承担相应的补充责任。"万鑫大厦火灾系案外人李欣疏忽大意失火所导致，李欣作为万鑫大厦A座住店客人，与万鑫公司及中一公司不存在内部牵连关系，赵淑华主张火灾来源是万鑫大厦内部而非外部侵权，缺乏事实依据，不予支持。现有证据亦无法证明中一公司未尽安全保障义务，故一审法院对赵淑华要求中一公司承担连带责任的请求未予支持，并无不当。最后，关于万鑫公司主动修复案涉房屋一节，万鑫大厦火灾后，万鑫公司对于包括案涉房屋在内的万鑫大厦B座进行了修复。万鑫公司承担相应修复费用的行为系万鑫公司自行处分其财产，并不能因此而推断万鑫公司就万鑫大厦火灾应当承担财产损害赔偿责任，赵淑华在上诉状中主张万鑫公司的修复行为实际是在履行赔付义务，缺乏事实及法律依据。

综上所述，万鑫公司及中一公司并未直接实施导致万鑫大厦火灾的侵权行为，现有证据亦无法证明万鑫公司及中一公司对于万鑫大厦火灾存在过错，故赵淑华请求判令万鑫公司及中一公司就其财产损失承担相应赔偿责任，缺乏事实及法律依据，一审法院未予支持，并无不当。赵淑华的上诉请求不能成立，应予驳回；一审判决认定事实清楚，适用法律正确，应予维持。

二审法院判决：驳回上诉，维持原判。二审案件受理费81696元，由赵淑华负担。

再审期间，赵淑华向本院提交如下证据：证据一，《租房协议书》及租金收据，拟证明万鑫大厦发生火灾后，赵淑华另行租房居住，累计发生房屋租金费用357000元。证据二，沈阳市和平区人民法院（2012）沈和民三初字第1025号民事判决书，拟证明赵淑华房产室内财产和现金被烧毁，导致无力偿还购房贷款。兴业银行起诉赵淑华，为此，赵淑华多支付逾期还款利息10万元和违约金228000元。证据三，沈阳市和平区人民法院（2014）沈和执字第00493号执行裁定书，拟证明案涉房屋被沈阳市和平区法院执行拍卖数次流拍后，以3186300元低价抵偿给发放按揭贷款的兴业银行，火灾导致赵淑华购房款损失。证据四，公估报告书第73页的定损理算书、万鑫保险单、项目资产核定表等，拟证明案涉保险范围包括B座房屋。

万鑫公司、中一公司质证认为，证据一的真实性无法确定，且与本案无关联性。证据二、证据三的真实性无异议，但与本案不具备关联性。证据四不能证明案涉房屋在保险范围之内。

本院认证认为，证据一系赵淑华与案外人签订，案涉房屋因过火受损而不能居住，赵淑华另行租房居住具有合理性。万鑫公司、中一公司对该系列房屋租赁协议真实性虽不认可，但未能举示相反证据否定赵淑华租房的合理性。赵淑华主张的房屋租金损失，应综合案涉系列《租房协议书》及本案其他证据认定租期、租金等的合理区间。证据二、证据三真实性无异议，结合案件其他基本事实认定证明内容。证据四系一审法院调取的证据，并非再审阶段新证据。

万鑫公司向本院提交如下证据：证据一，沈阳市消防局建筑工程消防设计审核意见书（沈公消审字〔2008〕第 31055 号），拟证明万鑫大厦建设工程设计图纸通过法定审核，且审核通过时间为 2008 年 4 月 3 日，在《暂行规定》颁布实施之前。证据二，沈阳市消防局建筑工程消防设计审核意见书（沈公消审字〔2008〕第 33141 号），拟证明万鑫大厦内部装修工程消防设计图纸通过审核，且审核通过时间为 2008 年 7 月 10 日，在《暂行规定》颁布实施之前。证据三，沈阳市公安消防局建设工程消防验收意见书（沈公消验〔2009〕第 11141 号），拟证明 2009 年 12 月 24 日万鑫大厦 C 座及 A 座通过消防验收，此时，尚未施行《暂行规定》。证据四，沈阳市公安消防局建设工程消防验收意见书（沈公消验〔2010〕第 076327 号），拟证明 2010 年 2 月 9 日万鑫大厦 B 座通过消防验收，此时，尚未施行《暂行规定》。证据五，万鑫大厦主楼外装工程设计计算书，拟证明万鑫大厦主楼外装工程的设计依据包括《建筑设计防火规范》GB50016－2006、《高层民用建筑设计防火规范》GB50015－95（2005 年版），符合当时的设计规范要求。《暂行规定》不适用于万鑫大厦主楼外装饰工程。证据六，万鑫大厦 B 座主楼幕墙工程竣工图，拟证明 B 座主楼幕墙的设计依据包括《建筑设计防火规范》GB50016－2006、《高层民用建筑设计防火规范》GB50015－95（2005 年版），符合当时的设计规范要求。《暂行规定》不适用于万鑫大厦 B 座主楼幕墙。证据七、证据八，检验报告，拟证明经检测万鑫大厦幕墙使用的建筑材料是合格的。证据九，产品合格证，拟证明万鑫大厦幕墙使用的保温干粉胶是合格的。证据十，隐蔽工程验收记录表；证据十一，建筑装饰装修工程竣工验收记录表，拟证明经施工单位、监理单位、设计单位等确认，万鑫大厦 A、B 座幕墙等施工符合设计及约定标准要求。证据十二，财产一切险保险单、批单，拟证明自 2011 年 1 月 24 日零时起，被保险的财产范围中不包括万鑫大厦 B 座房屋。证据十三，《F 火线》2011 年第 3 期封面及文章，拟证明万鑫大厦发生火灾时，万鑫大厦的消防系统运行良好。

赵淑华发表质证意见称，证据一至证据六的真实性无异议，关联性有异议。万鑫大厦竣工验收时，《暂行规定》已经开始实施，万鑫公司没有执行该规章。证据七至证据十一的真实性无异议，关联性有异议。竣工验收没有按照《暂行规定》进行检验。证据十二的真实性、合法性、关联性均有异议。公估报告书、保险赔偿协议均载明万鑫大厦的保险范围包括万鑫大厦 B 座房屋。证据十三的真实性无异议，关联性有异议，本案火灾成灾原因是万鑫公司使用可燃挤塑板，导致赵淑华的财产损失。

中一公司认可万鑫公司提出的证据观点，对其提交的上述证据的真实性、合法性、关联性均无异议。

本院认证认为，《暂行规定》于 2009 年 9 月 25 日发布实施，万鑫大厦 B 座于 2010 年 2 月 9 日通过消防验收，已为原审查明的事实。证据一至证据六不能证明万鑫大厦 B 座等办理消防验收时未实施《暂行规定》。证据七、证据八、证据九为厂家生产的建筑材料的检测结果、产品合格证明等。证据十至证据十一为万鑫大厦隐蔽工程和装修装饰工程验收表。上述证据与本案争议焦点不具有关联性。证据十二为万鑫大厦保单及批单，保险期间内保单、批单记载的投保范围，本院结合案件其他基本事实认定其证明力。关于证据十三《F 火线》2011 年第 3 期文章《奇迹背后："万鑫内功"的 N 种武器》。上述文章中载有关于对喷淋系统在火灾发生时"喷淋头下，书本也无恙"运行状况的描述，并未涉及案涉 34 × ×、35 × × 房间。赵淑华在一审提交的火灾发生后案涉受灾房屋现场照片显示，屋内家具、家电、物品等几乎全部燃烧至碳化，显然，《奇迹背后："万鑫内功"的 N 种武器》一文描述的喷淋系统正常运转、家具完好无损并有水浸痕迹等与实际情况不符，不予采信。

中一公司向本院提交如下证据：证据一，《物业服务企业资质证书》《国务院关于第三批取消中央制定地方实施行政许可事项的决定》，拟证明中一公司具有物业服务资质并依规年检。2017 年以后，物业资质不需要年检。证据二，业主入住文件一份，拟证明根据该入住文件第二章第四条之规定，物业服务区域为建筑面积 3.6 万平方米的大楼内部空间，并不包含大楼外部。证据三，《装饰装修工程质量竣工验收检查意见通知单》（装字〔2012〕第 130 号）、《装饰装修工程质量竣工验收检查意见通知单》（装字〔2013〕第 015 号）、沈阳市公安消防局《建设工程消防验收意见书》（沈公消验〔2011〕第 1423 号、沈公消验〔2012〕第 0127 号、沈公消验〔2013〕第 0050 号），拟证明万鑫大厦 B 座公寓最晚于 2013 年 3 月 4 日全部装修完毕并通过验收。证据四，工程规划附图一份、沈阳市勘察测绘研究院建筑放线回执一份，拟证明在万鑫大厦周围发现的 3 处烟花残骸不属于中一公司物业管理范围。

赵淑华质证认为，对证据一无异议。证据二赵淑华本人签字无异议，但不能证明物业服务范围仅在 3.6 万平方米范围内。证据三真实性无异议、关联性有异议。证据四不能证明案外人燃放烟花的地点不属于物业管理范围。

万鑫公司针对中一公司举示的证据并未提出异议。

本院认证认为，本案当事人对证据一、证据二、证据三、证据四的真实性均无异议。证据二、证据四不能直接证明物业服务范围不包括万鑫大厦外部。

经中一公司申请，本院依职权调取了沈阳市和平区（2011）和刑初字第 1160 号（即李欣失火罪刑事案件，下称李欣失火案）刑事判决书、沈阳市消防局对刘娇的询问笔录、沈阳市和平区公安消防大队对马立春的询问笔录。卷宗记载，火灾发生后，公安消防机关分别对万鑫公司及中一公司相关工作人员进行了询问。万鑫公司采购部副经理马立春在 2011 年 2 月 6 日接受询问时陈述：“万鑫大厦 B 座 11 层平台原先是用水彩绘画装饰，后来绘画起皮，业主反映不美观。为了装饰美化平台，万鑫公司于 2010 年

5月铺设了一层宽1米，长度约40米的塑料草坪，草坪是其本人采购，供货商是案外个人经营的小公司。”2011年2月8日，中一公司工作人员刘娇在接受询问时陈述，“万鑫大厦B座11层平台原先绘画开裂，建设单位换成铺设塑料草坪。该南侧平台平时有玻璃封闭，物业公司和业主都不能进入，只有建设单位能进入。”

赵淑华质证认为，真实性、合法性、关联性均无异议。

万鑫公司、中一公司质证认为，对李欣失火案刑事判决书真实性无异议；对铺设草坪的问题，刘娇与马立春存在误解，草坪实际是中一公司铺设。

本院认证认为，（2011）和刑初字第1160号刑事判决已经生效，可以作为认定本案相关事实的依据。案涉询问笔录系本案诉讼发生前，即李欣失火案中由公安消防机关在火灾发生不久调查取证形成，马立春对购买和铺设塑料草坪的细节进行了详细陈述，刘娇的证言亦能够补充印证，可信度高。万鑫公司、中一公司在本案再审阶段提交的刘娇、马立春等人的情况说明等书证，不足以推翻其二人在先的陈述。本院对万鑫公司、中一公司有关易燃塑料草坪系中一公司铺设的主张，不予采信。

再审查明，万鑫公司向本院提交的工商变更登记通知书证明，沈阳皇朝万鑫房屋开发有限公司于2017年5月19日更名为沈阳皇朝万鑫酒店管理有限公司。

根据公安消防机关调查询问情况，案涉塑料草坪为万鑫公司铺设。

赵淑华与万鑫公司签订的编号为GF－2000－0171《商品房买卖合同》第十七条第2款约定，该商品房所在楼宇的外墙面使用权由出卖人所有。

中一公司在本案中举示了《皇朝万鑫国际大厦（公寓）业主临时公约》，内容涉及业主、物业公司权利义务关系。

本院再审认为，本案争议的焦点问题为：第一，万鑫公司、中一公司应否对火灾造成赵淑华的财产损失承担侵权赔偿责任；第二，如承担责任，万鑫公司、中一公司承担的侵权责任范围应如何认定；第三，赵淑华的财产损失范围应如何确定。

一、万鑫公司、中一公司应否对火灾造成赵淑华的财产损失承担侵权赔偿责任

原审查明，2011 年 2 月 3 日，万鑫大厦发生火灾，将赵淑华所购房产屋内物品烧毁。赵淑华就此遭受的财产损失请求万鑫公司、中一公司赔偿。本案各方当事人对万鑫大厦火灾造成赵淑华财产损失这一事实并无争议。根据赵淑华的诉讼请求和理由，本案纠纷性质为侵权责任纠纷。

（一）万鑫公司应承担侵权责任

原审查明，沈阳市消防局针对万鑫大厦火灾作出沈公消火认字〔2011〕第 0001 号火灾事故认定书，对万鑫大厦火灾事故原因认定为："万鑫大厦起火原因为李欣（A 座的住店客人）燃放的组合烟花落至 B 座 11 层××××房间南侧室外平台上，引燃铺设在平台上的塑料草坪，造成墙体外表面装饰保温材料燃烧。火灾成因为：由于万鑫大厦外墙保温采用了挤塑板等可燃材料，起火后火势迅速蔓延，形成立体燃烧。"火灾发生后，沈阳市消防局委托辽宁省建筑材料监督检验院对案外人李欣燃放烟花爆竹引燃的塑料草坪、万鑫大厦 B 座外墙保温材料样本的燃烧性能进行检测，结论为："按照 GB8624－2006 标准检验，塑料草坪样品燃烧性能不符合 DF1 级要求，检验结论不合格；绝热用挤塑聚苯乙烯泡沫塑料按 GB8624－2006 标准（E 级），该样品符合标准要求。"上述证据可以作为认定本案事实的依据。万鑫公司为塑料草坪的铺设者和外墙保温材料的建造安装者，上述两种非阻燃材料的使用系起火点在万鑫大厦引燃、蔓延并最终酿成重大火灾事故的主要原因，万鑫公司存在过错，应认定为火灾事故的相关责任人。

1. 万鑫公司对导致火灾发生具有过错。根据案涉火灾事故认定书及辽宁省建筑材料监督检验院检测报告结论，足以认定万鑫大厦 B 座 11 层南侧平台上铺设的燃烧性能不合格的塑料草坪因李欣燃放的组合烟花溅落后点燃，此为万鑫大厦火灾事故起火原因之一。对此，塑料草坪铺设者万鑫公司存在过错，负有相应的管理责任。万鑫公司在接受本院询问时陈述，

案涉火灾发生时正值除夕夜，万鑫大厦周边还有其他居民燃放烟花爆竹。故，万鑫公司铺设的易燃塑料草坪明显存在消防安全隐患，按一般人认知的生活常识，应当预见遵从民俗的居民在除夕夜集中燃放烟花爆竹可能会引燃易燃塑料草坪，但万鑫公司未对上述易燃物采取相应的消除隐患措施，直接导致火灾发生，显然主观上具有过错。

2. 万鑫公司对火势蔓延扩大最终酿成重大火灾事故具有过错。《中华人民共和国消防法》第九条规定："建设工程的消防设计、施工必须符合国家工程建设消防技术标准。建设、设计、施工、工程监理等单位依法对建设工程的消防设计、施工质量负责。"消防安全事关公民人身、财产安全，属于社会公共利益。确保建筑物消防安全是建设单位的法定义务，建设单位依法申报消防分包工程审批，并不意味着当然免除因消防安全事故致损所产生的民事侵权责任。

本案中，根据原审查明的事实，案涉房屋所在的万鑫大厦 B 座使用的外墙保温材料燃烧性能为 E 级，不符合《暂行规定》关于此类高层建筑外墙保温材料的燃烧性能应为 A 级的强制性标准。万鑫公司对此辩称，万鑫大厦设计和施工时，《暂行规定》尚未出台，且万鑫大厦已通过消防设计审核、竣工验收和消防验收，其不具有过错。上述抗辩理由不能成立。第一，从《关于沈阳皇朝万鑫大厦建筑工程消防设计的审核意见》以及《建设工程消防验收意见书》载明的内容来看，沈阳市消防局对万鑫大厦设计审核和消防验收并未涉及外墙保温建筑材料的防火性能问题，故万鑫大厦通过消防设计审核和消防验收，不能证明万鑫大厦使用的外墙保温材料符合消防安全要求。万鑫大厦设计建造时，《暂行规定》尚未出台，虽然国家对建筑物外墙保温建筑材料并无强制性标准，但万鑫公司作为专门从事房地产开发的企业，应当掌握建筑材料的基本防火性能。万鑫大厦竣工验收前，《暂行规定》出台，国家对民用建筑外保温建筑材料的强制性标准作出规定，此时，万鑫公司对案涉建筑材料不符合国家强制性标准，与国家标准比对而言，万鑫大厦外保温层存在安全隐患的情况，应属明知，但万鑫公司未采取合理、适当的补救措施消减火灾隐患，如在烟花可能波及的平台或者低层进行局部更换阻燃材料，或者在中高层做防火隔离带处理等。总之，万鑫公司采用不具备防火性能的建筑材料，客观上增加了建筑物消防安全隐患，直接危及建筑物及附近地区的局部区域的公共安全，万鑫公司作为建设单位，未尽到应有的注意义务，明显具有过错。原审有关万鑫公司就火灾事故发生不存在过错的认定有误，应予纠正。第二，万鑫公司与赵淑华就购买案涉房屋成立商品房买卖合同关系，万鑫公司作为案涉房屋开发商、销售方，有义务交付质量合格的商品房。考虑到商品房买卖合同的标的物即房屋的特殊性，买房人一般不具有检测所购房屋是否符合消防安全规定，建造房屋所使用的建材哪些是易燃的、哪些是阻燃的，是否存在消防安全隐患等，难以适用一般商品买卖合同在标的物交付后买受人应当及时检验产品质量的规则。赵淑华与万鑫公司签订的《商品房买卖合同》第十七条约定案涉商品房所在楼宇的外墙使用权为万鑫公司所有。万鑫公司作为万鑫大厦外墙使用者，对万鑫大厦外墙负有管理、维护义务。赵淑华作为购房人正常使用所购房产，并无过错。卖房人万鑫公司因万鑫大厦建筑材料防火缺陷和不当铺设引燃物等过错，直接导致火势蔓延成灾，造成赵淑华财产损失。万鑫公司过错与赵淑华损失间存在因果关系，理应按过错承担赔偿责任，并不以万鑫大厦经工程竣工验收合格、消防分包工程已经审批、外保温层国家标准出台在后等原因而免责。

综上，万鑫公司作为万鑫大厦建设方、开发商、外墙使用者，是万鑫大厦消防安全责任主体。万鑫公司未尽到消防安全注意义务，未采取补救措施消减消防隐患，即向购房人赵淑华交付房屋，过错明显，一、二审认定万鑫公司不存在过错，事实及法律依据不足。万鑫公司因过错侵害赵淑华的民事权益，依法应承担侵权责任。

(二) 中一公司应承担侵权责任

2007 年 8 月 26 日，国务院修订的《物业管理条例》第四十六条第一款规定：“对物业管理区域内违反有关治安、环保、物业装饰装修和使用等方面法律、法规规定的行为，物业服务企业应当制止，并及时向有关行政管理部门报告。”第四十七条第一款规定：“物业服务企业应当协助做好物业管理区域内的安全防范工作。发生安全事故时，物业服务企业在采取应急措施的同时，应当及时向有关行政管理部门报告，协助做好救助工作。”具有物业服务合同性质的《皇朝万鑫国际大厦（公寓）业主临时公约》第二十一条约定：当万鑫大厦物业存在安全隐患，危及公共利益或其他业主合法权益时，中一公司应当及时采取措施消除隐患。可见，业主人身、财产安全得到基本保障应为业主签订物业服务合同的合同目的之一。据此，物业服务企业依照上述法规规定和物业服务合同在物业管理区域内负有做好相应的安全防范工作的义务，对可能危及业主、住店房客等相关特定或者不特定人员的人身、财产安全的事故或隐患应协助做好防范、制止或救助工作。本案中，中一公司未履行法定或约定的安全防范义务。第一，中一公司未尽到谨慎注意义务。在接受本院询问时，中一公司认可其作为万鑫大厦前期物业服务企业，万鑫公司将万鑫大厦竣工验收手续移交至中一公司时开始履行物业服务职责，中一公司对万鑫大厦外墙保温建筑材料为可燃物、不具备防火性能的情况是明知的。中一公司明知万鑫大厦存在消防安全隐患，其在履行物业安全防范职责时应当更加细致、认真，但其在主观上未尽到专业管理人的谨慎注意义务。第二，中一公司对案外人燃放烟花的危险行为具有防控能力。李欣失火案刑事判决依据《火灾现场勘验笔录》记载内容认定，案外人燃放组合烟花的位置为万鑫大厦 B 座室外南侧停车场西南角处（与 B 座南墙距离 10.8 米，与西南墙角距离 16 米有一处烟花残骸，该处残骸东侧 2.2 米处还有另一处残骸）。可以认定，案涉烟花燃放处位于万鑫大厦南侧的停车场内，紧邻万鑫大厦南侧 LED 大屏幕及高层平台，上述燃放烟花及火灾地点属于中一公司监控或巡逻可视范围，但中一公司未采取适当措施发现火情、防范灾害。中一公司辩称，上述地点不属于物业管理范围，其提交的业主入住文件对物业管理范围约定不明，中一公司接受本院询问时认可案涉室外停车场中有部分区域由其管理。本院认为，在物业服务合同对物业服务区域约定不明、万鑫大厦未封闭使用的情形下，依照《中华人民共和国合同法》第六十一条、第六十二条规定，物业服务区域范围以能够实现订立物业服务合同目的即以保障业主人身、财产安全的合理区域范围为准。据此，现有证据不能排除案涉烟花燃放地不属于中一公司物业管理范围。第三，中一公司怠于履行春节期间物业安保的特别注意职责。除夕夜燃放烟花爆竹是我国传统民俗，中一公司未提供证据证明其在此火灾高发时点采取了能够有效预防火灾发生、排除事故隐患的消防措施，如加强巡逻、适时监控、备足灭火器材等，对万鑫大厦住店客人在万鑫大厦周边近距离燃放烟花的情况未予发现。此外，依据现有证据不能认定案涉房屋内的喷淋系统在火灾发生时正常运行，万鑫公司与中一公司关于消防设施设备的管理与维护职责分工界限不明，亦应推定中一公司对消防设施维护负有管理职责。综上，考虑到中一公司火灾发生在万鑫大厦室外停车场、万鑫大厦周边属于开放式街区，物业自有区域与市政公共区域并未明显界分，且中一公司未能适当履行物业安全防范职责与火灾发生间存在关联关系。据此，中一公司应承担相应的侵权赔偿民事责任。中一公司辩称案外人燃放烟花的地点不属于中一公司物业管理范围，故不应承担责任的抗辩理由，不能成立。

本案中，较万鑫公司及中一公司而言，赵淑华对火灾的发生并无过错。一、二审判决认定万鑫公司、中一公司不承担侵权赔偿责任，意味着由无过错的受害人自行承担因他人过失引发火灾造成的财产损失，有违侵权过错原则，原判决实体处理失衡，本院予以纠正。

二、中一公司、万鑫公司的责任应如何认定

生效刑事判决和案涉火灾事故认定书认定，案外人燃放烟花构成失火罪，系造成万鑫大厦火灾的主要原因。万鑫公司铺设易燃物品引燃外墙建筑材料，进而形成立体燃烧，导致火势扩大、蔓延是损失发生的过程。即，本案的火灾是多因一果的结果，侵权行为、致害原因前后接继而非叠加。案涉各方对火灾的发生均有重大过失，但均非故意追求损害后果，万鑫公司过错亦不足以造成全部损失，不应对受害人全部损失承担赔偿责任，万鑫公司毕竟并非主动积极地行为致赵淑华权益受损，亦不应承担主要责任。中一公司在物业安全防范方面没有尽责，存在管理疏漏，具有过错，但其行为并未直接导致火灾发生。因万鑫公司等侵权导致赵淑华的民事权益受损，由万鑫公司等首先承担赔偿责任，中一公司应当在其预见和能够防范的范围内承担相应的补充责任。

综上，案涉侵权各方没有共同故意或者共同过失，而是各方在不同时期的数个行为密切结合致使火灾发生，进而造成赵淑华的损失。《侵权责任法》第十二条规定，二人以上分别实施侵权行为造成同一损害，能够确定责任大小的，各自承担相应的责任，故本院酌定万鑫公司对赵淑华的损失承担40%的赔偿责任，中一公司在赵淑华全部损失不超过30%的范围内承担补充责任。

三、赵淑华的财产损失范围应如何确定

根据赵淑华一审起诉请求，其主张财产损失范围包括：（1）房屋损失4573155元；（2）室内财产损失2199363元；（3）租房费用187400元；（4）购买房屋花费的契税182926.20元、维修基金8646.56元、房产备案费5000元；（5）房产的增值损失2500625元；（6）案涉房产银行贷款逾期利息10万元及违约金22.8万元；（7）保险公司对万鑫公司的保险理赔款。本案再审时，赵淑华对损失赔偿金额调整为：不再主张房屋增值损失、房屋损失数额减少为3186300元、房屋租金损失增加为357000元。本院围绕其变更后不超出一审诉讼请求的范围进行审理。

1. 关于房屋损失、利息、违约金及相关税费损失部分。因赵淑华拖欠案涉房屋银行贷款，兴业银行另案提起诉讼主张债权。案涉房屋经执行拍卖，赵淑华已丧失所有权。案涉房屋房款、贷款利息、违约金及相关税费损失的产生系赵淑华在借贷法律关系中不履行还款义务，属于清偿能力的问题，与火灾不具有直接的因果关系，赵淑华主张该部分损失事实及法律依据不足，不予支持。

2. 关于万鑫公司获得的保险理赔款部分。根据案涉《公估报告书》载明的内容，案涉保单涉及的被保险人均为万鑫公司，相关保单保险标的为和平区青年大街392号和390甲号的建筑物及建筑物的附属设备。赵淑华主张保险理赔款损失的理据不足，不予支持。

3. 关于租金损失部分。本案各方当事人对案涉房屋被烧毁后已无法居住，且万鑫公司事后对烧毁后的房屋进行了整体修复这一事实并无争议。故赵淑华在火灾之后至万鑫公司对案涉房屋修复完成期间另行租房居住产

生的租金，系因火灾导致案涉房屋不能使用损失，应予支持。沈阳市消防局作出的沈公消验〔2013〕第0050号《关于沈阳皇朝万鑫大厦B座局部装修建设工程消防验收合格的意见》载明，万鑫大厦B座于2013年2月25日重新装修完毕且通过了消防验收，本院再审时，万鑫公司主张，万鑫大厦B座公寓最晚于2013年3月4日重新装修完毕。此外，结合赵淑华与案外人签订《租房协议书》（2011年2月13日至2012年2月12日租金36000元、2012年2月13日至2013年2月12日租金64800元、2013年2月13日至2013年4月12日租金10800元），依据上述证据可以认定，本案火灾发生后至万鑫大厦B座重新装修完毕达到入住标准的合理期间租金总计111600元，应计入赵淑华的财产损失。

4. 关于室内财产损失部分。原审中，赵淑华提交了案涉房屋烧毁前后的比对照片，以及某房屋中介机构及其员工的情况说明等书证，可以证明火灾发生前案涉房屋内存放有较为齐全的家具、家电、衣物、首饰等居家财物，民宅中存放上述居家财产，符合常理。万鑫公司、中一公司虽然对上述财产不予认可，但未能作出合理说明。根据赵淑华提供的屋内财产明细，结合当地生活习惯、物品购入时间、物品使用折旧情况、受害人生活水平等因素，本院酌定赵淑华室内财产损失数额以其主张金额的80%，即1759490.4元（2199363元×80%）为宜。

赵淑华的财产损失应认定为1871090.4元（租金损失111600元+室内财产损失1759490.4元）。万鑫公司向赵淑华赔偿损失748436.16元（1871090.4元×40%），中一公司在561327.12元（1871090.4元×30%）损失的范围内承担补充赔偿责任。

综上，赵淑华的再审理由部分成立，本院予以支持。依照《中华人民共和国侵权责任法》第二条、第六条、第十二条，《中华人民共和国民事诉讼法》第二百零七条第一款、第一百七十条第一款第二项，《最高人民法院关于适用〈中华人民共和国民事诉讼法〉的解释》第四百零七条的规定，判决如下：

一、撤销辽宁省沈阳市中级人民法院（2013）沈中民一初字第39号民事判决及辽宁省高级人民法院（2015）辽民一终字第00300号民事判决；

二、沈阳皇朝万鑫酒店管理有限公司于本判决生效之日起十日内向赵淑华赔偿损失748436.16元；

三、沈阳中一万鑫物业管理有限公司在561327.12元损失额范围内承担补充赔偿责任；

四、驳回赵淑华的其他诉讼请求。

如果未按本判决指定的期间履行金钱给付义务，应当依照《中华人民共和国民事诉讼法》第二百五十三条之规定，加倍支付迟延履行期间的债务利息。

一审案件受理费79400元，由沈阳皇朝万鑫酒店管理有限公司负担45000元、沈阳中一万鑫物业管理有限公司负担29000元、赵淑华负担5400元；二审案件受理费81696元，由沈阳皇朝万鑫酒店管理有限公司负担45000元、沈阳中一万鑫物业管理有限公司负担31000元、赵淑华负担5696元。

审　判　长　冯小光
审　判　员　万　挺
审　判　员　潘　杰

二〇一八年十月三十一日

法官助理　张　闻
书　记　员　曹美施

12. 仪征市兴成塑业包装有限公司诉仪征市新城镇新华村村民委员会、郭玉年财产损害赔偿纠纷案*

房屋出租人将不符合消防安全要求或未经消防验收合格的房屋出租给承租人用于生产，租赁期间因故导致火灾的，应依法承担相应的赔偿责任

【裁判摘要】

房屋出租人明知承租人生产易燃产品而将不符合消防安全要求或未经消防验收合格的房屋出租给承租人用于生产，租赁期间因房屋不符合消防安全要求导致火灾发生或扩大的，出租人存在过错，应依法承担相应的赔偿责任。

原告：仪征市兴成塑业包装有限公司。住所地：江苏省仪征市新城镇。

法定代表人：赵梦，该公司董事长。

被告：仪征市新城镇新华村村民委员会。住所地：江苏省仪征市新城镇。

被告：郭玉年，男，56岁，仪征市通达船舶配件厂业主，住江苏省仪征市。

原告仪征市兴成塑业包装有限公司（以下简称兴成公司）因与被告仪征市新城镇新华村村民委员会（以下简称新华村委会）、郭玉年发生财产损害赔偿纠纷，向

* 摘自《最高人民法院公报》2016年第3期。

江苏省仪征市人民法院提起诉讼。

原告兴成公司诉称：2008年11月8日，原告与被告新华村委会签订经营场所租赁合同，约定新华村委会将自有的坐落于原麦芽厂内路东南起第三跨东起1~11间的房屋出租给原告用于生产塑料包装制品，租赁期限为3年。2011年12月23日12时20分，与原告厂房相邻的仪征市通达船舶配件厂发生火灾，火势迅速蔓延至原告厂房致若干成品、半成品及机器设备过火损毁，损失严重。经仪征市消防部门查明，起火部位为仪征市通达船舶配件厂西南角办公区床所在位置，成因为仪征市通达船舶配件厂的厂房屋顶系芦席顶，耐火等级低。仪征市通达船舶配件厂引发火灾，被告新华村委会将不符合消防安全的房屋出租给原告从事塑料包装制品生产致使火势蔓延，两被告的行为造成原告重大财产损失。故请求判令两被告赔偿原告财产损失1365486.10元，并承担鉴定费、保全费、诉讼费。

被告新华村委会辩称：对火灾认定书没有意见，但是原告兴成公司的损失并不是新华村委会造成的，应由侵权人承担赔偿责任。损失评估报告是根据原告自述形成的，不能客观反映火灾造成的实际损失。

被告郭玉年辩称：火灾事故认定书对火灾起因的陈述不明确、不具体，火灾的起因存在其他可能性，我方接到火灾事故认定书后依法提起复核，但是由于原告兴成公司起诉，消防部门终止了复核程序。原告在承租不符合消防条件的厂房后，未进行改造就生产易燃产品，又未配备消防设施，是导致原告损失扩大的直接原因。被告新华村委会将毫无消防条件的旧厂房出租给原告从事易燃产品的生产，事先未进行改造，是火灾发生的重要原因。因此，新华村委会应承担90%的责任，我方只承担10%的责任。评估报告是根据原告提供的资料进行评估的，不客观，不能作为定案依据。

江苏省仪征市人民法院一审查明：2008年11月8日，原告兴成公司与被告新华村委会签订经营场所租赁合同1份，约定新华村委会将自有的坐落于原麦芽厂内路东南起第三跨东起11间房屋出租给兴成公司用于生产塑料包装制品，租赁期限为3年，自2009年1月1日起至2011年12月31日。仪征市通达船舶配件厂亦租用新华村委会厂房用于生产，该厂与兴成公司东西毗邻。2011 年 12 月 23 日 12 时 20 分左右，仪征市通达船舶配件厂发生火灾，后经仪征市公安消防大队接警后赶到现场扑灭大火。此次火灾造成兴成公司和仪征市通达船舶配件厂厂房顶部、厂内机器物件损毁。2012 年 2 月 17 日，仪征市公安消防大队作出火灾事故认定书，认为起火原因为：排除用火不慎、玩火、电气故障、雷击、自燃、燃放烟花爆竹等原因，不能排除因为遗留火种造成火灾，起火部位位于仪征市通达船舶配件厂厂房西南角，起火点为办公区床所在位置。火灾成因为：（1）起火厂房屋顶为芦席顶，为易燃材料，耐火等级低，燃烧蔓延迅速。（2）起火厂房发生火灾时无人员在场，发现及扑救火灾错过最佳时间。2012 年 2 月 28 日，仪征市通达船舶配件厂向扬州市公安消防支队申请火灾事故认定复核。2012 年 3 月 27 日，扬州市公安消防支队以兴成公司已向法院提起诉讼为由决定终止复核。经兴成公司申请，法院委托扬州佳诚资产评估事务所对兴成公司火灾事故损失金额进行鉴定，意见为：截至 2011 年 12 月 23 日，存货、产成品 369799.10 元、车间被烧物品 59955 元，机器设备 466683 元，间接损失 348850 元，计 1245287.10 元，无法鉴定的损失 120199 元。兴成公司为此支出鉴定费 5 万元。2013 年 1 月 29 日，扬州佳诚资产评估事务所对兴成公司机械设备等残值进行补充鉴定，意见为：机械设备残值 46590 元，存货等其他资产残值 5900 元。

上述事实，有原告兴成公司提供的营业执照副本、经营场所租赁合同、经营场所证明、火灾事故认定书、扬州佳诚资产评估事务所资产评估报告书、法院调取的火灾事故卷宗等证据及当事人的当庭陈述在卷证实。

江苏省仪征市人民法院一审认为，本案一审的争议焦点为：（1）火灾赔偿责任应由谁承担；（2）火灾损失数额如何确定。

关于争议焦点一，仪征市通达船舶配件厂是火灾源起，在火灾发生时无人员在场，对自身厂房未尽到安全管理义务，对火灾的发生存在明显过错，其业主被告郭玉年应当承担主要的赔偿责任。任何单位和个人都有预防火灾、维护消防安全的义务。《机关、团体、企业、事业单位消防安全管理规定》第八条规定：“实行承包、租赁或委托经营、管理时，产权单位应当提供符合消防安全要求的建筑物，当事人在订立的合同中应当依照有关规定明确各方的消防安全责任……承包、租赁或委托经营、管理的单位应当遵守本规定，在其使用、管理范围内履行消防安全职责。”本案中，失火厂房屋顶为芦席顶，该厂房明显不符合消防安全要求，被告新华村委会明知原告兴成公司生产易燃产品却将不符合消防安全要求的厂房出租给原告用于生产，且在与原告订立的租赁合同中未约定消防责任，在签订合同时以及承租人生产期间也未尽到提醒承租人注意防火的义务，对火灾发生及扩大存在一定过错，应承担相应的赔偿责任。原告在与新华村委会订立的租赁合同中未约定消防责任，在未进行必要的符合耐火等级改造的情况下即投入生产，自身对火灾扩大存在一定过错，可以减轻侵权人的赔偿责任。

综合全案，根据过错程度及原因力大小等因素，确定由被告郭玉年承担60%的赔偿责任，由被告新华村委会承担10%的赔偿责任，其余损失应由原告兴成公司自行承担。

关于争议焦点二，对于无法鉴定的损失，其中“老林衣服现金2800元、小邓衣服现金2600元、王玲衣服快递600元”，因原告兴成公司未提供证据证明，不予采信；“办公室装修”4万元，虽然原告提供了证人宋盛林证言及费用明细，但无相关单据佐证，且明细中所列“灯”与第1项“吊灯”，“布艺沙发一组”与车间被烧物品中的“五人沙发”“独体沙发”属重复主张，故酌定“办公室装修”为15000元、酌定第1项“水瓶、饮水机、吊灯”为150元；基于上述理由，根据原告提供的实物照片、购买单据等证据，酌情认定无法鉴定的损失为77162.30元。对于间接损失，“恢复生产费用”不属损失范畴，故不予支持；第1、2项“交货延期赔偿金”“被烧货物资金积压利息费”，鉴定人系根据合同上的数额作出评估的，有无实际兑付没有核实且原告未提供证据证明，况且合同损失系间接损失，故对“交货延期赔偿金”“被烧货物资金积压利息费”不予支持；对“停产营业损失”126000元、“未完成订单利润”16700元予以支持；“工人工资”“未经营房租费”在停业损失中已作为成本列支，故不予支持；基于上述理由，认定间接损失为142700元。对于存货和产成品、车间被烧物品，机器设备，因本案所选定的鉴定机构具备鉴定资格，鉴定程序合法，鉴定依据较为充分，应采信鉴定意见，但是机械设备、存货等资产存在残值，应予扣除，故认定火灾损失数额为1063809.40元（存货、产成品369799.10元+车间被烧物品59955元+机器设备466683元-机械设备残值46590元-存货等其他资产残值5900元+无法鉴定的损失77162.30元+间接损失142700元）。

综上，江苏省仪征市人民法院依照《中华人民共和国侵权责任法》第六条第一款、第十二条、第二十六条的规定，于2013年8月8日判决如下：被告郭玉年于本判决生效之日起15日内赔偿原告兴成公司638285.64元（1063809.4×60%）；被告新华村委会于本判决生效之日起15日内赔偿原告兴成公司106380.94元（1063809.4×10%）；其余火灾损失由原告兴成公司自行承担。

新华村委会不服一审判决，向扬州市中级人民法院提起上诉称：（1）一审法院对被上诉人兴成公司因火灾遭受的损失认定事实不清。扬州佳诚资产评估事务所对兴成公司火灾事故损失进行鉴定的依据是由兴成公司自行编报、自行填写、自行评价的材料，该证据未向法庭出示，也未经当庭质证，故鉴定机构以此作为依据鉴定评估火灾损失不当。（2）一审法院以其与兴成公司之间的租赁合同关系中未明确约定消防责任，未尽到提醒承租人注意防火义务为由，判决其承担10%赔偿责任系适用法律不当。综上，请求二审法院撤销原判，依法改判。

被上诉人兴成公司答辩称：（1）评估机构系一审人民法院委托，其损失已在评估报告中作出认定，且上诉人新华村委会收到该评估报告后在异议期内未提出异议；（2）从《火灾事故认定书》中可以看出，火灾的成因为起火厂房的屋顶是易燃材料，耐火等级低，故新华村委会作为出租方，对火灾的发生及扩大的损失存在过错。

一审被告郭玉年未提出答辩。

扬州市中级人民法院经二审，确认了一审查明的事实。

扬州市中级人民法院经二审认为，当事人对自己提出的主张，有责任提供证据。没有证据或者证据不足以证明自己的事实主张，由负有举证责任的当事人承担不利的法律后果。经查，本起火灾事故损失的资产评估系一审法院委托扬州佳诚资产评估事务所评估，该评估机构及其资产评估师均具备相应的资质，对被上诉人兴成公司因火灾遭受损失的评估，程序合法，依据较为充分，其出具的资产评估结论具有证明效力，予以采信。上诉人新华村委会对该资产评估报告提出异议，但是其未提交充分证据证实自己的主张，且在一审时也未申请重新鉴定，故对新华村委会的该项上诉主张不予采信。

上诉人新华村委会作为出租方，其出租房屋给承租人的用途是生产经营，故其将房屋出租给被上诉人兴成公司时，应提供经过消防验收合格的房屋。本案中，当火灾发生时，因新华村委会出租厂房的屋顶为芦席顶，系易燃材料，耐火等级低，导致燃烧蔓延迅速，损失扩大。由于新华村委会出租未经消防验收合格的房屋，且兴成公司生产的塑料包装制品系易燃物品，故其对火灾造成的损失具有一定过错。因此，一审根据本案的实际情况，判决新华村委会承担10%的赔偿责任并无不当。

综上，扬州市中级人民法院依照《中华人民共和国民事诉讼法》第一百七十条第一款第（一）项，于2013年12月18日判决如下：驳回上诉，维持原判。

本判决为终审判决。

13. 青海茂祥房地产开发有限公司与青海省气象局财产损害赔偿纠纷案*

政府机关占用施工通道致经济损失应担责

【裁判摘要】

政府机关占用施工使用的唯一通道，致施工无法进行，造成经济损失，应当承担损失赔偿责任。

一、基本案情

2011年5月，民营企业青海茂祥房地产开发有限公司办理相关手续后建设开发位于青海省西宁市某商住小区项目。后青海省气象局将正在施工使用的唯一通道堵塞，造成无法施工。经诉讼及强制执行，该通道被疏通，共造成停工112天。青海茂祥房地产开发有限公司起诉要求青海气象局支付停工产生的违约金损失、人员工资损失、监理费报酬损失、借款利息及罚息损失等各项损失合计4358404.81元。

二、裁判结果

青海省西宁市中级人民法院一审认为，根据《中华

* 摘自2016年4月8日最高人民法院公布的关于依法平等保护非公有制经济，促进非公有制经济健康发展民事商事典型案例。

人民共和国民法通则》第八十三条[1]关于“不动产的相邻各方，应当按照有利生产、方便生活、团结互助、公平合理的精神，正确处理截水、排水、通行、通风、采光等方面的相邻关系。给相邻方造成妨碍或者损失的，应当停止侵害，排除妨碍，赔偿损失”及《最高人民法院关于贯彻执行〈中华人民共和国民法通则〉若干问题的意见（试行）》[2]第一百条关于“一方必须在相邻一方使用的土地上通行的，应当予以准许；因此造成损失的，应当给予适当补偿”的规定，青海省气象局理应向青海茂祥房地产开发有限公司承担因侵权造成的财产损害赔偿责任。判决：青海省气象局赔偿青海茂祥房地产开发有限公司各项经济损失 1055240 元；驳回青海茂祥房地产开发有限公司的其他诉讼请求。

青海省气象局、青海茂祥房地产开发有限公司上诉后，青海省高级人民法院作出二审判决：驳回上诉，维持原判。

三、典型意义

本案是因相邻关系造成妨碍应当承担民事责任的典型性案例。实践中存在非公有制企业和政府机关、国有企业等因相邻关系等非合同关系引发的民事纠纷，在此类纠纷中，同样需要依照法律规定，对非公有制企业的合法权益予以保护，而不能允许其他主体对其合法权益肆意侵害而不承担相应法律责任。本案中，青海省气象局堵塞青海茂祥房地产开发有限公司开发建设青海省气象局旧房改造项目正在施工的唯一通道构成侵权的事实，已由另案生效法律文书所确认，对于此侵权行为造成的青海茂祥房地产开发有限公司的财产损失，青海省气象局应当予以赔偿。因此，青海茂祥房地产开发有限公司的诉讼请求，在有证据支持的范围内，得到了人民法院的支持。人民法院审理该案件时，平等对待双方当事人，准确适用《中华人民共和国民法通则》及其司法解释等相关规定，依法支持青海茂祥房地产开发有限公司的相应诉讼请求，维护了其作为非公有制企业的合法权益。

---

① 对应《民法典》第二百八十八条：“不动产的相邻权利人应当按照有利生产、方便生活、团结互助、公平合理的原则，正确处理相邻关系。”

② 《最高人民法院关于贯彻执行〈中华人民共和国民法通则〉若干问题的意见（试行）》现已失效。

14. 杜某某诉张某某、何某某财产损害赔偿案*

残疾人生产经营权利受到侵害时，法院应保障其合法权利

【裁判摘要】

让残疾人平等参与社会生活、共享改革发展成果，是具体检验支持残疾人事业发展的重要标志。当事人系双眼全盲残疾人，其作为民事主体租赁门面用于经营盲人按摩，是残疾人平等参与社会生活的积极体现，当期合法权益受到侵害时，法院应予以保护。

一、典型意义：依法切实保障残疾人生产经营权利

让残疾人平等参与社会生活、共享改革发展成果，是具体检验支持残疾人事业发展的重要标志。本案原告杜某某系双眼全盲残疾人，其作为民事主体租赁门面用于经营盲人按摩，是残疾人平等参与社会生活的积极体现，其合法经营权利更应受法律保护。而本案出租方违约侵害残疾人正常生产经营，理应承担相应的责任。本案原告作为残疾人，由于其身体残疾、法律知识薄弱、经济条件有限等原因，在依法保护其权益时处于明显弱

* 摘自2016年5月13日最高人民法院公布的残疾人权益保障典型案例。

势地位。针对本案，法院的审理工作立足保护残疾人生产经营权益，加大案件调解力度，最终通过调解方式结案，使本案残疾人能够平等参与社会生活、共享改革发展成果。

二、基本案情

原告杜某某为双眼全盲残疾人，其租赁壹某公司门面一间用于经营盲人按摩。在杜某某经营过程中，壹某公司不履行出租设施修理义务，且其员工破坏杜某某经营设施，阻碍杜某某对外经营，导致杜某某无法开展正常经营。为此，原告杜某某起诉到法院，要求张某某、何某某恢复其店内设施并赔偿相应的损失。法院在审理本案过程中查明，原告杜某某作为残疾人，法律意识淡薄，不能举示相关证据，且其起诉的被告不适格。为切实依法保护残疾人弱势群体的合法经营权益，减轻残疾人的诉讼负担，人民法院加大案件协调力度，最终促成原告杜某某与案外人壹某公司签订调解协议，切实保护了原告杜某某的合法经营权益。原告杜某某亦撤回了针对被告张某某、何某某的起诉。

三、法律指引

《中华人民共和国残疾人保障法》

第七条第一款　全社会应当发扬人道主义精神，理解、尊重、关心、帮助残疾人，支持残疾人事业。

《中华人民共和国侵权责任法》①

第二条　侵害民事权益，应当依照本法承担侵权责任。

本法所称民事权益，包括生命权、健康权、姓名权、名誉权、荣誉权、肖像权、隐私权、婚姻自主权、监护权、所有权、用益物权、担保物权、著作权、专利权、商标专用权、发现权、股权、继承权等人身、财产权益。

---

① 对应《民法典》第一百二十条："民事权益受到侵害的，被侵权人有权请求侵权人承担侵权责任。"

侵害集体经济组织成员权益纠纷

15. 古月萍与重庆市涪陵区××街道××社区居民委员会×组侵害集体经济组织成员权益纠纷案*

户口性质并非认定集体经济组织成员资格的唯一标准

【裁判摘要】

户口性质并非认定集体经济组织成员资格的唯一标准，人民法院应以是否形成较为固定的生产、生活关系，是否具有集体经济组织所在地户口，是否需要以本集体经济组织土地为基本生活保障等来综合分析判断是否具有集体经济组织成员资格。

【基本案情】

古月萍系古香冰和谢明梅之女，古香冰与谢明梅于1991年7月离婚，离婚后，古月萍随父亲古香冰生活。古香冰于1992年12月23日与××社区×组村民罗红梅结婚，古月萍随父亲古香冰一起居住在××社区×组处。1997年12月22日，古月萍将户口迁入××社区×组，并办理了农转非户口。2011年起，××社区×组所有的土地陆续被征用。××社区×组取得土地补偿费等

* 摘自《民事审判指导与参考》2019年第2辑（总第78辑），人民法院出版社2019年版，第72～75页。

费用后，按照在本集体经济组织承包土地的人均分配21700元、未承包土地但户口在本集体经济组织的人均分配17700元的标准进行了分配。

古月萍向一审法院起诉请求：判决××社区×组立即给付土地补偿费等集体资金17700元。

一、二审法院认为，在集体经济组织内长期固定的生产、生活，依赖于本集体土地作为生活保障，且具有依法登记的集体经济组织所在地常住户口，应具有该集体经济组织成员资格。古月萍未成年时随父亲古香冰在××社区×组居住生活，其未成年之前的生活来源，依赖于父亲古香冰及继母罗红梅在××社区×组的承包地，古月萍未成年时，是以××社区×组的土地为生活保障，且古月萍于1997年将户口迁入××社区×组，古月萍具有××社区×组集体经济组织成员资格，有权参与其土地补偿款的分配。

重庆市第三中级人民法院民事判决书

（2016）渝03民终1977号

上诉人（原审被告）：重庆市涪陵区××街道××社区居民委员会×组。

负责人：陈平，该组组长。

委托诉讼代理人：郎洪，重庆睿诚律师事务所律师。

委托诉讼代理人：冯杰，重庆睿诚律师事务所律师。

被上诉人（原审原告）：古月萍，女，汉族，住重庆市涪陵区××街道××社区居委×组。

委托诉讼代理人：刘容，重庆市涪陵区龙桥法律服务所法律工作者。

上诉人重庆市涪陵区××街道××社区居民委员会×组（以下简称××社区×组）与被上诉人古月萍侵害集体经济组织成员权益纠纷一案，不服重庆市涪陵区人民法院（2016）渝0102民初2091号民事判决，向本院提起上诉。本院依法组成合议庭对本案进行了审理。本案现已审理终结。

××社区×组上诉请求：依法撤销一审法院判决并改判，由古月萍负担一、二审诉讼费。事实和理由：古月萍不是该集体的村民，没有在该集体生产生活，且古月萍的户口也不是依法登记到本集体的常住户口。因此，古月萍不具备该集体经济组织成员资格。

古月萍辩称：其系父亲古香冰与谢明梅所生子女，双方于1991年离婚后，其父亲古香冰已将户口迁入××社区×组并居住和生活。其一直跟随父亲古香冰生活，并于1997年将户口迁入了××社区×组，其具备××社区×组集体经济组织成员资格。

古月萍向一审法院起诉请求：判决××社区×组立即给付土地补偿费等集体资金17700元。

一审法院认定事实：古月萍系古香冰和谢明梅之女，古香冰与谢明梅于1991年7月离婚，离婚后，古月萍随父亲古香冰生活。古香冰于1992年12月23日与××社区×组村民罗红梅结婚，古月萍随父亲古香冰一起居住在××社区×组处。1997年12月22日，古月萍将户口迁入××社区×组，并办理了农转非户口。2011年起，××社区×组所有的土地陆续被征用。××社区×组取得土地补偿费等费用后，按照在本集体经济组织承包土地的人均分配21700元、未承包土地但户口在本集体经济组织的人均分配17700元的标准进行了分配。

另查明，涪陵区××街道××社区×组系原××街道××社区×组。

一审法院认为：本案争议的焦点是古月萍是否具有××社区×组集体经济组织成员资格，应否参与分配土地补偿费等集体资金。结合本案分析，古月萍养母是××社区×组集体经济组织成员，古月萍父亲因婚姻关系取得集体经济组织成员资格，古月萍亦将户口迁入了××社区×组处，并在其处长期居住、生活。古月萍虽然是非农业户口，但未取得其他集体经济组织成员资格，也未加入城镇居民社会保障体系，且长期在××社区×组处居住、生活，按照集体经济组织成员资格不能“两头占”或“两头空”的原则，古月萍应具有××社区×组集体经济组织成员资格，理应参与该组土地补偿费等集体资金的分配并享有同等分配权。古月萍请求判令××社区×组支付土地补偿费17700元，符合法律规定，法院予以支持。××社区×组辩称古月萍系非农业户口，不应参与本集体权益的分配，因古月萍未取得其他集体经济组织成员资格，也未加入城镇居民社会保障体系，并将户口迁入了××社区×组，并长期在其处居住、生产、生活，理应取得了××社区×组集体经济组织成员资格，有权参与集体权益的分配。××社区×组辩称在原有补偿费金额不变的情况下，增加了分配人数，则分配金额也应相应减少，但分配金额是由社员大会讨论决定的，因现未召开新的社员大会重新确定分配金额，故××社区×组的辩称理由不成立，法院不予支持。依照《中华人民共和国民法通则》第一百零六条第一款、《最高人民法院关于审理涉及农村土地承包纠纷案件适用法律问题的解释》第二十四条之规定，判决：涪陵区××街道××社区居民委员会×组在判决生效后10日内支付古月萍土地补偿费等集体资金共计17700元。如果未按本判决指定的期限履行给付金钱义务，应当依照《中华人民共和国民事诉讼法》第二百五十三条之规定，加倍支付迟延履行期间的债务利息。案件受理费242元，减半收取121元，由涪陵区××街道××社区居民委员会×组负担。

本院二审查明的事实与一审查明的一致。

本院认为，本案的争议焦点为：古月萍是否具有××社区×组集体经济组织成员资格。在集体经济组织内长期固定的生产、生活，依赖于本集体土地作为生活保障，且具有依法登记的集体经济组织所在地常住户口，应具有该集体经济组织成员资格。古月萍未成年时随父亲古香冰在××社区×组居住生活，其未成年之前的生活来源，依赖于父亲古香冰及继母罗红梅在××社区×组的承包地，所以，古月萍未成年时，是以××社区×组的土地为生活保障，且古月萍于1997年将户口迁入××社区×组，因此，古月萍具有××社区×组集体经济组织成员资格。××社区×组以古月萍的户口并未依法登记在本集体为由，主张古月萍不具备本集体经济组织成员资格，于法无据，本院不予支持。古月萍具有涪陵区××街道××社区居民委员会×组的集体经济组织成员资格，有权参与其土地补偿款的分配。

综上，重庆市涪陵区××街道××社区居民委员会×组的上诉理由不成立，应予驳回；一审判决认定事实清楚、适用法律正确，程序合法，应予维持。依照《中华人民共和国民事诉讼法》第一百七十条第（一）款第一项的规定，判决如下：

驳回上诉，维持原判。

二审案件受理费由242元，由上诉人重庆市涪陵区××街道××社区居民委员会×组负担。

本判决为终审判决。

审　判　长　黄镝鸣

代理审判员　王　利

代理审判员　张东一

二〇一六年十月十八日

书　记　员　赵许梅

建筑物区分所有权纠纷

16. 上海市虹口区久乐大厦小区业主大会诉上海环亚实业总公司业主共有权纠纷案*

（最高人民法院审判委员会讨论通过　2016年9月19日发布）

缴纳专项维修资金是业主的一项法定义务，业主拒绝缴纳并以诉讼时效提出抗辩的，法院不予支持

【关键词】

民事　业主共有权　专项维修资金　法定义务　诉讼时效

【裁判要点】

专项维修资金是专门用于物业共用部位、共用设施设备保修期满后的维修和更新、改造的资金，属于全体业主共有。缴纳专项维修资金是业主为维护建筑物的长期安全使用而应承担的一项法定义务。业主拒绝缴纳专项维修资金，并以诉讼时效提出抗辩的，人民法院不予支持。

* 摘自2016年9月19日最高人民法院发布的第14批指导性案例（指导案例65号）。

【相关法条】

《中华人民共和国民法通则》

第一百三十五条　向人民法院请求保护民事权利的诉讼时效期间为二年，法律另有规定的除外。

《中华人民共和国物权法》

第七十九条　建筑物及其附属设施的维修资金，属于业主共有。经业主共同决定，可以用于电梯、水箱等共有部分的维修。维修资金的筹集、使用情况应当公布。

第八十三条第二款　业主大会和业主委员会，对任意弃置垃圾、排放污染物或者噪声、违反规定饲养动物、违章搭建、侵占通道、拒付物业费等损害他人合法权益的行为，有权依照法律、法规以及管理规约，要求行为人停止侵害、消除危险、排除妨害、赔偿损失。业主对侵害自己合法权益的行为，可以依法向人民法院提起诉讼。

《物业管理条例》

第七条第四项　按照国家有关规定交纳专项维修资金；

第五十四条第一款、第二款　住宅物业、住宅小区内的非住宅物业或者与单幢住宅楼结构相连的非住宅物业的业主，应当按照国家有关规定交纳专项维修资金。

专项维修资金属于业主所有，专项用于物业保修期满后物业共用部位、共用设施设备的维修和更新、改造，不得挪作他用。

【基本案情】

2004 年 3 月，被告上海环亚实业总公司（以下简称环亚公司）取得上海市虹口区久乐大厦底层、二层房屋的产权，底层建筑面积 691. 36 平方米、二层建筑面积 910. 39 平方米。环亚公司未支付过上述房屋的专项维修资金。2010 年 9 月，原告久乐大厦小区业主大会（以下简称久乐业主大会）经征求业主表决意见，决定由久乐业主大会代表业主提起追讨维修资金的诉讼。久乐业主大会向法院起诉，要求环亚公司就其所有的久乐大厦底层、二层的房屋向原告缴纳专项维修资金57566.90元。被告环亚公司辩称，其于2004年获得房地产权证，至本案诉讼有6年之久，原告从未主张过维修资金，该请求已超过诉讼时效，不同意原告诉请。

【裁判结果】

上海市虹口区人民法院于2011年7月21日作出（2011）虹民三（民）初字第833号民事判决：被告环亚公司应向原告久乐业主大会缴纳久乐大厦底层、二层房屋的维修资金57566.90元。宣判后，环亚公司向上海市第二中级人民法院提起上诉。上海市第二中级人民法院于2011年9月21日作出（2011）沪二中民二（民）终字第1908号民事判决：驳回上诉，维持原判。

【裁判理由】

法院生效裁判认为：《中华人民共和国物权法》第七十九条规定："建筑物及其附属设施的维修资金，属于业主共有。经业主共同决定，可以用于电梯、水箱等共有部分的维修……"《物业管理条例》第五十四条第二款规定："专项维修资金属于业主所有，专项用于物业保修期满后物业共用部位、共用设施设备的维修和更新、改造，不得挪作他用。"《住宅专项维修资金管理办法》（建设部、财政部令第165号）（以下简称《办法》）第二条第二款规定："本办法所称住宅专项维修资金，是指专项用于住宅共用部位、共用设施设备保修期满后的维修和更新、改造的资金。"依据上述规定，维修资金性质上属于专项基金，系为特定目的，即为住宅共用部位、共用设施设备保修期满后的维修和更新、改造而专设的资金。它在购房款、税费、物业费之外，单独筹集、专户存储、单独核算。由其专用性所决定，专项维修资金的缴纳并非源于特别的交易或法律关系，而是为了准备应急性地维修、更新或改造区分所有建筑物的共有部分。由于共有部分的维护关乎全体业主的共同或公共利益，所以维修资金具有公共性、公益性。

《物业管理条例》第七条第四项规定："业主在物业管理活动中，应当履行按照国家有关规定交纳专项维修资金的义务。”第五十四条第一款规定：“住宅物业、住宅小区内的非住宅物业或者与单幢住宅楼结构相连的非住宅物业的业主，应当按照国家有关规定交纳专项维修资金。”依据上述规定，缴纳专项维修资金是为特定范围的公共利益，即建筑物的全体业主共同利益而特别确立的一项法定义务，这种义务的产生与存在仅仅取决于义务人是否属于区分所有建筑物范围内的住宅或非住宅所有权人。因此，缴纳专项维修资金的义务是一种旨在维护共同或公共利益的法定义务，其只存在补缴问题，不存在因时间经过而可以不缴的问题。

业主大会要求补缴维修资金的权利，是业主大会代表全体业主行使维护小区共同或公共利益之职责的管理权。如果允许某些业主不缴纳维修资金而可享有以其他业主的维修资金维护共有部分而带来的利益，其他业主就有可能在维护共有部分上支付超出自己份额的金钱，这违背了公平原则，并将对建筑物的长期安全使用，对全体业主的共有或公共利益造成损害。

基于专项维修资金的性质和业主缴纳专项维修资金义务的性质，被告环亚公司作为久乐大厦的业主，不依法自觉缴纳专项维修资金，并以业主大会起诉追讨专项维修资金已超过诉讼时效进行抗辩，该抗辩理由不能成立。原告根据被告所有的物业面积，按照同期其他业主缴纳专项维修资金的计算标准算出的被告应缴纳的数额合理，据此判决被告应当按照原告诉请支付专项维修资金。

（生效裁判审判人员：卢薇薇、陈文丽、成皿）

17. 重庆市豪运房地产开发有限公司诉重庆市九龙坡区西彭帝景豪苑业主委员会车位纠纷案*

不能办理产权登记成为特定业主所有权的客体的地上车位，不能成为享有专有权的专有部分，该部分占用业主共有的道路或者其他场地用于停放汽车的车位，属于业主共有

【裁判摘要】

小区建设完成之后，随小区内房屋的出售，小区建筑区划内的土地使用权也随之转移至小区业主，小区的共有部分土地使用权归小区业主共有。不能办理产权登记成为特定业主所有权的客体的地上车位，不能成为享有专有权的专有部分，该部分占用业主共有的道路或者其他场地用于停放汽车的车位，属于业主共有。

最高人民法院民事裁定书

（2017）最高法民申2817号

再审申请人（一审原告、二审上诉人）：重庆市豪运房地产开发有限公司。住所地：重庆市江北区杨河二

* 摘自《最高人民法院公报》2021年第2期。

村71号4－3号。

负责人：刘安红，该公司总经理。

委托诉讼代理人：骆志刚，男，该公司员工。

被申请人（一审被告、二审被上诉人）：重庆市九龙坡区西彭帝景豪苑业主委员会。住所地：重庆市九龙坡区西彭帝景豪苑小区内。

负责人：徐二毛，该业主委员会主任。

再审申请人重庆市豪运房地产开发有限公司（以下简称豪运公司）因与被申请人重庆市九龙坡区西彭帝景豪苑业主委员会（以下简称帝景豪苑业委会）车位纠纷一案，不服重庆市高级人民法院（2016）渝民终7号民事判决，向本院申请再审。本院依法组成合议庭对本案进行了审查，现已审查终结。

豪运公司申请再审称：（1）原判决适用法律错误。帝景豪苑小区建设用地使用权是豪运公司出资取得的，豪运公司是土地使用权人，根据《中华人民共和国物权法》（以下简称物权法）第一百四十二条之规定，帝景豪苑小区建筑区划内规划的地上停车位应当归豪运公司所有。原判决未适用物权法第一百四十二条，而适用《重庆市物业管理条例》第六十三条第二款，属于适用法律错误。（2）原判决认定案涉车位系占用业主共有的道路或者其他场地的车位，缺乏事实依据。小区的绿化面积、共有面积、交通道路，经政府相关部门验收合格，备案可查。小区绿化还超过了规划面积，不存在任何占用共有面积的情况。综上，豪运公司根据《中华人民共和国民事诉讼法》第二百条第二项、第六项规定申请再审。

帝景豪苑业委会提交意见称，案涉车位属于小区业主共有，豪运公司不享有权利。（1）案涉车位使用的是全体业主共有的土地使用权。豪运公司给小区业主办理了房屋初始登记及转移登记后业主共同享有小区全部土地使用权。根据物权法第七十四条第三款的规定，占用了业主共有道路或场地，车位就应属业主共有。（2）豪苑公司不能取得案涉车位的所有权证，案涉车位不属于专有部分，产权应归全体业主共有。（3）案涉车位未计入容积率，且不参与规划建设用地面积分摊，产权应归业主共有。

本院经审查认为本案焦点问题是：第一，原判决适用法律是否确有错误；第二，原判决认定基本事实是否缺乏证据证明。

（一）原判决适用法律是否确有错误

豪运公司申请再审认为原判决适用法律错误，应适用物权法第一百四十二条，而不应适用《重庆市物业管理条例》第六十三条第二款。物权法第一百四十二条规定："建设用地使用权人建造的建筑物、构筑物及其附属设施的所有权属于建设用地使用权人，但有相反证据证明的除外"，而《重庆市物业管理条例》第六十三条第二款规定："建设单位依法取得车位、车库权属登记后，可以向业主出售车位、车库。拟出售的车位、车库数量等于或低于物业管理区域的房屋套数时，每户业主只能购买一个车位或车库"，两者并不矛盾。由于豪运公司向小区业主出售房屋，小区内的土地使用权也转移至小区业主，小区共有部分土地使用权归小区业主共有。故豪运公司关于适用物权法第一百四十二条之规定，本案所涉地上停车位应归其所有的主张不能成立。原判决适用《重庆市物业管理条例》第六十三条第二款之规定，在于明确建设单位只有取得车位、车库权属登记之后才能进行出售，而案涉车位不能取得产权登记，因此不能进行出售。故原判决适用《重庆市物业管理条例》第六十三条第二款并无不当。豪运公司关于原判决适用法律错误的申请再审事由不能成立，本院不予支持。

（二）原判决认定基本事实是否缺乏证据证明

根据《最高人民法院关于审理建筑物区分所有权纠纷案件具体应用法律若干问题的解释》第二条第一款关于"建筑区划内符合下列条件的房屋，以及车位、摊位等特定空间，应当认定为物权法第六章所称的专有部分：（一）具有构造上的独立性，能够明确区分；（二）具有利用上的独立性，可以排他使用；（三）能够登记成为特定业主所有权的客体"之规定，案涉车位不能办理产权登记，因此其不能成为享有专有权的专有部分。即使豪运公司在建造帝景豪苑小区时支付了建筑区划内的土地使用权出让金，成为建设用地使用权人，但是小区建设完成之后，随小区内房屋的出售，小区建筑区划内的土地使用权也随之转移，小区的共有部分土地使用权归小区业主共有。由于案涉车位不能办理产权登记，不能成为专有部分，原判决确认该部分停车位属于占用业主共有的道路或者其他场地用于停放汽车的车位并无不当。而开发商建设的小区经验收合格，是开发商的基本义务，且绿化是否超过规划面积对认定停车位是否占用业主共有场地没有必然联系。故豪运公司关于原判决认定案涉车位系占用业主共有的道路或者其他场地的车位，缺乏事实依据的申请再审事由不能成立。

综上所述，豪运公司的再审申请不符合《中华人民共和国民事诉讼法》第二百条第二项、第六项规定的情形。依照《中华人民共和国民事诉讼法》第二百零四条第一款，《最高人民法院关于适用〈中华人民共和国民事诉讼法〉的解释》第三百九十五条第二款规定，裁定如下：

驳回重庆市豪运房地产开发有限公司的再审申请。

审 判 长　潘勇锋
审 判 员　王季君
审 判 员　王　丹

二〇一七年八月二十四日

法官助理　周媛媛
书 记 员　谢　平

业主知情权纠纷

18. 孙庆军诉南京市清江花苑小区业主委员会业主知情权纠纷案*

业主委员会应全面、合理公开其掌握的本小区建筑区划内涉及业主共有权及共同管理权等相关事项的情况和资料

【裁判摘要】

业主作为建筑物区分所有人，享有知情权，享有了解本小区建筑区划内涉及业主共有权及共同管理权等相关事项的权利，业主委员会应全面、合理公开其掌握的情况和资料。对于业主行使知情权亦应加以合理限制，防止滥用权利，其范围应限于涉及业主合法权益的信息，并遵循简便的原则。

原告：孙庆军，男，43岁，住南京市鼓楼区。

被告：南京市清江花苑小区业主委员会。住所地：南京市鼓楼区清江花苑。

原告孙庆军与被告南京市清江花苑小区业主委员会（以下简称清江花苑业委会）发生业主知情权纠纷，向南京市鼓楼区人民法院提起诉讼。

原告孙庆军诉称：原告系清江花苑小区业主，本届业主委员会自2012年12月接手小区以来，管理混乱，财务收支不透明，从不公开依法应公开的信息，甚至出现违法行为，致原告等广大业主合法权益受到损害。原

* 摘自《最高人民法院公报》2015年第12期。

告曾至业委会要求查询相关信息被借故推脱。为维护业主合法权益，原告向法院提起诉讼，请求依法判决：（1）被告清江花苑业委会在小区公告栏公布下列情况及资料：①公布清江花苑小区建筑物及附属设施的维修资金筹集使用情况；②公布本届业主委员会所有决定、决议和会议记录；③公布本届业主委员会与物业公司之间的服务合同和共有部分的使用及收益情况；④公布本小区停车费收支分配和车位处分情况；⑤公布本届业主委员任期内的各年度财务收支账目、收支凭证；（2）诉讼费用由被告承担。

被告清江花苑业委会辩称：（1）原告孙庆军的请求应通过业主大会集体行使。现因部分业主与被告产生冲突导致业委会无法召开，故原告起诉公布事项无法通过业主大会进行公示。（2）原告要求公布维修资金的情况，被告将当庭公示原告所属单元的维修资金使用情况。而且小区维修资金的使用应向相关管理部门申报，业委会并未掌握相关情况。（3）关于车位的情况。车位使用是根据先到先用的原则分配，故无法提供具体处分情况，原告应向小区物业公司质询。对于其他的诉求，被告已经予以公示。

南京市鼓楼区人民法院经审理查明：原告孙庆军系南京市鼓楼区清风园×幢×单元××室房屋的所有权人，其房屋位于清江花苑住宅小区内。

2014年4月4日，被告清江花苑业委会于小区公告栏张贴《关于目前业委会账户资金情况的说明》，主要内容为：2014年1月27日业委会代表小区收取过街通道征地补偿款2334820元，为使公共收益保值增值，业委会工作人员于2014年2月26日至28日通过网上银行分4笔合计260万元借用个人账户购买两支货币基金，后应法院要求，于2014年4月3日申请赎回，4月4日，本金260万元及收益10443.12元均已归入业委会公共账户，特予以公示。后被告在小区公告栏对2013年度、2014年度的业委会收支情况进行公示，2013年度收支一览表载明收支各5项；2014年度收支一览表载明收入3项、支出4项。2015年7月11日，被告在小区公告栏张贴公告，告知全体业主：小区物业变更及2014年业委会财务收支账目等信息已公布，如业主对有关信息需要进一步了解，请到业委会办公室询问和查阅。

另查明：2012年12月14日，上届清江花苑业委会与无锡市谐和物业管理有限公司（以下简称谐和公司）签订《清江花苑小区物业服务合同》，委托其对小区物业进行管理。该物业服务合同已在小区公告栏张贴。2015年3月15日，被告清江花苑业委会向谐和公司发函催交2014年度公共收益，谐和公司答复称，将于2015年3月30日前将2014年度公共收益情况提交并公示，具体欠交金额及结算日期将与被告商定后实施。2015年6月19日，被告在小区公告栏张贴《物业变更公示》，告知小区业主：接谐和公司通知，因其面临破产，推荐江苏启成物业服务公司（以下简称启成公司）进行托管。后被告与启成公司签订物业服务合同，并在小区公告栏公布《物业服务合同》。原告孙庆军因要求被告公开相关信息，与被告产生纠纷，诉至法院，要求判如所请。

庭审中，被告清江花苑业委会举证招标时间为2013年7月的清江花苑小区屋面、墙体防水工程的开标、评标公示、招标文件、中标通知书、维修资金申请使用征询意见表及部分公摊明细等涉及维修资金使用情况的文件。原告孙庆军对此认可，但认为被告应公布全部维修资金的情况，而非专项维修资金的情况。

南京市鼓楼区人民法院审理认为：业主对小区公共事务和物业管理的相关事项享有知情权，可以向业委会、物业公司要求公布、查阅依法应当向业主公开，且确由业委会和物业公司掌握的情况和资料。原告孙庆军作为业主，可以向被告清江花苑业委会主张公布由被告掌握的情况和资料。根据《最高人民法院关于审理建筑物区分所有权纠纷案件具体应用法律若干问题的解释》第十三条①之规定，业主有权请求公布、查阅以下资料：（1）建筑物及其附属设施的维修资金的筹集、使用情况；（2）管理规约、业主大会议事规则以及业主大会或者业主委员会的决定及会议记录；（3）物业服务合同、共有部分的使用和收益情况；（4）建筑区划内规划用于停放汽车

---

① 对应2020年修正后《最高人民法院关于审理建筑物区分所有权纠纷案件适用法律若干问题的解释》第十三条："第十三条 业主请求公布、查阅下列应当向业主公开的情况和资料的，人民法院应予支持：（一）建筑物及其附属设施的维修资金的筹集、使用情况；（二）管理规约、业主大会议事规则，以及业主大会或者业主委员会的决定及会议记录；（三）物业服务合同、共有部分的使用和收益情况；（四）建筑区划内规划用于停放汽车的车位、车库的处分情况；（五）其他应当向业主公开的情况和资料。"

的车位、车库的处分情况；（5）其他应当向业主公开的情况和资料。因此，被告认为原告主张的权利应通过业主大会予以集体行使的抗辩理由，没有法律依据，且有违经济、便利原则，不利于业主上述知情权利的行使与保护，故不予支持。清江花苑业委会应保障业主对上述资料进行查阅的权利，并及时公布与业主利益相关的资料。

关于原告孙庆军请求公布清江花苑小区建筑物及附属设施的维修资金筹集使用情况的主张。建筑物及附属设施的维修资金属于业主共有，用于住宅共有部位、共用设施设备保修期满后的维修及更新，业主有权了解其使用情况。被告清江花苑业委会作为小区全体业主的代表对小区进行管理，对于维修资金的筹集及使用情况应当知晓，而且资金是否由其直接掌握不影响其对维修资金情况的公布。被告向法院提交的2013年清江花苑小区屋面、墙体防水工程等资金使用情况，仅为部分资金的使用情况，并非全部维修资金的筹集、使用情况。故对原告的该项诉请予以支持。关于原告要求公布本届业主委员会所有决定、决议和会议记录的主张。业委会作出的决定、决议和会议记录与业主的权利紧密相关，应予公开，并提供业主查阅。在本案审理过程中，被告虽已提交了相关会议纪要等证据，但并未在小区向全体业主公布，故对原告的该项诉请予以支持。关于原告要求公布本届业主委员会与物业公司之间的物业服务合同和共有部分的使用及收益情况的主张。被告在小区公告栏已经张贴与谐和公司、启成公司所签订的《物业服务合同》，原告亦可通过被告办公室查阅上述物业服务合同，因此，对于原告该项主张不予支持。小区共有部分使用和收益与业主的利益亦是密切相关，虽存在谐和公司未及时上交公共收益等的问题，但是被告作为全体业主代表应及时追交，保障业主的合法权利，并将目前的使用和收益情况及时公布。关于原告要求公布本小区停车费收支分配和车位处分情况的主张。小区共有停车位，即规划区外的车位，虽由物业公司代管，归属小区全体业主共有，业主对于小区共有部分停车费的收支分配及停车位处分情况享有知情权。被告应及时联系物业公司，及时公布上述信息。故对于原告的该项主张，予以支持。关于原告主张公布本届业主委员任期内的各年度财务收支账目、收支凭证的主张。小区财务收支与小区业主具体利益息息相关，业委会应予公布。被告虽在小区公告栏公布了2013年度及2014年度的收支一览表，项目较少且不尽详细，后被告虽在庭审中提供账目明细表及凭证，但并未履行公布的义务，因此支持原告的主张。

综上，南京市鼓楼区人民法院依照《最高人民法院关于审理建筑物区分所有权纠纷案件具体应用法律若干问题的解释》第十三条、《中华人民共和国民事诉讼法》第六十四条以及《最高人民法院关于适用〈中华人民共和国民事诉讼法〉的解释》第九十条之规定，于2015年9月16日作出判决：一、被告南京市清江花苑小区业主委员会于本判决生效之日起30日内在小区公告栏内或公共区域内张贴公布本届业主委员会成立以来清江花苑小区建筑物及附属设施的维修资金筹集、使用情况。二、被告南京市清江花苑小区业主委员会于本判决生效之日起30日内在小区公告栏内或公共区域内张贴公布本届业主委员会成立以来业主委员会的决定、决议和会议记录。三、被告南京市清江花苑小区业主委员会于本判决生效之日起30日内在小区公告栏内或公共区域内张贴公布本届业主委员会成立以来（每半年一次）清江花苑小区共有部分的使用及收益情况。四、被告南京市清江花苑小区业主委员会于本判决生效之日起30日内在小区公告栏内或公共区域内张贴公布本届业主委员会成立以来清江花苑小区停车费收支分配及车位处分情况。五、被告南京市清江花苑小区业主委员会于本判决生效之日起30日内在小区公告栏内或公共区域内张贴公布本届业主委员会成立以来各年度财务收支账目明细、收支凭证。

一审判决后，双方均未上诉，该判决已发生法律效力。

相邻关系纠纷

19. 孟筠、李曰福诉云南铜业房地产开发有限公司相邻采光、日照纠纷案*

在建筑物相邻关系制度中，判断是否构成采光、日照妨碍，应以是否违反国家有关工程建设标准为依据

【裁判摘要】

在建筑物相邻关系制度中，判断是否构成采光、日照妨碍，应以是否违反国家有关工程建设标准为依据。房屋所有权人以开发商建设的楼盘侵害其采光、日照时间而主张损害赔偿，经鉴定，涉案建设行为对鉴定对象采光、日照有影响的，人民法院予以支持。

【基本案情】

孟筠、李曰福系案涉房屋的共有权人。云南铜业房地产开发有限公司（以下简称铜业公司）于2011年8月取得案涉地块土地使用权，在该地块上建设楼盘。孟筠、李曰福诉至法院，请求铜业公司赔偿因建盖楼盘，侵害其通风、采光、日照时间而造成的损失。一审审理中，经鉴定确认，案涉建设行为对鉴定对象通风无影响；对日照、采光有影响，该影响不符合《城市居住区规划设计规范》（GBJ50180－93）、《住宅设计规范》

* 摘自2020年5月8日最高人民法院发布的2019年度人民法院环境资源典型案例。

(GB50096－2011)、《民用建筑设计通则》(GB50352－2005)和《昆明市城乡规划管理技术规定》(2016版)的要求。

【裁判结果】

云南省昆明市盘龙区人民法院一审认为，在建筑物相邻关系制度中，判断是否构成采光、日照妨碍，应以是否违反国家有关工程建设标准为依据。鉴定结论显示，案涉建设行为对鉴定对象通风无影响，对鉴定对象采光、日照有影响。一审判决，铜业公司赔偿孟筠、李曰福采光、日照损失16.50万元；并支付鉴定费5500元。云南省昆明市中级人民法院二审维持原判。

【典型意义】

本案系相邻关系中日照、采光侵权纠纷案件。在土地之上建造建筑物，是土地的所有权人或者使用权人利用土地实现土地效益最为通常的形式，但日照、采光和通风，也是人类需要共同分享的资源。我国《物权法》中规定①，建造建筑物，不得违反国家有关工程建设标准，妨碍相邻建筑物的通风、采光和日照。本案判决按照鉴定结论，以是否违反国家有关工程建设标准为判断依据，认定铜业公司的日照、采光、通风妨碍行为是否超出必要容忍限度，符合法律规定和有利生产、方便生活、团结互助、公平合理原则，有助于相邻不动产权利人之间的利益平衡，促进社会和谐安宁。

---

① 对应《民法典》第二百九十三条："建造建筑物，不得违反国家有关工程建设标准，不得妨碍相邻建筑物的通风、采光和日照。"

20. 再审申请人滕州市万通实业有限公司与被申请人华电滕州新源热电有限公司、山东省滕州瑞达焦化有限公司相邻排水及相邻损害防免关系纠纷案*

生产经营相邻关系纠纷损害赔偿案件应当根据权利义务对等的民法基本原则和公平合理的相邻关系原则审慎处理

【裁判摘要】

在不涉及生态、生存保护的生产经营相邻关系中，相邻关系限制物权并非绝对，因不动产权益属于优势利益得到保护的一方，相邻不动产权利人负有容忍义务，但负有容忍义务一方因此遭受实际损害的，法律也赋予金钱补偿（牺牲请求权），以资平衡；另一方面，负有容忍义务一方对于轻微的不利影响不能主张赔偿，必须具有“异常性”和“过度性”。相邻关系中通过限制对方不动产权能而受益的一方，对限制物权一方的牺牲无需承担责任而享有利益，并不可以认为理所当然；受限一方对其不动产建设利用而导致原受益一方不能继续受益，原受益一方权能扩张的利益减少，亦不应完全归咎于原受限一方，而原受限一方因此在所有类型的损失上均承担全面的赔偿责任，亦不可取。司法审判中应当根据权利义务对等的民法基本原则和公平合理的相邻关系原则审慎处理。

---

* 摘自《民事审判指导与参考》2019年第4辑（总第80辑），人民法院出版社2020年版，第173~189页。

一、当事人及案件来源

再审申请人（一审原告、二审上诉人）：滕州市万通实业有限公司。

被申请人（一审被告、二审上诉人）：华电滕州新源热电有限公司。

被申请人（一审被告）：山东省滕州瑞达焦化有限公司。

再审申请人滕州市万通实业有限公司（以下简称万通公司）因与被申请人华电滕州新源热电有限公司（以下简称新源公司），一审被告山东省滕州瑞达焦化有限公司（以下简称瑞达公司）相邻排水及相邻损害防免关系纠纷一案，不服山东省高级人民法院（2018）鲁民再371号民事判决，向最高人民法院申请再审。

二、案件基本事实

万通公司的经营场地以出让方式取得，并持有《国有土地使用权证》。万通公司与瑞达公司场地三面相邻。因该宗土地自然地势，形成万通公司场地的雨水经万通公司场内的排水道设施，向西流经瑞达公司建厂时新修建地下排水涵洞及两条南北方向排水通道排向市政排水管网。

2008年7月，新源公司与瑞达公司签订协议：主要约定新源公司付给300万元，作为其铁路专用线建设地面附属物的迁占补偿费用，此外还约定为瑞达公司修建一条水泥硬化路作为运煤道路。其后两公司因自身经营需要，堵死万通公司一直用来向场外排水通道排水的唯一专用洞口及向西排泄积水的大型涵洞，并填平、抬高、占用了该区域多年自然形成的排水通道用地；用以建设自身经营所需的铁路专用线和重型车辆专用道路。其所建铁路距离万通公司房屋均过近。在2008年、2009年雨季中，因原来的排水涵洞被堵死，排水通道被填平占用，造成雨水不能正常排出，场外积水倒灌，万通公司房屋被淹。

万通公司于2008年10月提起本案诉讼，请求法院判令新源公司、瑞达公司停止侵害、排除妨害、恢复或另行开通排水通道，并赔偿万通公司由此造成的全部经济损失。

另查明：2004年1月1日，万通公司（甲方）与案外人滕州市幸福人医药连锁有限公司（乙方）（以下简称幸福人公司）签订房屋租赁合同，万通公司将南部经营房屋48间租赁给幸福人公司使用。合同约定，租赁期限为12年，自2004年1月1日起至2016年1月1日止。付款方式，分四个阶段。以三年为阶段每年缴纳80万元、35万、40万元、43万元。2009年4月22日，因房屋受淹，该房屋租赁合同提前解除。幸福人公司出具证明证实已交付房屋租金195万元。

2003年11月1日，甲方狄云九（万通公司法定代表人）与乙方幸福人公司签订房屋租赁合同一份，约定：为更好地发展经济，乙方有偿租用甲方房屋15间作存放人用药品及办公之用，租用期限3年，自2003年10月31日起至2006年10月31日止，可协商续租。三年房租金合计为113000元。合同内容完备，约定了租赁房屋新砌隔墙、房顶保温、安置防盗、增加保温设备及安置必要供电线路等改造及期满权属、出租方提供电源、水源有偿使用及架设供电线路责任承担、水电费清结、门卫、承租方修缮、违约责任、合同终止等具体事宜。甲方狄云九签字，乙方幸福人公司的法定代表人签字。

2006年1月1日，万通公司与案外人山东滕州康神医药有限公司（以下简称康神公司）签订房屋租赁合同，将万通公司东部仓库1000平方米、北一楼9间门市房等房屋租赁给康神公司使用。合同约定，租用期限为10年，租金共计451万元。2009年该房屋租赁合同亦提前解除。缴纳租金至2009年底。

2004年8月10日，狄云九为甲方与贾龙云（乙方康神公司法定代表人）就东部新建库房800平方米、北一楼6间门市房签订房屋租赁合同，租期5年，自2004年8月10日起至2009年8月10日止，可协商续租。5年房租金合计为42.5万元。合同条款完备。狄云九、贾龙云签字。

上述两份万通公司法定代表人狄云九个人名义签订的租赁合同在滕州市工商行政管理局备案。狄云九、幸福人公司、康神公司均认可实际履行的合同系未备案合同，备案合同并未实际履行，仅为幸福人公司、康神公司注册用。

2013年4月26日，滕州市价格认证中心关于对滕州市荆河西路（柳屯路至振兴路段）周边经营性仓储房租赁价格咨询的回复：“新源公司：受你单位委托，我中心对滕州市荆河西路（柳屯路至振兴路段）及周边经营性仓储房的租赁价格进行了调查，因合储房新旧程度、房屋结构不同价格存在差异，近期滕州市荆河西路（柳屯路至振兴路段）及周边面积不低于800m^2，水电齐全、交通便利的经营性仓储房的租赁价格每月每平方米在8～12元之间。”

针对上述价格咨询回复，万通公司陈述，根据其与幸福人公司、康神公司实际履行合同，其与幸福人公司出租房屋面积为2445平方米，与康神公司出租房屋面积为2158平方米，单位面积价格比滕州市价格认证中心回复价格低。

万通公司自认，在万通公司与案外人幸福人公司、康神公司解除合同后，其部分房屋受损后时有对外出租，万通公司的涉案房屋租金收益27.64万元。

枣庄市中级人民法院（以下简称枣庄中院）技术室委托山东省建筑设计研究院对西办公楼、东仓库等房屋出现的质量损坏，裂缝原因及补救措施进行司法鉴定。作出《西楼及东仓库裂缝原因鉴定报告》，从鉴定结论来看，案涉西楼必须修复加固、东仓库建议拆除，并做挡水墙；存在房屋裂缝原因与房屋结构质量及水的渗入原因，两个缺一不可，水的渗入不是次要因素。

在诉讼中，万通公司认为拆除铁路恢复原状难度较大，还会给两公司造成较大损失，结合本案实际，为消除威胁，防免损害，万通公司提出了“退房让地”的补救方案。为此，万通公司申请对该方案所涉及的（1）标的物的拆除及恢复重建、场内、外排水设施等相关费用；（2）经营损失；（3）退让土地收益损失等关联事项费用一并进行司法鉴定。枣庄中院委托司法鉴定机构均进行了司法鉴定：

山东安信资产评估土地估价有限公司（以下简称安信评估公司）共出具两份《鉴定报告》一份是：2011年6月23日鲁安信评估鉴字〔2011〕第18号《资产评估报告书》（以下简称18号《报告书》），南部经营房评估金额合计为：770.91万元。除房屋拆除费用、附着物补偿费以外，出租房屋终止合同租金损失 272.33 万元（2009 年合同解除至 2015 年租赁到期）和被告方占用土地租金合计：480 万元（2016 年至 2056 年）。

另一份：2011 年 9 月 18 日鲁安信评鉴字〔2011〕第 32 号。东库房房屋拆除费、附着物补偿、租金损失评估金额合计为：289.14 万元，其中，终止合同租金损失为 282 万元。

以上两份《鉴定报告》评估金额共计为 1060.05 万元。

山东兴安工程咨询有限公司，该公司共出具两份《鉴定报告》。一份：2011 年 10 月 20 日鲁兴安工鉴字〔2011〕003 号《工程造价鉴定报告书》，西楼加固、电气修缮、厂区挡水墙、东仓库新建、安装合计造价金额为：324.02 万元。另一份：2011 年 10 月 20 日鲁兴安工鉴字〔2011〕004 号《工程造价鉴定报告书》，万通公司南部经营房新建、排水道合计造价金额为：269.68 万元。以上两份《工程造价鉴定报告》造价合计：593.70 万元。

上列四份《鉴定报告》24 项、11 种标的物金额总计为：1653.76 万元。

2012 年 12 月 20 日，安信评估公司关于对 18 号《报告书》有关事项提交了补充意见：枣庄中院：应贵院要求，提出：（1）《报告书》（七）评估方法（5）中，“被告方占用土地租金”，其文字表述不够精确。现经进一步审查，应理解为“退房让地收益损失”。其真实意思与《报告书》第 7 页、正数第 3 行文字表述的意思是一致的。该项损失真实意思为“退房让地收益损失”，那么房、地二者的收益仍然均应计入。因此，《报告书》对房屋土地损失的补偿评估价值并无不当，即万通公司退房让地的收益损失价值为 4800687.00 元，该项损失为 2016 ~ 2056 年 40 年的损失，每年 120017.17 元。（2）如果“退房让地”中的“房子”已作恢复重建式赔偿，万通公司的“退房让地收益损失”的赔偿可以从房、地收益中去掉房子的收益赔偿，可仅赔偿其中应归属于土地的收益，具体金额可以从房、地共同收益中各半确定。即万通公司让地的收益损失价值计算公式应为 4800687.00 元 ÷ 2 = 2400343.50 元，每年 60008.59 元。（3）涉案宗地位于滕州市平行路西，荆河路南，属于二级工业用地，政府公布基准地价 19.8

万元/亩。经查询滕州市国土资源局公布的近期土地交易公告，未查明与涉案宗地类似条件的交易案例。

2014 年 11 月 10 日，安信评估公司对上述补充事项进行了说明，主要内容是《补充意见》中的第二项、第三项内容意思，不能认定为鉴定结论的补充意见。鉴定结论应以 18 号报告为准。

山东高院（2013）鲁民一终字第 212 号判决生效后，万通公司申请执行提取执行款 1300 万元，已执行完毕，该执行款划扣时间为 2014 年 7 月 21 日。

新源公司不服上述判决，曾向最高人民法院申请再审，最高人民法院提审后，万通公司在申请再审期限内亦申请再审。经审理，最高人民法院再审裁定撤销原审、发回一审法院重审。

三、原审诉讼基本情况

一审法院认为：焦点一，万通公司主张双方之间存在相邻排水防险关系成立，予以支持。焦点二，关于新源公司与瑞达公司的建设行为给万通公司的经营收益和财产造成损失问题，依据《物权法》第九十二条[①]的规定，新源公司与瑞达公司应予赔偿。本案审理过程中，新源公司、瑞达公司均不同意采取相应补救措施消除因相邻排水和相邻防险给万通公司造成的危险。基于此，万通公司提出的“退房让地”的形式解决排水问题的救济方案，应予支持。焦点三，万通公司所主张的各项赔偿损失的范围及数额如何认定。关于西办公楼修复费用、东仓库拆除重建费用及南部经营房拆除重建费用，因万通公司对于损害的发生并无过错，且本案系基于相邻排水及相邻防险产生的纠纷，因此根据《物权法》关于相邻排水及相邻防险的规定，应当由新源公司和瑞达公司承担损失。一审除挡水墙费用未支持外，关于西办公楼修复费用、东仓库拆除重建费用、南经营房及相关房屋拆除重建费用、场内、外排水沟设施，沥青路面，绿化恢复的费用的认

① 对应《民法典》第二百九十六条：“不动产权利人因用水、排水、通行、铺设管线等利用相邻不动产的，应当尽量避免对相邻的不动产权利人造成损害。”

定，均采信上述四份鉴定结论有关内容。关于退让土地收益损失的认定。依据司法鉴定确认的退让土地供瑞达公司和新源公司使用的土地东西长 91 米、南北宽 7 米，共计 637 平方米。关于万通公司退让土地的损失问题，18 号《报告书》对土地收益损失的评估依据欠当，该报告以原房屋租金价格为依据，计算至该宗土地剩余使用年限。退让的土地万通公司不可能再利用，由瑞达公司和新源公司补偿建房所需费用，故退让土地的损失应当采用政府公布的土地转让交易基准价 19.3 万元/亩为宜，因此万通公司退房让地的损失为 18.44 万元。关于万通公司南经营房、东仓库租赁户提前解除租赁合同租金收益损失的认定。万通公司与承租人在工商局登记备案合同的单价符合市场价格，对此应予认定，双方实际履行的合同面积为 4603 平方米，故房屋租金损失应从解除合同之日计算，计算至合同终止日即 2016 年 1 月 1 日。万通公司与幸福人公司解除租赁合同的房屋租金损失：自 2009 年 5 月 1 日至 2016 年 1 月 1 日，共计 173.10 万元（鉴定结论为 272 万元）。万通公司与康神公司解除租赁合同的房屋租金损失：从 2010 年 1 月 1 日计算至 2016 年 1 月 1 日，共计 137.51 万元（鉴定结论为 282 万元）。在新源公司与瑞达公司履行义务时扣除解除合同后万通公司另行出租的房屋租金收益 276400 元。因本案已经执行完毕，其主张之后的损失于法无据，不予支持。

一审判决：一、新源公司、瑞达公司支付万通公司西办公楼修复费用 1365582.08 元，东仓库拆除重建费用 1591884.42 元；二、新源公司、瑞达公司支付万通公司南经营房及相关房屋的拆除重建费用 1930781.45 元；三、新源公司、瑞达公司支付万通公司场内、外排水沟设施，沥青路面，绿化恢复的费用 951102.93 元；四、新源公司、瑞达公司支付万通公司退让土地收益损失 184402.28 元；五、新源公司、瑞达公司共同支付万通公司房屋租金损失 2829737.6 元；六、驳回万通公司的其他诉讼请求。

万通公司、新源公司均不服，提起上诉。

二审认为：关于第一个焦点问题。万通公司主张的相邻防免关系成立。新源公司和瑞达公司应对相邻权人万通公司造成的损害承担连带赔偿责任。相邻关系是基于不动产所有权的利用而产生的权利义务，不以过错为要件，因此，新源公司铁路专用线的修建合法与否、万通公司建筑物的建设手续是否齐全均不影响本案相邻权的主张及责任的承担。

关于第二个焦点问题。新源公司不同意恢复原状、消除危险又不能提出其他合理替代解决方案。万通公司提出的“退房让地”方案既有合理性，也有可行性，一审予以采纳并无不当。依法予以确认。

关于第三个焦点问题。关于挡水墙费用。万通公司主张新源公司、瑞达公司承担挡水墙建设费用354498.75元，予以支持。

关于“退房让地”的租金损失问题。万通公司主张房地合一的租金损失4800687.00元。关于房屋租金，万通公司已经另行主张租户提前解除合同的租金损失，再要求房地合一的租金损失属于重复主张，一审不予支持并无当。对于退让土地的损失，万通公司历来出租时未将土地与房屋分开租赁，土地未实现单独获利；况且退让土地是为了解决相邻各方排水及防险问题，相邻各方既是权利人也是义务人。因此，一审参照政府公布的当地土地转让交易基准价补偿万通公司退让土地损失184402.28元并无不当，对于万通公司超出该数额的请求不予支持。

关于万通公司《房屋租赁合同》提前解除的租金损失数额认定问题。对于万通公司因合同提前解除的租金损失，一审参照滕州市价格认证中心提供对同地段周边经营性仓储房约价格区间判定其租金损失，公平合理。万通公司主张以其提供的《房屋租赁合同》约定的租金标准计算损失，但不能提供有效的付款凭证予以证明，其主张履行五年之久的租金全部为现金支付，有违常理，一审不予支持并无不当。

对于租赁期满后即2016年1月1日起至本案判决生效之日止的租金损失及受损房屋修复重建期间的租金损失问题。万通公司确已于2014年7月21日申请执行了包括受损房屋拆除重建在内的各种费用，至其租赁合同到期，足以修复或重建并继续租赁经营，万通公司再主张之后的租金损失于法无据。一审不予支持并无不当。

二审判决在一审判决确定的赔偿额的基础上，改判增加修建挡水墙费用354198.75元。

四、再审申请理由

就损害赔偿部分，万通公司申请再审的主要理由：（1）“退房让地”造成的土地租金损失数额以政府公布的土地转让交易基准地价确定损失数额有误。（2）房屋租金损失数额认定有误，应依据（未备案）《房屋租赁合同》计算租金损失。（3）对本案诉讼期间受损房屋没有得到修复仍不能恢复经营持续产生的租金收益损失，应予支持。（4）铁路专运线工程违反相关法律规定，应依法追究新源公司责任。

五、最高人民法院裁判

最高人民法院认为，本案的起因是：万通公司场地内的积水需由北向南流淌至场外多年形成的排水通道沟内，并向西流经相邻的瑞达公司建厂时新修建地下排水涵洞及两条南北方向排水通道排向市政排水管网。现新源公司、瑞达公司因自身经营需要，堵死专用洞口及向西排水涵洞，填平、抬高、占用了该区域多年自然形成的排水通道用地，用以建设铁路专用线和重型车辆专用道路，妨碍了万通公司正常排水，导致了万通公司相关损失，从而产生纠纷。即纠纷产生之前，万通公司对场地的全面利用，一定程度上有赖于瑞达公司为相邻权人的利益而提供的便利，而其后新源公司、瑞达公司的行为改变了原排水、相邻关系，未能体现团结互助的精神。原审认定万通公司主张的相邻防免关系成立，新源公司、瑞达公司应对相邻权人万通公司遭受的损害承担连带赔偿责任，并无不当。

本案属于相邻各方行使不动产所有权或者使用权时因给予便利或者接受限制而产生的相邻关系纠纷，应从营造良好的邻里氛围、保持健康稳定的相邻关系的目标出发，按照有利于生产、方便生活、团结互助、公平合理的精神妥善协调解决，故相邻纠纷的处理与一般侵权损害赔偿相比存在其自身的特点，总体而言，本案生效判决实体处理并无不当。

其一，对于本案因相邻关系产生的各项既有损失的认定，应当采取较为严格的标准。诉讼中，结合本案实际，为消除危险、防免损害，同时设置排水设施，原审法院采纳了万通公司提出的“退房让地”补救方案并进行司法鉴定。（1）山东高院（2018）鲁民再371号民事判决对万通公司西办公楼修复费用、东仓库拆除重建费用、南经营房及相关房屋拆除重建费用、场内外排水沟设施、沥青路面、绿化恢复的费用，甚至对包括挡水墙建设等费用的承担问题，均采信鉴定结论有关内容予以支持，尺度客观公平。（2）关于万通公司因执行“退房让地”方案涉及的退让土地收益损失的问题。万通公司退让的土地虽不能按照原功能进行利用，但该部分土地权属仍归于万通公司，未来应当具有的排水等功能仍服务于万通公司的利益。鉴定不能替代审判，原审在鉴定结论和市场价格等证据之间审查评判，依法采信政府公布的土地转让交易基准价为标准计算损失数额，对万通公司的基本利益予以弥补，从严掌握并无不当，同时也不违反证据规则等程序性要求。万通公司向本院申请再审时提交的原鉴定机构出具的《进一步说明》等材料，不足以否定原审证据采信结论。万通公司提交的“新证据”或“关联证据”等材料不属于民事诉讼法第二百条第一项规定的足以推翻原判决的新证据，不予认定。（3）对于万通公司预期租金利益损失问题。山东高院（2018）鲁民再371号民事判决采备案合同单价并结合万通公司主张实际履行的租赁合同计算租期，较为充分地考虑了万通公司利益，并无不当。万通公司针对损失计算的各项再审申请理由，不能成立，本院不予支持。

其二，对于纠纷产生后，相邻排水或者相邻防免所应采取的补救措施，应当兼顾各方利益以利于物尽其用。原审诉讼中，新源公司、瑞达公司不同意采取相应补救措施，万通公司提出“退房让地”方案，人民法院依法予以支持。新源公司、瑞达公司承担补救措施的费用之后，应当视为案涉相邻关系问题基本得到解决，对新源公司、瑞达公司行使其不动产所有权或者使用权的合法权益应当保护。万通公司在原审诉讼、再审申请时质疑、调查、提交材料并主张拆除新源公司、瑞达公司建设的铁路专用线，不具有客观合理性。

其三，对于具备补救措施实施条件后产生的新损失的索赔请求，不予支持。排水问题出现后，万通公司为己方排水的需要，除非客观不能，首先应当考虑在其享有土地使用权的土地上加强排水建设，不应继续放任损害连年发生。万通公司在再审申请书中认可案涉执行款于 2014 年执行 1200 余万元，即执行款基本到位的前提下，山东高院（2018）鲁民再 371 号民事判决认定万通公司已申请执行了包括受损房屋拆除重建在内的各项费用，至其租赁合同 2016 年到期，足以修复重建继续经营，万通公司再主张之后的租金损失于法无据，并无不当。万通公司关于原审对租赁合同期满至判决生效及受损房屋修复重建期间的租金损失不予认定错误的再审申请理由，不能成立。

综上，万通公司的再审申请不符合民事诉讼法第二百条规定的情形。依照《民事诉讼法》第二百零四条第一款、《最高人民法院关于适用〈中华人民共和国民事诉讼法〉的解释》第三百九十五条第二款规定，最高人民法院裁定驳回滕州市万通实业有限公司的再审申请。

六、案例解析

在中国古代法上，“邻里关系”包括社会管理与财产利用两方面，前者事关国家安定，由“法”主动加以规制，后者则靠“礼”来维系。[①] 而“礼”的实现方式，主要是在一般原则指导之下，通过地方性权威借助道德教谕以非正式方式加以解决。[②] 这是基于传统社会是以农业生产为基础的静态“熟人社会”，人口流动性弱而宗族社交组织复杂，纠纷各方往往处于生活共同体中，彼此存在着众多的社会关联并共享共同的风俗习惯和生活条件等地方性知识。而在当代“陌生人社会”，[③] 仅靠传统的道德教谕难以平衡相邻关系，但在特定环境特定人际关系中，法官仍可善用传统文化的精神力量化解相邻矛盾。

相邻关系纠纷案件具有审理难度大、调解难、上诉率高、执行难的特

---

① 蔡养军：《对我国相邻关系法的历史解读》，载《北方法学》2013 第 1 期。

② 屈茂辉、章小兵：《我国相邻关系纠纷解决模式的变迁与发展》，载《湖北社会科学》2015 年第 3 期。所谓非正式方式，如安徽桐城的六尺巷故事，据《旧闻随笔》载，清代文华殿大学士张英在桐城的家人与邻居吴氏为相邻墙基产生纠纷，家人驰书以告，张英回书“让他三尺又何妨”，吴氏感服，亦让三尺，从而形成六尺巷作为公共通道。

③ 熟人社会和陌生人社会等概念参见费孝通：《乡土中国 · 生育制度》，北京大学出版社 1998 年版。

征。从主体上讲，我国《物权法》第八十四条[①]将“不动产的相邻权利人”定义为作为相邻关系的主体，一般来说，包括占有人、用益物权人和建筑物区分所有权人，而用益物权人包括建设用地使用权人、土地承包经营权人、宅基地使用权人等。[②] 就相邻关系纠纷的处理依据而言，《物权法》第八十五条[③]规定：“法律、法规对处理相邻关系有规定的，依照其规定；法律、法规没有规定的，可以按照当地习惯。”上述制度供给过于原则和宏观，导致在诉讼中，当事人往往将权利绝对化，没有意识到权利和义务的对等性，极易导致双方日后摩擦不断、矛盾升级，严重的甚至引发故意伤害诱发“民转刑”案件。[④] 从类案检索的情况看，中国法院裁判文书网自2014年建立来收录的相邻用水、排水纠纷总量虽不大，但消耗司法资源不少，案件可能经过数级法院几轮诉讼仍不能事了。实体方面，随着社会经济的发展，此类案件从既往的民间生活与生活纠纷为主，出现了大量因基础建设等发生的生产与生活（如相邻污染）矛盾和生产与生产之间的纠纷。

当前，审理涉生产经营相邻关系纠纷案件的难点在于：第一，基础建设一旦完成，如本案铁路和载重公路建成后拆除属于社会资源的极大浪费，故除非极特殊情形，难以适用恢复原状、排除妨害、消除危险等请求权，在生产者之间的相邻纠纷不直接涉及生存权的情况下，对相邻关系损害赔偿责任规则研究不够，理论储备不足，审判过于依赖鉴定；第二，在物权法对相邻关系制度供给不足的前提下，双方当事人均享有物权而互不相让，相邻权人往往将对邻人物权的限制视为理所当然，在出现一方损害时，有时简单化按照侵权案件处理相邻损害，在损害赔偿中没有充分体现

---

① 对应《民法典》第二百八十八条：“不动产的相邻权利人应当按照有利生产、方便生活、团结互助、公平合理的原则，正确处理相邻关系。”

② 参见张怡然：《论相邻关系与相关纠纷的处理依据》，载《黑龙江省政法管理干部学院学报》2019年第6期。

③ 对应《民法典》第二百八十九条：“法律、法规对处理相邻关系有规定的，依照其规定；法律、法规没有规定的，可以按照当地习惯。”

④ 参见农国宾、梁列宁：《处理农村相邻关系纠纷相关问题探析》，载《广西法治日报》2018年8月14日。

“团结互助，公平合理”原则；第三，因社会现实的多样性，如何在相邻关系纠纷中通过损害赔偿对不动产关系作最低限度的调节，需要司法智慧。以本案为标本，相邻关系纠纷损害赔偿责任的审判要点主要有以下几个方面：

（一）正确适用相邻关系原则判断利益保护顺位

从相邻关系的处理原则来看，《民法通则》第八十三条[①]规定：“不动产的相邻各方，应当按照有利生产、方便生活、团结互助、公平合理的精神，正确处理截水、排水、通行、通风、采光等方面的相邻关系。给相邻方造成妨碍或者损失的，应当停止侵害，排除妨碍，赔偿损失。”《物权法》第八十四条统领相邻关系一章，继受了《民法通则》“有利生产、方便生活、团结互助、公平合理”的相邻关系十六字处理原则。“有利生产”的含义在于，社会财富通过生产来创造，我国当前仍处于加快发展的重要历史机遇期，要以实际行动支持生产建设，处理相邻纠纷要把有利生产放在重要位置；“方便生活”原则主要从改善生存环境，提高生活质量的角度出发，保护相邻权利人的生存权；“团结互助”是指相邻各方不仅是平等的民事主体之间的关系，而且是互助协作关系；“公平合理”的含义包括坚持权利义务平等、行使权利应保持在合理限度内、尊重历史形成的客观状况和先后顺序、避免或者排除不法妨害，合理赔偿损失。[②] 从上述规定可以看出，立法者充分认识到了相邻关系纠纷的解决在消除社会矛盾、促进社会和谐中的重要意义，拟采用一般原则结合具体规则条文的方式，以期妥善解决相邻关系纠纷。

如何正确理解相邻关系处理原则，面对生产与生活的矛盾、生产与生产之间的矛盾，如何协调。有学者提出，在新型城镇化发展的背景下，具体规则式的相邻关系纠纷解决模式应当得到充分重视，这就需要物权法增

---

① 对应《民法典》第二百八十八条：“不动产的相邻权利人应当按照有利生产、方便生活、团结互助、公平合理的原则，正确处理相邻关系。”

② 参见最高人民法院物权法研究小组编著：《〈中华人民共和国物权法〉理解与适用》，人民法院出版社2007年版，第269页。

加相邻关系纠纷类型及其权利义务的明晰规定，规定明确的行为事实构成和可期待的法律效果，以确定权益次序，使法院和当事人有所依循。[①] 在物权法尚未明确规定之前，司法实践中当可根据法律精神进行研判。

整体思路而言，在出现相邻关系纠纷之时，首先应当确定哪一方的利益属于优先保护的范畴。在规范内容方面，必须考量土地所有人自由行使其权利是否具有值得保护的利益，并衡量邻地所有人是否有权干预他人所有权范畴的优势利益，而为合理必要的利益衡量。[②] 对于相互冲突的利益，应当保护较大利益而牺牲较小利益。在民法上判断优先保护的通常标准为在公益与私益发生冲突时，公益通常为“优势利益”，在私益上，人格权益与财产利益发生冲突时，基于人格尊严在宪法上的最高价值，人格权益为“优势利益”，就不动产而言，生存利益与财产利益冲突时，生存利益通常为“优势利益”。[③] 在规范内容方面，必须考量土地所有人自由行使其权利是否具有值得保护的利益，并衡量邻地所有人是否有权干预他人所有权范畴的优势利益，而为合理必要的利益衡量。[④]

在生产经营者之间发生的相邻关系纠纷中，不直接涉及包括生存利益在内的人格权益，可以借鉴法律经济学关于经济效率的角度加以分析，而经济效率的一个最基本规则是要求成本最低的一方承担避免冲突的责任。本案中，一方当事人建设自身经营所需的铁路专用线和重型车辆专用道路，与相邻方仓储租赁相比，均属于生产的需要，但铁路线和道路等基础建设具有一定的公益性，投入使用之后，所产生的经济价值一般高于不动产仓储，故铁路线和道路运营的利益应当保护，但这并不意味着对于相邻不动产权利人的权益受损不承担民事责任。

---

① 屈茂辉、章小兵：《我国相邻关系纠纷解决模式的变迁与发展》，载《湖北社会科学》2015 年第 3 期。

② 王泽鉴：《民法物权》（通则·所有权），中国政法大学出版社 2001 年版，第 210 页。

③ 温丰文：《现代社会与土地所有权理论之发展》，我国台湾地区五南图书出版公司 1984 年版，第 129～131 页。

④ 王泽鉴：《民法物权》（通则·所有权），中国政法大学出版社 2001 年版，第 210 页。

（二）相邻关系损害赔偿责任属于严格责任

民法关于相邻权或其他权利之规定，皆为限制物权的行使。[①] 相邻关系制度的目的就是承认不动产权利边界并非绝对的前提下，根据具体情况，参酌地形、使用时间、地方习惯和当事人各方的利益状态，动态地界定不动产有权使用的边界，或者说不动产的使用权能之大小。[②] 相邻关系限制物权并非绝对的，因不动产权益属于优势利益得到保护的一方，相邻不动产权利人负有容忍义务，但负有容忍义务一方因此遭受实际损害的，法律也赋予金钱补偿（牺牲请求权），以资平衡；[③]另一方面，负有容忍义务一方对于轻微的不利影响不能主张赔偿，必须具有“异常性”和“过度性”。

1. 相邻关系损害的原因行为

按照我国民法学界之通说，“相邻不动产的物权人在对不动产进行占有、使用、收益或处分时，相互给予对方便利或对一方权利加以限制而对他方权力予以延伸，由此形成的权利义务关系就是相邻关系。”[④] 准确地讲，相邻关系的本质是所有权权能或内容的扩张与限制。[⑤] 从这个角度而言，相邻关系所发生的损害的原因行为，一般系不动产权利人未能体现团结互助的精神，为自身经济利益等原因，通过建设等方式进一步利用自身不动产物权，让历史或地势等自然条件等现状基础发生变动，在不考虑相邻关系的情况下通常为合法行为，但从相邻关系的整体来看，该合法建设行为作为原因行为，可能导致自然力对相邻不动产产生损害或者使相邻不动产权利人不能获取自然资源，如本案建设铁路太高地基导致排水阻塞引发相邻不动产雨水倒灌，相邻不动产权利行使发生障碍，其行为属于不动产权利人对自身享有的物权权能限制的突破。从上述角度而言，不动产相邻损害行为与一般的侵权加害行为还是存在不同。我国相邻权制度并未建

---

① 史尚宽：《民法总论》，中国政法大学出版社2000年版，第718页。

②③ 马勇：《物权防御请求权研究》，华东政法大学2013年博士学位论文。

④ 王利明、杨立新、王轶等：《民法学（第四版）》，法律出版社2015版，第269页。

⑤ 曾大鹏：《论相邻关系的定义与本质》，载《南京大学法律评论》2012年第1期。

立大陆法系国家普遍立法承认的相邻关系受益方承担费用的规则，[①] 更为重视“团结互助”的道德精神力量。当然，相邻关系中通过限制对方不动产权能而受益的一方，对限制物权一方的牺牲无需承担责任而享有利益，并不可以认为理所当然；受限一方对其不动产建设利用而导致原受益一方不能受益，原受益一方亦不应完全归咎于原受限一方，而原受限一方因此在所有类别的损失上均承担全面的赔偿责任，亦不可取。司法审判中应当根据权利义务对等的民法基本原则和“公平合理”的相邻关系原则审慎处理。

2. 无过错责任的法律依据

《物权法》第九十二条[②]规定：“不动产权利人因用水、排水、通行、铺设管线等利用相邻不动产的，应当尽量避免对相邻的不动产权利人造成损害；造成损害的，应当给予赔偿。”一般来说，损害包括对相邻不动产的实际损害（physical damage）和妨碍使用（收益）两种。无论何种损害，对相邻不动产造成损害，均属于对占有、用益物权、建筑物区分所有权等绝对权的损害，上述九十二条的规定不强调过错系损害赔偿责任构成的要素，相邻关系损害赔偿责任为严格责任，这在主要大陆法系国家亦为通例。[③]

3. 相邻关系损害赔偿责任与公法规范的关系

相邻关系的本质是所有权权能或内容的扩张与限制，但为维护私法的纯粹性，在私法中应尽量少设置相邻关系的公法规范，并且不宜以相邻关系的公法规范作为私法规范而直接适用。[④] 从这个角度而言，在处理私法

---

① 即使用者付费原则，指一方因对他方土地或工作物的使用而受益时，应按其受益程度负担费用。他人过水工作物之使用权《日本民法典》第221条、堰之设置与利用《日本民法典》第222条即为例证。又如《瑞士民法典》第690条规定，关于排水，低地所有人应除去自然流至该地的水，并不得请求赔偿。该低地所有人因引水而受损害的，得请求高地所有人以其自己的费用使水流继续通过该土地。

② 对应《民法典》第二百九十六条。

③ 如在法国，土地利用者为取得正当利益而使用其土地，并且未违反法律规定，但如果给近邻造成损害的，即便其主观上无过错，也应承担责任。

④ 曾大鹏：《论相邻关系的定义与本质》，载《南京大学法律评论》2012年第1期。

范畴的相邻关系问题时，是否违反公法性质的行政管理规范并非相邻关收益系损害赔偿责任的构成要件，即行为即使不具有违法性，但符合法定的损害赔偿责任构成要件的，仍应当承担责任。这样，民事责任和行政违法责任的界限分明，不至于混为一谈。

本案的情形，无论新源公司一方修建铁路是否合规，因建设行为导致排水阻塞给相邻不动产权利人的不动产造成损害，均应当承担赔偿责任。

相邻关系损害赔偿的范围涉及三个方面：第一是对行为人对相邻权利人不动产直接损害的赔偿；第二是对相邻权利人因直接损害导致使用（收益）利益及其预期利益损失的赔偿；第三方面也是最重要的，是恢复相邻不动产便利使用的修复补救方案设计和执行的费用赔偿。上述三类损失在实践中必然遇到，但审判规则并不相同，相邻关系损害赔偿也具有一定的特殊性，以下分述之。

（三）对于相邻不动产直接损害应当全面赔偿

《物权法》第三十六条[①]、《民法典（草案）》第二百三十七条规定，造成不动产或者动产毁损的，权利人可以（依法）请求修理、重作、更换或者恢复原状。根据《侵权责任法》第十九条[②]的规定，“侵害他人财产的，财产损失按照损失发生时的市场价格或者其他方式计算。”相邻不动产遭受直接损害的，依法享有损害赔偿请求权。一般来说，相邻不动产损害有其自身特点，直接损害往往体现在对房屋、附着物、构筑物等质量的损坏、有毒有害物质污染土壤以及如本案雨水季节性淹没土地等情形，直接损害将影响财产使用价值和交换价值减少，对此进行赔偿属于侵害物权首要应当承担的责任。一般而言，不动产修改拆建的成本较高，在整个相邻关系损害赔偿的数额之中，所占比例不低，当然，基于不动产自身特点，不动产用益损失和恢复便利使用功能的费用亦属较大额费用。对于因

---

① 对应《民法典》第二百三十七条：“造成不动产或者动产毁损的，权利人可以依法请求修理、重作、更换或者恢复原状。”

② 对应《民法典》第一千一百八十四条：“侵害他人财产的，财产损失按照损失发生时的市场价格或者其他合理方式计算。”

保护一方不动产权利（优势利益）而导致相邻不动产权利人遭受固有的实际损失（physical damage），属于应当全面赔偿的范畴，但应当严格审查证据。这是因为，不动产权利人因自身经济利益需要，通过建设等方式改变不动产现状，未尊重历史或地势等自然条件，导致相邻不动产外在形式、内在质量遭受破坏，如本案因水淹导致万通公司房屋裂缝破损、结构出现重大安全隐患，应承担全面赔偿的责任，赔偿的范围一般包括对原有不动产修复、加固、拆除重建，总体而言，就是对受到直接损害的相邻不动产修理、重作、更换或恢复原状等产生的费用的赔偿。[①] 本案中，原审法院经过技术鉴定查明，房屋裂缝等质量问题与房屋结构质量及水的渗入原因有关，两个缺一不可，水的渗入不是次要因素。相邻排水问题虽不是导致涉案不动产直接损害的唯一原因，但属于积极的原因，非因排水问题不可能引发本案矛盾纠纷，原判建设单位对相邻不动产损失全面赔偿是可行的。

（四）生产经营所失利益适当赔偿

参照物之损害侵权赔偿范围，即当侵权行为人对他人之物损害之后，除应当对物的交换价值予以修复赔偿至损害之前的状态、功能之外，对于物未恢复之前，物权人的占有、使用、收益等利益的损害，即使用价值亦应当赔偿。对不动产直接损失的赔偿无法包含对于这部分损失的责任承担。一般来说，财产损失包括直接损害、间接损失和纯粹经济损失，后两者也称所失利益，[②] 所失利益在相邻关系之中是指相邻不动产因相邻侵害导致相邻权利人实现占有、使用或收益的权能存在现实障碍，因此可能产生利益的减少。可获得支持的间接损失应当符合下列条件：一是损失为未来可得利益而非现实利益，相邻损害发生之时，具有取得利益的可能性并有充分的证据予以支持；二是这种期得利益的损失与不动产直接损失直接关联，有确定的范围；三是损害赔偿范围不应当超过加害行为人在实施侵害行为应当预见的损失范围。《民法通则》第一百一十七条规定：“侵占国

---

① 对应《民法典》第二百三十七条规定。

② 王胜明主编：《中华人民共和国侵权责任法释义》，法律出版社2013年版，第108页。

家的、集体的财产或者他人财产的，应当返还财产，不能返还财产的，应当折价赔偿。损坏国家的、集体的财产或者他人财产的，应当恢复原状或者折价赔偿。受害人因此遭受其他重大损失的，侵害人并应当赔偿损失。”《物权法》第三十七条[①]规定：“侵害物权，造成权利人损害的，权利人可以请求损害赔偿，也可以请求承担其他民事责任。”《民法典（草案）》就此作出了相同的规定。相邻纠纷中不动产损害往往是持续的，在损害发生之后到不动产修复完成或具备修复完成条件之时的占有、使用、收益利益，应当综合考虑不动产受损之前的状况、市场环境和风险、经营成本等要素，严格掌握责任构成要件和范围，妥善认定和处理。对于具备修复完成条件，原告一方仍主张间接利益损失的，不予支持。

（五）优先考虑在受益一方的不动产上实施补救措施且仅适当补偿用地赔偿金

如果仅是一方所有权得到扩张，他方所有权受到限制，这显然是一种不对等的权利义务关系，基于公平原则，这种物权调整还必须再通过债权调整加以补充，即所有权得以扩张一方必须对所有权受到限制一方作出补偿，以实现双方利益均衡。[②] 本案中根据地势和原有排水的安排，万通公司场地雨水等有赖于相邻不动产排出，万通公司的不动产权益在相邻不动产得到扩张而并未承担相关费用，在相邻不动产权利人抬高地基建设铁路线之后，如何解决排水问题，是相邻关系纠纷案结事了的关键。无论是从经济效益对比的角度，还是从万通公司属于相邻关系中受益一方的角度而言，排水问题的补救措施首先应当考虑在受益一方实施，当然新源公司方应当承担相关建设如挡水墙工程的费用，对于在万通公司场地因“退房让地”实施排水措施所占用土地的问题，因相关土地产权均未发生变化，修建排水或者挡水设施系服务于其自身利益，对于相关占地损失，新源公司方仅应适当补偿。

---

① 对应《民法典》第二百三十七条：“造成不动产或者动产毁损的，权利人可以依法请求修理、重作、更换或者恢复原状。”

② 水中石：《不动产相邻关系研究》，西南政法大学2006年硕士学位论文。

共有纠纷

21. 刘某一诉刘某二、周某某共有房屋分割案*

子女对父母赠与的房屋依物权法分则行使物权，将损害父母生活的，人民法院可依物权法总则的规定不予支持

【裁判摘要】

父母出资购房将产权登记在子女名下，具有赠与性质。子女不仅应在物质上赡养父母，也应在精神上慰藉父母，努力让父母安宁、愉快地生活。子女对父母赠与的房屋依物权法分则行使物权，将损害父母生活的，人民法院可依物权法总则的规定不予支持。

原告：刘某一，女，36岁，汉族，住江苏省苏州市。

被告：刘某二，男，61岁，汉族，住重庆市綦江区。

被告：周某某，女，60岁，汉族，住重庆市綦江区。

原告刘某一因与被告刘某二、周某某发生共有房屋分割纠纷，向重庆市綦江区人民法院提起诉讼。

原告刘某一诉称：2011年11月，原、被告共同以28万元购买位于重庆市万盛经开区子如路×号×号楼×号房屋，其中原告占90%的房产，二被告各占5%的房产。

* 摘自《最高人民法院公报》2016年第7期。

2014 年 5 月 5 日，二被告未经原告同意，擅自对该房进行装修，损害了原告的合法权利。故请求依法分割位于重庆市万盛经开区子如路 × 号 × 号楼 × 号房屋，判决该房屋中属于二被告的 10% 的房屋产权部分分割归原告所有，由原告补偿二被告 28000 元；二被告赔偿其擅自装修给原告造成的损失 5000 元。

被告刘某二、周某某辩称：该房屋系二被告出资购买，原告刘某一还承诺给每平方米 10 元的装修费，至今未给。由于原告担心二被告在死前将房屋送与他人，原告要求其享有 90% 的产权，二被告予以同意。因此，该房屋属二被告所有，不同意原告的诉讼请求。

重庆市綦江区人民法院经一审查明：被告刘某二、周某某系夫妻，原告刘某一系二被告的独生女。2012 年 11 月，刘某二、周某某、刘某一购买万盛经开区子如路 × 号 × 号楼 × 号房屋，合同约定刘某一占 90%，刘某二、周某某各占 5%。2014 年 5 月，该房屋交付使用，同年 8 月办理了房屋产权证（× 房地证 × 字第 03200 号），载明该房屋为成套住宅，权利人为刘某二、周某某、刘某一，但未对产权份额予以明确。刘某一与刘某二、周某某因房屋装修发生争议，刘某一于 2014 年 6 月 2 日书面通知二被告停止装修该房屋未果。审理中，二被告明确表示不愿将其拥有的房屋产权份额转让。另查明，二被告仅有与刘某一共有的一套房屋居住，现暂住他人房屋。

重庆市綦江区人民法院一审认为：公民的合法财产权益受法律保护。原告刘某一、被告刘某二、周某某按份共有的该房屋是双方基于居住目的而购买，该房屋系成套住宅，是一个整体，具有不可分性。双方虽作为按份共有人有权转让自己享有的份额，但不能未经其他按份共有人同意而强行购买他人享有的份额，二被告不同意将自己享有的份额转让，符合法律规定，原告应当尊重二被告的意见。现二被告无其他房屋居住，上述房屋是其唯一可行使居住权的场所，二被告为安度晚年生活，有权居住。二被告与原告间的父母子女特殊关系，从赡养关系上原告亦应支持二被告居住该房屋，且二被告装修房屋并未造成原告损失。综上，原告的诉讼请求从法律上、道义上均不能成立。

综上，重庆市綦江区人民法院依照《中华人民共和国民法通则》第七十八条，《中华人民共和国物权法》第九十三条、第九十四条、第九十九条之规定，于2014年9月9日判决：驳回原告刘某一的诉讼请求。

刘某一不服一审判决，向重庆市第五中级人民法院提出上诉称：刘某二、周某某擅自装修涉案房屋，侵犯其知情权和处分权；刘某二、周某某除涉案房屋外，可以到苏州与刘某一共同居住，并非只有一套住房可居住；一审判决认定刘某一强行购买他人份额不当，刘某一只是要求分割共有财产。请求撤销一审判决，改判支持其诉讼请求。

刘某二、周某某答辩称：一审判决正确，应予以维持。

重庆市第五中级人民法院经二审，确认了一审查明的事实。

另查明，被上诉人刘某二、周某某在二审审理期间入住涉案房屋。

重庆市第五中级人民法院二审认为：该房屋产权证载明涉案房屋的权利人为被上诉人刘某二、周某某及上诉人刘某一，但未载明权利人是共同共有还是按份共有，故涉案房屋应为各权利人共同共有。虽然刘某二、周某某、刘某一在房屋买卖合同中约定了各自的权利份额，但该约定只能视为权利人内部约定，不具有公示效力。按照《中华人民共和国物权法》第九十九条规定，共同共有人在共有的基础丧失或者有重大理由需要分割时可以请求分割。本案中，刘某一未举示证据证明其请求分割涉案房屋符合法律规定，故刘某一上诉理由不成立，一审判决结果正确，应予维持。

综上，重庆市第五中级人民法院依照《中华人民共和国民事诉讼法》第一百七十条第一款第（一）项，于2015年1月14日作出判决：驳回上诉，维持原判。

刘某一仍不服，以有新证据证明原判错误为由，申请再审。重庆市第五中级人民法院于2015年5月11日裁定进行再审。

再审申请人刘某一申请再审称：现有新证据证明涉案房屋系刘某一与被申请人刘某二、周某某按份共有，且刘某二、周某某的退休金每月共计7000元左右，可以租房居住，也可以到苏州与刘某一共同居住，涉案房屋并非刘某二、周某某的唯一住房。刘某一享有90%的份额，依据《中华人民共和国物权法》第九十七条[①]之规定，刘某一有权主张折价分割该房屋，也有权处分该房屋。现愿意以4万元作价收购刘某二、周某某的份额。

被申请人刘某二、周某某答辩称：购买该房屋资金来源于变卖我们的其他房屋的价款和刘某一返还我们的6万元。当时房屋购买合同中约定给予刘某一90%的份额，是我们疼爱女儿的表现。我们与刘某一性格不合，生活习惯不一样，双方关系不睦，不愿到苏州与刘某一共同生活。该房屋系我们退休后养老居住房屋，不愿意租房居住。因担心刘某一取得完全产权后处分房屋而致我们无房居住，不同意将我们享有的份额转让与刘某一，并承诺有生之年不转让处分享有的份额，我们去世后其份额归刘某一所有。主张维持原判。

重庆市第五中级人民法院经再审，确认原一、二审查明的事实。另查明，再审申请人刘某一提供房地产管理部门对该房屋重新颁发的×房地证×字第01655号房屋产权证证明，涉案房屋系被申请人刘某二、周某某及刘某一按份共有，刘某二占产权的5%、周某某占产权的5%、刘某一占产权的90%。刘某二、周某某提供的房款收据证明，购房款大部分系刘某二、周某某出资。

重庆市第五中级人民法院再审认为：现有新证据证明，本案讼争房屋系被申请人刘某二、周某某及再审申请人刘某一按份共有。单从《中华人民共和国物权法》第九十七条之规定看，刘某一占份额90%，有权决定本案讼争房屋的处分，但本案中，刘某二、周某某与刘某一系父母子女关系，双方以居住为目的购房，从购房的相关证据看，大部分房款由刘某二、周某某出资，刘某二、周某某购房时将大部分财产份额登记在刘某一名下，超出刘某一出资部分，具有赠与性质，系父母疼爱子女的具体表现。"百善孝为先"一直是中国社会各阶层所尊崇的基本伦理道德。孝敬父母乃"天之经、地之义、人之行、德之本"，是中国传统伦理道德的基石，是千百年来中国社会维系家庭关系的重要道德准则，是中华民族优秀

① 对应《民法典》第三百零一条："处分共有的不动产或者动产以及对共有的不动产或者动产作重大修缮、变更性质或者用途的，应当经占份额三分之二以上的按份共有人或者全体共同共有人同意，但是共有人之间另有约定的除外。"

的传统美德。亲子之爱是人世间最真诚、最深厚、最持久的爱，为人子女，不仅应在物质上赡养父母，满足父母日常生活的物质需要，也应在精神上慰藉父母，善待父母，努力让父母安宁、愉快地生活。从刘某一陈述及提交的《承诺书》看，刘某一仍存有赡养父母之念，值得肯定和发扬。目前，刘某二、周某某与刘某一之间存在较深的误解与隔阂，双方生活习惯差距较大，刘某二、周某某多年在本土生活，不愿去苏州与刘某一共同居住生活，刘某二、周某某对居住地和居住方式的选择应予尊重，他人不应强求。刘某一虽然承诺财产份额转让后，可由刘某二、周某某居住使用该房屋至去世时止，但双方目前缺乏基本的信任，刘某二、周某某担心刘某一取得完全产权后变卖房屋而导致其无房居住，具有一定合理性。刘某二、周某某承诺有生之年不转让处分享有的份额，去世之后其份额归刘某一所有，刘某二、周某某持有的财产份额价值较小，单独转让的可能性不大，刘某一担心父母将其财产份额转让他人，无事实根据，且刘某一承诺该房由其父母继续居住，目前要求其父母转让财产份额并无实际意义，徒增其父母的担忧，不符合精神上慰藉父母的伦理道德要求，并导致父母与子女之间的亲情关系继续恶化。《中华人民共和国物权法》第七条明确规定："物权的取得和行使，应当遵守法律，尊重社会公德，不得损害公共利益和他人合法权益。"综上，刘某一要求其父母转让财产份额的诉求与善良风俗、传统美德的要求不符，法院不予支持。本院二审判决认定为共同共有不当，导致适用法律有瑕疵，应予纠正，但判决结果正确，应予维持。

综上，重庆市第五中级人民法院依照《中华人民共和国民事诉讼法》第二百零七条第一款、第一百七十条第一款第（一）项，《最高人民法院关于适用〈中华人民共和国民事诉讼法〉的解释》第四百零七条第一款，《中华人民共和国物权法》第七条之规定，于2015年9月10日判决：维持该院（2014）渝五中法民终字第06040号民事判决。

本判决为终审判决。

探矿权纠纷

22. 孙素贤等三人与玄正军探矿权权属纠纷案*

▶

受托人采取欺诈的手段，将勘查许可证办理在自己名下，委托人可以利害关系人身份向国土资源主管部门提出撤销申请，也可以依法提起行政诉讼

【裁判摘要】

探矿权的取得须经国土资源主管部门许可，《矿产资源勘查许可证》的登记、变更等属于国土资源主管部门的行政管理职能。委托人委托他人办理勘查许可证，受托人未忠实履行受托义务，采取欺诈的手段，将勘查许可证办理在自己名下，委托人直接提起民事诉讼，请求确认勘查许可证归其所有，是权利救济渠道的不当选择，人民法院裁定驳回起诉是对行政机关行政管理职能的尊重。

一、基本案情

孙素贤等三人于2004年投资承包奈曼旗青龙山镇向阳所村林地，承包期15年，用于开发铁矿。孙素贤等三人委托玄正军办理勘查许可证，并将委托勘查合同书、林地承包合同书、存款证明、探矿权申请登记书等相关资料及办证资金114万元交付玄正军。2005年12月28日，经内蒙古自治区国土资源厅批准，通辽市国

* 摘自2016年7月12日最高人民法院公布的人民法院关于依法审理矿业权民事纠纷案件典型案例。

土资源局对奈曼旗青龙山向阳所一带铁矿普查探矿权实行挂牌出让，并予以公告。玄正军将办证资料上孙素贤的名字篡改成自己的名字，并私刻“辽宁省第四地质大队”的公章伪造勘查合同，用孙素贤等三人交给他的办证资金，以奈曼旗北方建筑公司（该公司法定代表人为玄正军）名义竞标，将勘查许可证办至玄正军自己名下；2006 年 2 月 13 日，内蒙古自治区国土资源厅向玄正军颁发了《矿产资源勘查许可证》。孙素贤等三人提起诉讼，请求：确认案涉《矿产资源勘查许可证》归孙素贤等三人所有。

二、裁判结果

内蒙古自治区通辽市中级人民法院一审认为，玄正军利用孙素贤等三人提供的资金及办证所需资料，篡改名头、制作虚假申报材料，以欺骗手段取得勘查许可证，侵犯了孙素贤等三人的探矿申请权，遂判决案涉《矿产资源勘查许可证》上设立的探矿权为孙素贤等三人所有。内蒙古自治区高级人民法院二审认为，孙素贤等三人主张玄正军采取伪造资料等方式取得案涉勘查许可权，其应向国土资源主管部门反映情况，由主管部门查清事实后采取措施，也可以依法向人民法院提起行政诉讼，请求撤销玄正军取得的勘查许可证。孙素贤等三人提起的诉讼，不属于民事诉讼范围。二审法院裁定撤销一审判决，驳回孙素贤等三人的起诉。最高人民法院经再审审查认为，探矿权的取得须经国土资源主管部门的许可，此种行政许可具有赋权性质，属行政机关管理职能。在探矿权须经行政许可方能设立、变更或者撤销的情况下，孙素贤等三人请求确认《矿产资源勘查许可证》归其所有，不符合法律规定的民事诉讼受案范围，二审法院裁定驳回起诉，并无不当。

三、典型意义

矿业权兼具民事物权属性和行政许可特性。矿业权的权利行使和救济关涉行政权和司法权的职责分工。探矿权的取得须经国土资源主管部门许可，《矿产资源勘查许可证》的登记、变更等属于国土资源主管部门的行政管理职能。委托人委托他人办理勘查许可证，受托人未忠实履行受托义务，采取欺诈的手段，将勘查许可证办理在自己名下，委托人直接提起民事诉讼，请求确认勘查许可证归其所有，是权利救济渠道的不当选择，人民法院裁定驳回起诉是对行政机关行政管理职能的尊重，准确把握了司法权介入的法定边界。本案情形下，委托人可以利害关系人身份向国土资源主管部门提出撤销申请，并请求对探矿权的归属依法作出处理；也可以依法提起行政诉讼，请求人民法院对国土资源主管部门的具体行政行为进行审查；还可以依据合同向受托人主张违约责任或者民事损害赔偿，实现权利被侵害后的法律救济。

【点评专家】

李显冬，中国政法大学民商经济法学院教授、博士生导师。

【点评意见】

矿业权为我国物权法明定之民事权利，但其设立离不开国土资源主管部门的许可。从行政法律关系分析，案涉授予探矿权的行政许可行为尽管有瑕疵，但依据矿业权登记的公信力和具体行政行为的公定力原理，行政机关的赋权行为既已作出，在该行政许可行为经由行政机关自行审查纠正或者经由行政诉讼司法审查纠正之前，人民法院不宜在民事诉讼中直接认为勘查许可证无效。换言之，有权作出矿产资源勘查开发行政许可的主体为国土资源主管部门，人民法院不能直接以民事审判之司法权干涉国土资源主管部门行使行政职能。从民事法律关系分析，委托人委托他人办理矿业权的申请事宜，受托人未忠实履行受托义务，存在欺诈行为，委托人可依委托合同的约定追究受托人的违约责任。

本案涉及行政许可和民事委托申请双重法律关系，当事人可以选择不同的权利救济方式。但值得注意的是，民事诉讼仅可解决矿业权设定基础的民事法律纠纷，不能解决矿业权设定过程中行政行为的法律效力问题。已经取得的勘查许可证非经依法撤销或者行政审判，人民法院不能以民事判决直接变动行政许可赋权行为。故本案当事人直接提起民事诉讼，请求确认案涉矿产资源勘查许可证归属，要求更改矿业权主体，系权利救济渠道的选择不当。人民法院驳回起诉，让当事人选择最适宜的方式来维护自己的合法权益，既是对行政机关监督管理职能的尊重，也准确把握了司法权介入的法定边界，为司法实务中如何处理矿业权设立环节的物权归属问题，起到了良好的示范作用。

23. 广元市茂成商贸有限责任公司与兰渝铁路有限责任公司探矿权纠纷上诉案*

▶ 探矿权作为一种用益物权，对其损失的赔偿，应基于探矿权的财产价值来确定

【裁判摘要】

《物权法》规定探矿权和采矿权均为用益物权，而用益物权是他物权，设立的目的就是确立用益权人对他人所有的财产占有、使用和收益的权利。司法实践中，人们更多关注对采矿权的保护，而从法理上讲，探矿权和采矿权均属于矿业权，只是前后不同阶段的权利，取得了探矿权或采矿权都可称为矿业权人。探矿权作为一种用益物权，其具有自身的价值，对其造成损害确定赔偿责任时，应基于该种用益物权的财产价值来确定，而不是简单地等同于权利人的实际投入。

上诉人（原审原告、反诉被告）：广元市茂成商贸有限责任公司。

被上诉人（原审被告、反诉原告）：兰渝铁路有限责任公司。

---

* 摘自《民事审判指导与参考》2019 年第 1 辑（总第 77 辑），人民法院出版社 2019 年版，第 157 ~168 页。

一、一审查明的事实

广元市茂成商贸有限责任公司（以下简称茂成公司）向四川省高级人民法院（以下简称一审法院）起诉请求：（1）判令兰渝铁路公司立即支付茂成公司修建的兰渝铁路熊洞湾隧道压覆432.5万吨资源的矿业权价值（款）4259.49万元，放弃司法鉴定的申请；（2）判令兰渝铁路公司支付前述款项的同时，承担支付从2011年3月7日起至生效法律文书确定的给付之日止，按中国人民银行公布的同期贷款利率结算的利息，超期则依据《中华人民共和国民事诉讼法》（以下简称民事诉讼法）第二百五十三条的规定加倍支付迟延履行期间的债务利息；（3）本案诉讼费、鉴定费由兰渝铁路公司承担。

兰渝铁路公司反诉请求：（1）判令茂成公司返还超额支付的补偿款2845.65万元；（2）判令茂成公司承担反诉诉讼费。

一审法院查明，2005年12月8日茂成公司通过竞拍，以138万元竞得周家沟煤矿勘查探矿权。茂成公司经过对周家沟煤矿（扩大勘查范围）详查勘查后，报四川省矿产资源储量评审中心评审。该中心于2010年6月作出川评审〔2010〕157号《四川省广元市郑家沟井田周家沟煤炭资源详查报告》评审意见书，载明：周家沟煤矿保有资源量2749万吨。2011年3月，四川省国土资源厅下发了川采矿区审字〔2011〕0014号文，作出了对周家沟煤矿划定矿区范围的批复。2012年2月27日，四川省国土资源厅向茂成公司颁发《矿产资源勘查许可证》。

2005年3月13日，原铁道部、甘肃省人民政府、四川省人民政府、重庆市人民政府联合形成《关于加快兰渝铁路建设的会议纪要》。2007年5月22日，国家发展和改革委员会下发《关于新建兰州至重庆铁路项目建议书批复》（发改交运〔2007〕1122号），同意新建兰州至重庆铁路（兰渝铁路）。

由于新修建的兰渝铁路经由广元境内的熊洞湾隧道，需要压覆周家沟煤矿资源储量。2011年3月6日，双方签订《协议书》，茂成公司同意兰渝铁路压覆其矿产资源。兰渝铁路公司同意建设项目征地时，视对采矿影响程度按国家有关政策给予适当补偿。

2011年8月11日，四川省国土资源厅出具川国土资函〔2011〕1292号《关于新建兰州至重庆铁路工程（四川段）压覆矿产资源情况的复函》，确认兰渝铁路压覆茂成公司所属周家沟煤矿资源量432.5万吨，并且同意压覆。要求矿业权人及时到原发证机关办理矿区范围调整手续。之后，茂成公司多次找相关部门反映补偿事宜。

2012年2月2日，兰渝铁路公司以兰渝铁工管函〔2012〕15号，向四川省发展与改革委员会发函，要求将压覆矿产资源的补偿费纳入征地拆迁资金中列支。2012年3月12日，四川省铁路建设办公室回函兰渝铁路公司，认为压覆矿产资源补偿问题应由兰渝铁路公司研究解决。2012年4月9日，兰渝铁路公司向四川省铁路建设办公室发函，请求当地政府组织具有资质的评估公司进行评估工作；由兰渝铁路公司组织具有资质的第三方机构对评估价进行审价后予以补偿，并纳入征地拆迁资金。

天地源公司接受广元市兰渝铁路建设协调领导小组办公室（以下简称广元市协调办）的委托，于2012年9月17日作出四川天地源〔2012〕矿评字第198号《广元市市中区周家沟煤矿（扩大调查范围）被兰渝铁路压覆的煤炭资源采矿权评估报告书》（以下简称为《矿权报告》），其结论为，本次评估确定周家沟煤矿被兰渝铁路压覆的煤炭资源采矿权价值4605.61万元。声明结论使用有效期一年。

四川煤炭院接受广元市协调办的委托，于2013年1月作出《兰渝铁路熊洞湾隧道压覆煤炭资源对广元市茂成商贸有限责任公司周家沟煤矿后期开采的影响评估报告》（以下简称为《影响报告》），其结论为兰渝铁路将周家沟煤矿井田分割成两块，压覆煤炭资源432.5万吨，占周家沟煤矿探明保有资源储量的15.73%。矿井受铁路压覆影响需增加投入及支出费用共计9838.41万元。

2013年3月13日，广元市人民政府重点建设办公室（以下简称广元市重点办）以广重办函〔2013〕9号文《关于对兰渝铁路压覆矿产资源补偿进行审价的函》致兰渝铁路公司。载明："按你公司兰渝铁工管函（2012）93号要求，我办委托四川天地源土地资源房地产评估有限公司和四川省煤炭设计研究院，分别对被压覆资源采矿权价值评估和后期开采影响评估。请审批两份评估报告。”兰渝铁路公司于2013年4月20日回函，要求其组织专家或者有资质的第三方审价单位对评估结果进行评审。

2013年5月10日，广元市协调办委托华宇公司对《矿权报告》《影响报告》进行评审。该公司以中煤国际总办函〔2013〕47号《关于完成兰渝铁路熊洞湾隧道压覆周家沟煤矿煤炭资源矿业权价值及后期开采影响评估的咨询评估报告的函》向广元市协调办报送《兰渝铁路熊洞湾隧道压覆周家沟煤矿煤炭资源矿业权价值及后期开采影响评估的咨询评估报告》，载明：兰渝铁路压覆的煤炭资源最终探矿权价值为3877.06万元。矿井受铁路压覆影响需增加投入及支出费用为6548.59万元。

2013年7月17日，天地源公司以四川天地源〔2013〕003号《关于对〈广元市市中区周家沟煤矿（扩大调查范围）被兰渝铁路压覆的煤炭资源探矿权评估报告〉修改情况的说明》，对《矿权报告》名称中的采矿权变更为探矿权。

2013年7月，四川煤炭院作出《兰渝铁路熊洞湾隧道压覆煤炭资源对广元市茂成商贸有限责任公司周家沟煤矿后期开采的影响评估报告》（补充说明），将原结论9838.41万元修改为6548.60万元。

一审审理期间，茂成公司与兰渝铁路公司和广元市重点办于2015年5月29日签订《协议书》，主要内容：（1）关于压矿补偿资金来源。根据2015年5月27日铁路总公司和四川省人民政府会议精神，由兰渝铁路公司负责垫资补偿，并在6月5日前到位先期补偿资金3000万元。（2）关于压矿补偿工作主体。兰渝铁路公司委托广元市重点办负责矿产资源压覆补偿工作，由广元市重点办组织安排利州区与茂成公司签订兰渝铁路建设压覆周家沟煤矿矿产资源补偿协议。（3）关于压矿补偿范围及金额。兰渝铁路公司同意，广元市重点办与茂成公司依据国家相关规定，按照前期评估、审查意见签订补偿协议，补偿范围包括被压覆资源矿业权价值、煤矿后期开采的影响损失，补偿应同时考虑到因延迟补偿所产生的资金利息损失等。最终补偿金额由广元市重点办会同兰渝铁路公司与茂成公司协商确定。（4）关于工作时间节点。兰渝铁路公司委托中介机构所开展的周家沟煤矿矿产资源压覆补偿评估审查工作应在6月30日前结束。由广元市重点办组织牵头进行的补偿金额商定、补偿协议签订、补偿资金支付等工作应在8月31日前全部结束。本协议经协议三方签字盖章后生效。协议生效后，茂成公司应确保工程立即恢复施工。（5）违约责任：上述协议签订后，如协议方未能履行相应责任，将按照有关法律法规承担相应违约责任。兰渝铁路公司在《协议书》签订之后，按照约定已支付茂成公司3000万元。

2015年11月18日，广元市重点办、兰渝铁路公司、茂成公司就兰渝铁路建设所涉及周家沟煤矿压覆补偿问题进行了协商，形成《备忘录》，主要内容：（1）关于矿业权价值补偿问题。根据天地源公司关于周家沟煤矿被兰渝铁路建设压覆煤炭资源采矿权评估报告及有关修改说明，结合天地源公司对华宇公司咨询意见的回复和对四川山河资产评估有限责任公司（以下简称山河公司）咨询意见的回复，经与会人员充分协商形成一致意见：周家沟煤矿被兰渝铁路建设压覆资源的采矿权补偿金额确定为4295.49万元，该款项扣除前期已预付款项部分在正式补偿协议签订后按照协议所约定的方式和期限一次性支付。（2）关于后期开采影响补偿问题。根据四川煤炭院关于兰渝铁路压覆周家沟煤矿的后期开采影响评估报告及补充说明、结合四川煤炭院对华宇公司咨询意见的回复和对山河公司咨询意见的回复，协商中存在以下分歧：广元市重点办和兰渝铁路公司意见为，补偿人对后期开采影响的补偿应当建立在茂成公司实施开采行为的基础之上，因此对开采影响补偿金额的确定和支付应当具备以下条件：一是茂成公司应当实际取得周家沟煤矿的采矿权，矿方在取得采矿权证后，再主张处理后期开采影响补偿事宜；二是周家沟煤矿应当按照四川煤炭院在后期开采影响评估报告中所确定的开采方案进行开采，若开采方案存有变化，将根据矿方取得采矿权证后行政主管部门最终划定的矿区范围和批复的开采方案，进行后期开采影响补偿协商并确定金额；三是后期开采影响补偿款项应当分批支付，当周家沟煤矿获批并开工建设时支付部分、竣工投产后支付其余部分。在满足上述条件下，兰渝铁路公司对压覆周家沟煤矿的后期开采影响补偿，以四川煤炭院关于兰渝铁路压覆周家沟煤矿的后期开采影响评估报告及补充说明、结合四川煤炭院对华宇公司咨询意见的回复和对山河公司咨询意见的回复为基础通过协商确定。茂成公司意见为，茂成公司对兰渝铁路公司和广元市重点办就周家沟煤矿后期开采影响补偿款6548.59万元支付设定的任何条件均不予接受。其理由如下：一是兰渝铁路公司承担支付周家沟煤矿后期开采影响补偿款这一特定义务，是建立在兰渝铁路公司压覆周家沟煤矿并对矿区的整体性造成破坏，导致煤矿已获得批准的开采方案无法实施，为满足煤矿按照原批准的规模进行开采所必须增加的投入的基础上；二是在后期开采影响评估后的现行方案已导致按新标准建设的费用极度增加；三是当兰渝铁路公司依据2011年3月6日《协议书》获得被压覆资源的占有权利时，该物权已发生转移并由兰渝铁路公司实际占有。兰渝铁路公司依法应当承担支付占有物权对价的义务。没有支付对价所形成的关系是债权、债务关系。债务人无权就清偿债务为债权人设定任何条件。所以，茂成公司不接受兰渝铁路公司就清偿债务设定的任何条件，要求该款项在正式补偿协议签订后按照协议约定期限一次性支付。（3）关于补偿资金利息问题。对补偿资金利息未能达成一致意见，具体意见如下：茂成公司意见为，兰渝铁路公司对茂成公司的债务怠于清偿，应依法承担支付利息的责任。其理由如下：一是债权、债务的形成时间，是兰渝铁路公司依据《2011协议书》获得压覆资源的占有权利时，就产生承担支付对价的义务。而在兰渝铁路公司拟压覆矿产资源前，应就该压覆矿产资源赔偿价值进行确定、达成协议并支付全部款项后，再实施占有，这是国务院的规定，没有遵守即违法；二是补偿没有依法履行“先赔后占”的法定义务，从转移占有之前一日即为应付款之日，并按中国人民银行公布的同期贷款利率计算利息至给付之日止，符合法律规定。广元市重点办和兰渝铁路公司意见为，一是茂成公司与兰渝铁路公司2011年3月所签订协议，仅为双方就兰渝铁路建设对周家沟煤矿资源的压覆和补偿问题所达成的原则意见，不能作为实际补偿的依据和计算资金利息的依据；二是在尚未签订正式补偿协议并就补偿金额、支付方式和期限、违约责任等进行约定前，补偿人不应承担被补偿人所主张的资金利息。（4）关于分歧意见的处理。会议一致同意，本次协商未达成一致意见的分歧问题，在提请四川省高级人民法院司法调解时进行明确。最终补偿方案以四川省高级人民法院司法调解书予以确认。

茂成公司就周家沟煤矿矿区范围的划定已向四川省国土资源厅申请延期，并获批准。

茂成公司填报的《四川省广元市郑家沟井田周家沟煤矿煤炭资源详查报告》中载明，勘察投资费980万元。

一审庭审中，对于茂成公司投入的勘察投资费双方存在争议。兰渝铁路公司以茂成公司提交的《四川省广元市郑家沟井田周家沟煤矿煤炭资源详查报告》载明，勘察投资费980万元为据，认为茂成公司的勘察投资费980万元，包括取得探矿权的费用。茂成公司认可该报告，但称其投资费用达4000万元。

兰渝铁路公司于2016年8月10日向一审法院提交《鉴定申请书》，申请事项：（1）茂成公司拥有探矿权的周家沟煤矿被兰渝铁路压覆矿产资源储量在当前市场条件下所应交的价款；（2）茂成公司拥有探矿权的周家沟煤矿被兰渝铁路压覆的矿产资源应分担的勘查投资、已建开采设施投入和搬迁相应设施等直接损失。茂成公司认为该申请超过举证期限，不应当支持。

二、一审法院审理情况

一审法院认为，本案争议焦点问题为：（1）兰渝铁路公司应如何补偿茂成公司被兰渝铁路压覆432.5万吨煤矿资源的探矿权损失以及是否承担利息。（2）茂成公司是否应当返还兰渝铁路公司超付的补偿款2845.65万元。

本案已查明兰渝铁路公司因修建兰渝铁路经由广元境内的熊洞湾隧道，需要压覆茂成公司已勘查确定的周家沟煤矿资源量2749万吨中的432.5万吨的事实。兰渝铁路公司履行了向相关部门报批压覆矿产资源的手续，并获得四川省国土资源厅的批准。双方当事人签订了《2011协议书》，约定茂成公司同意兰渝铁路公司压覆其拥有探矿权的矿产资源，兰渝铁路公司同意按照国家政策予以补偿。现双方当事人就茂成公司拥有的被压覆432.5万吨煤矿资源探矿权如何补偿存在分歧。根据《矿产资源法》第三条第一款规定：“矿产资源属于国家所有，由国务院行使国家对矿产资源的所有权。地表或者地下的矿产资源的国家所有权，不因其所依附的土地的所有权或者使用权的不同而改变。”茂成公司享有探矿权，只是取得矿产资源进行勘探的权利。茂成公司没有取得采矿权，不享有开采、利用并取得收益的权利。《矿产资源法》第二十条：“非经国务院授权的有关主管部门同意，不得在下列地区开采矿产资源：……（三）铁路、重要公路两侧一定距离以内。”兰渝铁路作为国家重点建设项目，依法受法律保护，造成茂成公司部分探矿权的损失，由兰渝铁路公司进行补偿。根据《国土资源部关于进一步做好建设项目压覆重要矿产资源审批管理工作的通知》（国土资发〔2010〕137号）第四条规定：“建设项目压覆已设置矿业权矿产资源的，新的土地使用权人还应同时与矿业权人签订协议，协议应包括矿业权人同意放弃被压覆矿区范围及相关补偿内容。补偿的范围原则上应包括：（1）矿业权人被压覆资源储量在当前市场条件下所应缴的价款（无偿取得的除外）；（2）所压覆的矿产资源分担的勘查投资、已建的开采设施投入和搬迁相应设施等直接损失。”即补偿压覆矿产资源依成本补偿原则进行，并非依资源价值进行补偿。诉前广元市重点办委托天地源公司所作《矿权报告》和四川煤炭院所作《影响报告》，即两份评估报告，评估方法和采用的标准，均不符合上述法规规定，且没有得到兰渝铁路公司的确认，不能作为判决依据。2015年11月18日，广元市重点办、兰渝铁路公司、茂成公司在《备忘录》中明确写明“最终补偿方案以四川省高级人民法院司法调解书予以确认”，但双方当事人并没有达成一致的调解意见。因此，该《备忘录》对双方当事人不产生约束力。同时，根据《最高人民法院关于人民法院民事调解工作若干问题的规定》第十八条[①]“当事人自行和解或者经调解达成协议后，请求人民法院按照和解协议或者调解协议的内容制作判决书的，人民法院不予支持”的规定，《协

---

① 《最高人民法院关于人民法院民事调解工作若干问题的规定》（2020年修正）已删除该条规定。

议书》和《备忘录》均系本案审理期间，当事人自行和解达成的协议，不能作为判决的依据。茂成公司主张兰渝铁路公司支付 4259.49 万元的诉讼请求，缺乏事实依据，不予支持。本案中，茂成公司和兰渝铁路公司均确认茂成公司投入勘查费用为 980 万元（包括茂成公司取得探矿权所缴纳的价款），庭审中茂成公司称已经投入 4000 万元，但没有举证予以证明，故一审认定茂成公司的勘察投资费为 980 万元。茂成公司投入 980 万元勘查费用确定周家沟煤矿资源量 2749 万吨，兰渝铁路公司修建兰渝铁路所压覆部分为 432.5 万吨，占压覆矿业权面积比例为 15.73%，兰渝铁路公司应当补偿茂成公司 154.16 万元。由于兰渝铁路公司已经支付 3000 万元，超付 2845.84 万元，应由茂成公司返还。因兰渝铁路公司只主张返还 2845.65 万元，故判令茂成公司返还 2845.65 万元。兰渝铁路公司的反诉请求成立，应予支持。对于兰渝铁路公司要求司法鉴定的申请，因超过举证期限提出，不予准许。鉴于造成本案纠纷的原因在于双方当事人没有按照国家规定进行评估，补偿金额一直没有确定，双方当事人均有责任，对于茂成公司主张兰渝铁路公司支付利息的诉讼请求，不予支持。

2017 年 4 月 13 日，一审法院作出（2014）川民初字第 33 号民事判决：一、驳回茂成公司的诉讼请求；二、茂成公司于本判决生效后 10 日内返还兰渝铁路公司 2845.65 万元。

三、最高人民法院二审审理情况

茂成公司不服一审判决，向最高人民法院提起上诉，请求：（1）撤销原审判决，改判兰渝铁路公司向茂成公司支付压覆四川省广元市市中区周家沟煤矿（以下简称周家沟煤矿）资源储量 432.5 万吨矿业权价值 4259.49 万元；并判决兰渝铁路公司承担上述金额从 2011 年 3 月 7 日起，按人民银行公布的同期贷款利率计算至生效法律文书确定的给付之日止的资金利息；（2）本案一、二审诉讼费用全部由兰渝铁路公司承担。

二审查明的事实和一审查明的事实一致。二审中，当事人没有提交新证据。

最高人民法院二审审理认为，本案的争议焦点即案涉项目压覆资源所涉矿业权价值应如何补偿。

关于案涉项目压覆资源所涉矿业权价值的补偿依据，兰渝铁路公司主张，应根据现有的国家政策即《国土资源部关于进一步做好建设项目压覆重要矿产资源审批管理工作的通知》，针对直接损失进行补偿。茂成公司主张，根据物权法规定，兰渝铁路公司侵犯了茂成公司的用益物权，双方签订《2015 协议书》对压覆补偿范围和额度予以确认，并未违法，应当按照双方协议补偿。二审认为，探矿权作为一种用益物权，其具有自身的价值，不仅包括探矿权人对其取得《矿产资源勘查许可证》范围内矿产资源的占有、使用权，还应包括探矿权人对矿产资源的物权收益权。因此，对于探矿权这种用益物权的损害赔偿责任，应基于该种用益物权的财产价值来确定，而不能简单地等同于权利人对该种用益物权的实际投入，侵害探矿权应补偿或赔偿其相应的财产价值。关于《国土资源部关于进一步做好建设项目压覆重要矿产资源审批管理工作的通知》，是由国土资源部印发的关于进一步做好建设项目压覆重要矿产资源审批管理工作的管理性文件，强调的是相关行政管理部门的审批管理职责，不能直接作为处理民事主体之间民事权益纠纷的依据。且从该文件内容看，并没有排斥民事主体之间以签订协议的方式解决补偿问题。因此，兰渝铁路公司有关以《国土资源部关于进一步做好建设项目压覆重要矿产资源审批管理工作的通知》作为案涉项目压覆资源所涉矿业权价值的补偿依据的主张，不予支持。

关于补偿标准应如何确定的问题。本案中，茂成公司通过竞拍有偿取得周家沟煤矿探矿权。兰渝铁路公司与茂成公司通过签订《2011 协议书》，约定茂成公司同意兰渝铁路压覆涉案煤矿资源，并同意按有关政策给予补偿。2012 年 4 月 9 日兰渝铁路公司向四川省铁路建设办公室发函，请求当地政府组织具有资质的评估公司进行评估工作，由兰渝铁路公司组织具有资质的第三方机构对评估价进行审价后予以补偿，并纳入征地拆迁资金。据此，形成本案的《矿权报告》及《咨询评估报告》等评估性质的文件。之后，茂成公司提起本案诉讼，在庭外和解过程中，形成本案《2015 协议书》与 2015 年 11 月 18 日的《备忘录》。从形式上看，《2015 协议书》系由茂成公司与兰渝铁路公司、广元市重点办签订后加盖了各方公章；《备忘录》虽未加盖公章，但有茂成公司、兰渝铁路公司、广元市重点办各方代表的签名，对《备忘录》中意思表示的真实性各方并未提出异议。从内容上看，《2015 协议书》中，首先明确是根据《2011 协议书》和铁路总公司与四川省政府 2015 年 5 月 27 日会议精神协商达成；其次，兰渝铁路公司明确同意按照前期评估、审查意见签订协议，补偿范围包括被压覆资源矿业权价值、煤矿后期开采的影响损失，同时考虑因迟延补偿所产生的资金损失等。《备忘录》是就所涉周家沟煤矿压覆补偿问题进行会议协商，以备忘录形式进行记录。其中记录：第一，关于矿业权价值补偿问题，根据天地源公司《矿权报告》及有关修改说明，结合天地源公司对华宇公司咨询意见的回复和对山河公司咨询意见的回复，与会人员充分协商形成一致意见：周家沟煤矿被兰渝铁路建设压覆资源的采矿权补偿金额确定为 4295.49 万元，扣除前期已预付部分正式协议签订后一次性支付。……第四，关于分歧意见的处理，会议一致同意，未达成一致意见的分歧问题，提请一审法院司法调解时进行明确。最终补偿方案以一审法院司法调解书予以确认。据此，二审认为，《2015 协议书》虽然形成于一审诉讼期间，但是当事人自行签订，系各方当事人真实意思表示，属于依法成立的合同。该协议书中，兰渝铁路公司同意按照前期评估、审查意见签订协议，补偿范围包括被压覆资源矿业权价值、煤矿后期开采的影响损失，同时考虑因迟延补偿所产生的资金损失等意见对其产生法律拘束力。《备忘录》形式上虽没有加盖各方当事人法人印章，但各方均未否认该备忘录内容的真实性和客观性。《备忘录》中各方协商确认矿业权补偿金额为 4295.49 万元，明确是以《矿权报告》及有关修改说明，结合咨询意见的回复等作为依据所形成，符合兰渝铁路公司与茂成公司长期就矿业权补偿问题磋商的意思，亦不属于对兰渝铁路公司不利的事实。故《备忘录》虽然不是严格意义上的补偿协议，但其中兰渝铁路公司与茂成公司达成一致的内容，二审予以确认。兰渝铁路公司关于《2015 协议书》《备忘录》系在诉讼期间双方庭外和解形成的“妥协协议”的辩称，与两份协议的内容明显不相符，与其在周家沟煤矿被压覆资源补偿问题上先前的态度和做法亦不相符，依据诚信原则，对兰渝铁路公司的相关主张不予支持。

关于《最高人民法院关于人民法院民事调解工作若干问题的规定》第十八条的规定，是指当事人请求人民法院将其和解协议或者调解协议的内容作为判决书内容的情形，人民法院不予支持，并非对当事人调解协议或和解协议中达成一致的内容予以否定。故原审对该法律条款的适用存在错误，二审予以纠正。

关于茂成公司主张兰渝铁路公司应承担矿业权价值补偿款从2011年3月7日起利息的问题。首先，《2011协议书》中茂成公司明确同意兰渝铁路项目压覆其矿产资源，不存在兰渝铁路公司违法占有被压覆矿产资源侵权的事实。其次，双方当事人就矿业权价值补偿问题一直在磋商中，没有形成正式补偿协议，在补偿金额及支付方式未确定的情况下，计算利息缺乏相应依据。故二审对茂成公司的该项诉请未予支持。

据此，最高人民法院作出（2017）最高法民终493号民事判决：一、撤销四川省高级人民法院（2014）川民初字第33号民事判决；二、兰渝铁路有限责任公司于本判决生效后10日内支付广元市茂成商贸有限责任公司矿业权价值补偿款4295.49万元（先期垫付的3000万元不再返还，实际再支付1295.49万元）。

四、对本案的解析

本案在审判实践中，以下两方面的法律适用问题存在争议：

（一）未取得采矿权证的探矿权人法律地位的认定

探矿权和采矿权均属于矿业权，只是前后不同阶段的权利，探矿是采矿的前期工作阶段，采矿是探矿的后续工作阶段，取得了探矿权或采矿权都可称为矿业权人。矿业权，简称为矿权，是指探采人依法在已经登记的特定矿区或工作区内勘查、开采一定的矿产资源，取得矿石标本、地质资料及其他信息，或矿产品，并排除他人干涉的权利。其中，勘探一定的国有矿产资源，取得矿石标本、地质资料及其他信息的权利，叫作探矿权；开采一定的国有矿产资源，取得矿产品之权，称为采矿权。取得探矿权的目的是通过勘察使其转化为采矿权，而取得采矿权的目的是占有矿产资源这种物质性的财产，从而生产出矿产品。可见，探矿权和采矿权只是矿权不同阶段的权利，两者密不可分，性质上几乎无差别。这一点从我国现阶段规制矿业权的法律也可以解读出。根据《物权法》和《矿产资源法》两部法律的规定，探矿权和采矿权均实行有偿取得制度，均属于用益物权。本案中，茂成公司虽尚未取得采矿权证，但其作为探矿权人，现阶段对涉案矿业享有的用益物权仍是完整的，从财产价值上来说，与涉案矿业得到采矿权证之后的价值并无不同。因此，本案中，茂成公司向兰渝铁路公司主张的损害赔偿，于法有据。

（二）探矿权保护范围的确定

探矿权受保护基于其用益物权的法律属性。首先，作为物权体系的重要组成部分，用益物权除具备物权的一般特征外，还有以下几方面特征：（1）用益物权是由所有权派生的物权。是指在他人所有的财产上设立的权利，权利人享有对他人财产占有、使用和收益的权利。（2）用益物权较所有权来说是受限制的物权。其一，用益物权只具有所有权权能的一部分，其权利人只享有对财产占有、使用和收益的权利，虽然权利人依法可以将其享有的用益物权予以转让、抵押等，但不具有对财产所有权进行处分的权利。其二，用益物权具有期限性，期限届满时，用益物权人应将占有、使用之物返还于所有权人。其三，用益物权人必须根据法律规定及合同约定正确行使权利，不得损害所有权人的权益。（3）用益物权是一项独立的物权。用益物权虽由所有权派生，以所有权为权源，但用益物权一经设立，便具有独立于所有权而存在的特性。（4）用益物权一般以不动产为客体。其次，探矿权在用益物权的基本特征中，最具有价值的是其独立性，排除他人干涉的物权性质。矿业是一种高风险、高投入、高收益的产业，人们为了获得矿产品，必须先投资探矿，而探矿要经过由浅入深的认知过程，最后探获可供开采的矿产资源。探矿权人探到矿产资源后，权利人即能够优先获得采矿权。因此，探矿权人以将来优先（或自然）取得勘查许可证范围内的采矿权为对价，投入风险勘查投资，以后可以通过自行开采或转让探矿权，取得应有的收益。基于此，探矿权采取的是有偿取得制度，对探矿权人主张损害赔偿的保护范围，也应着眼于矿业权的价值，而不能只限于探矿权人在探矿过程中的实际支出或投入。因此，本案在对双方争议矿业权补偿范围的认定上，是充分考虑了双方当事人在长期磋商过程中对实际补偿金额的认可程度，结合了被压覆资源矿业权的评估价值、煤矿后期开采的影响损失等情形而作出的。

（撰稿人：张　纯）

采矿权纠纷

24. 傅钦其与仙游县社硎乡人民政府采矿权纠纷案*

矿业权的出让主体为县级以上国土资源主管部门

【裁判摘要】

矿业权的出让应由县级以上国土资源主管部门根据法定权限依法进行，乡级政府并非适格的矿业权出让主体。人民法院应在认定合同无效的前提下，区别返还财产和赔偿损失等不同责任方式，在维护矿产资源国家所有权的同时，综合考虑过错因素，保护当事人的合法利益和矿业权流转市场的交易秩序。

一、基本案情

2003年1月16日，社硎乡政府与傅钦其签订合同，约定由傅钦其开发仙游县社硎乡塔林顶伊利石矿山。合同签订后，傅钦其依约投资道路等设施并实施探矿行为。2005年1月24日，仙游县政府批准挂牌出让案涉矿山采矿权。2007年7月，仙游县政府将案涉矿山列入禁采范围。傅钦其未能依法取得案涉矿山的采矿许可证。傅钦其提起诉讼，请求社硎乡政府赔偿损失，并支

* 摘自2016年7月12日最高人民法院公布的人民法院关于依法审理矿业权民事纠纷案件典型案例。

付投资款的资金占用期间利息。

二、裁判结果

福建省莆田市中级人民法院一审查明，傅钦其实际投资款1533561元，判令社硎乡政府承担50%的赔偿责任。福建省高级人民法院二审认为，社硎乡政府明知自己无权出让辖区内矿产资源，未经有权机关审批以签订承包合同的方式将案涉矿山交由傅钦其开发，所签合同应为无效。案涉矿山已被列为禁采区，不具备办理合法审批手续的可能，由此产生的法律后果应依傅钦其投入资产性质分类处理，其中押金属于社硎乡政府因合同收取的保证金，应直接返还；所修公路位于社硎乡政府辖区范围，属于其获益部分，应按照实际支出折价补偿；其余投资属于履行合同受到的损失，应按照过错比例承担民事赔偿责任。遂判令社硎乡政府返还傅钦其押金和修路支出费用共计670712元，对傅钦其862849元投资损失承担80%的赔偿责任。

三、典型意义

矿产资源归国家所有，国家对矿产资源的勘查、开采实施严格的许可证管理制度。矿业权的出让应由县级以上国土资源主管部门根据法定权限依法进行，乡级政府并非适格的矿业权出让主体。在不拥有矿山勘查、采矿许可证的情况下，乡级政府签订合同擅自将国家所有的矿产资源交由他人勘查、开采，不仅严重侵害国家对矿产资源的所有权，造成矿业权税费流失，而且极易造成矿产资源的乱采滥挖，甚至导致环境污染、生态破坏。对此类合同应给予否定性法律评价。人民法院应在认定合同无效的前提下，区别返还财产和赔偿损失等不同责任方式，在维护矿产资源国家所有权的同时，综合考虑过错因素，保护当事人的合法利益和矿业权流转市场的交易秩序。

【点评专家】

李显冬，中国政法大学民商经济法学院教授、博士生导师。

【点评意见】

矿业权尽管作为民事权利，却仍具有矿产资源的开发管理秩序与生态环境保护的经济管制等特点。依据《中华人民共和国矿产资源法》的规定，矿业权出让主体应为县级以上国土资源主管部门。乡政府擅自出让矿业权违反法律、行政法规的强制性规定，无法产生当事人预期的法律效果。乡级政府作为行政主体，应当在权限范围内作出行政行为。具体行政行为应当具有公定力，一经成立，不论是否合法，即具有被推定为合法而要求所有机关、组织或者个人表示尊重的一种法律效力。相对人因对行政行为的合理信赖应当予以保护。

关于案涉合同被赋予否定性法律评价后法律后果的承担问题，二审法院改变一审法院关于双方过失相当的判决，认为政府一方应当承担主要的过错责任，正确揭示了本案政府违法行政行为与合同无效之间的因果关系，充分保护了因信赖政府行为而遭受损害的合同相对方的利益。既切实保障了国家利益和公共利益，又突出了现代矿业行政管理之中，政府“依法行政、越权无效”的基本理念，对实践中大量存在的不规范的矿业权出让、转让的乱象无疑具有规制意义。

土地承包经营权纠纷

25. 江苏镇江市丹徒区宝堰镇前隍村委会与镇江山水湾生态农业开发有限公司土地承包经营权纠纷案*

在土地承包经营权纠纷中，受让方已经取得了相关部门的项目规划许可，并投入大量资金和人力用于项目建设，其违约并未根本影响合同目的的实现，如果判令解除合同将造成社会资源的巨大浪费

【裁判摘要】

在土地承包经营权纠纷中，受让方已经取得了相关部门的项目规划许可，并投入大量资金和人力用于项目建设，其违约并未根本影响合同目的的实现，如果判令解除合同将造成社会资源的巨大浪费。法院积极与村委会沟通，分析受让方的项目运营给村集体带来的经济利益，最终双方达成了调解协议，土地承包协议继续履行，受让方限期支付土地承包费。

【基本案情】

2007年，经江苏省镇江市丹徒区人民政府招商引资，镇江山水湾生态农业开发有限公司（简称山水湾公司）与该区前隍村村民委员会签订多份土地承包经营权转让协议，先期承包该村近900亩土地，计划投资4.45亿元用于特色农业生产开发。合同签订后，山水湾公司

* 摘自2021年9月3日最高人民法院发布的人民法院助推民营经济高质量发展典型民商事案例。

介绍已先后投入3亿余元用于拆迁、道路、机耕道、土地整形、生态沟渠、日光温室、苗木栽培等项目建设。后由于山水湾公司法定代表人遭遇交通事故等原因，山水湾公司自2015年起开始拖延支付土地流转使用费。2016年度的土地承包使用费由前隍村村委会提供担保，山水湾公司向他人借款后支付给村委会，再由村委会发放给各农户；2017年度土地承包使用费由山水湾公司向前隍村村委会借款70万元向各农户发放；2017年年底起，前隍村村委会又多次向山水湾公司催要2018年度的土地租金未果，遂诉至法院要求解除合同，返还所承租的近900亩土地。

【裁判结果】

镇江市丹徒区人民法院一审认定山水湾公司违约，判令解除合同并返还土地。镇江市中级人民法院二审认为，山水湾公司在本案争议发生前，已经取得了相关部门的项目规划许可，并投入大量资金和人力用于项目建设。本案山水湾公司的违约并未根本影响合同目的的实现，如果判令解除合同将造成社会资源的巨大浪费。二审法院积极与前隍村村委会沟通，分析山水湾公司运营给村集体带来的经济利益，最终村委会同意就合同继续履行与山水湾公司进行协商。之后，法院又积极联系山水湾公司，提出改善经营的意见建议。经过多次耐心细致工作，最终村委会与山水湾公司双方达成了调解协议，土地承包协议继续履行，山水湾公司限期支付土地承包费。

【典型意义】

实施乡村振兴战略，是以习近平同志为核心的党中央从党和国家事业全局出发，从实现中华民族伟大复兴着眼，顺应亿万农民对美好生活向往作出的重大决策。人民法院积极服务乡村振兴战略，精准对接脱贫地区司法需求，鼓励引导民营企业投身乡村振兴，实现民营企业“万企帮万村”精准扶贫和乡村振兴阶段“万企兴万村”的有效衔接。本案山水湾公司开发项目包括田园综合体、文旅、康养等，为附近村民提供了更多的就业机会，支付给村委会的租金增加了部分农户收入，并带动整个乡村生态环境和基础设施的改善。但由于该公司法定代表人遭遇交通事故等原因，未能按时足额缴纳土地承包费，以致产生诉讼。二审法院镇江中院从振兴乡村经济出发，深入乡村考察、积极组织双方在庭外进行协商调解，为企业经营献言献策、解决后顾之忧，既化解了双方之间的矛盾，又推动当地特色农业项目继续推进。

26. 赵伟与四川省峨眉山市××镇××村×组承包地征收补偿费用分配纠纷案*

虽是家庭承包户土地承包经营权共有人，但未从事农业生产，也不以农村承包地为主要生活依赖的人员，主张分配承包地征收补偿费用的，人民法院不予支持

【裁判摘要】

行为人虽然有承包土地，但已长期未在该组生产生活，已获得其他替代性基本生活保障，故其已丧失该组集体经济组织成员资格，不具有此次土地征收补偿费的分配权，即虽是家庭承包户土地承包经营权共有人，但未从事农业生产，也不以农村承包地为主要生活依赖的人员，主张分配承包地征收补偿费用的，人民法院不予支持。

【基本案情】

赵伟自出生时取得责任田一份；赵伟于1995年7月17日购买小城镇户口农转非迁出××村×组入户在四川省峨眉山市××镇；1998年第二轮土地承包时以户主赵某兵（赵伟父亲）作为承包户主保留了赵伟的承包地；2008年6月25日，赵伟毕业于四川建筑职业技术学院

* 摘自《民事审判指导与参考》2019年第2辑（总第78辑），人民法院出版社2019年版，第76~83页。

工程造价专业，2010 年 11 月 18 日，在宜宾职业技术学院就业指导中心数控技术专业学习三年，2011 年 7 月获得专科毕业证；2012 年 8 月获得高校毕业生创业补助金 8500 元创办峨眉山市一家具店，注册资金 10 万元；2013 年 5 月 15 日至 2016 年 5 月 14 日与四川峨胜水泥集团股份有限公司签订三年固定期限劳动合同；2017 年 5 月 28 日签订了无固定期限的劳动合同，养老保险参保从 2013 年 12 月至今，月收入 6000 至 7000 元。2014 年 11 月 3 日与农村居民黄某结婚，目前妻儿暂住生活在 × × 村 × 组。赵伟现在四川峨胜水泥集团股份有限公司驻成都办事处工作，居住在该公司在成都的公寓内。赵伟系此次分配争议人员，不在分配名单中，此次土地补偿费分配金额为每人 10000 元。

赵伟向一审法院提出诉讼请求：（1）判令 × × 村 × 组支付赵伟土地补偿款 10000 元人民币；（2）诉讼费由 × × 村 × 组承担。

一、二审法院认为，赵伟自出生时系 × × 村 × 组集体经济组织成员，后因购买小城镇户口迁出原籍落户四川省峨眉山市 × × 镇成为城镇居民，而土地承包是以家庭承包为主，× × 村 × 组无权依其制定的村规民约强行收回赵伟的承包土地。赵伟大专毕业于 2013 年 5 月参加工作，至今就职于四川峨胜水泥集团股份有限公司驻成都办事处。赵伟虽偶尔在 × × 村 × 组居住生活，但长期未从事农业生产，未承担该组集体义务，已实际脱离该集体经济组织的生产，与该组不再具有较为紧密的生产、生活关系。赵伟现为四川峨胜水泥集团股份有限公司合同制职工，已与该单位签订了无固定期限的劳动合同，单位已为其办理了养老保险，其目前工作具有一定稳定性，有相对固定收入，基本生活来源并非依靠承包的土地，已获得其他替代性基本生活保障。综上，本案应认定在征地分配方案确定时，其不在分配名单中，虽有承包土地，但已长期未在该组生产生活，已获得其他替代性基本生活保障，故其已丧失该组集体经济组织成员资格，不具有此次土地征收补偿费的分配权。

四川省乐山市中级人民法院民事判决书

（2018）川11民终1524号

上诉人（原审原告）：赵伟，男，汉族，住四川省峨眉山市××镇××村。

委托诉讼代理人：杨凤玲（系赵伟之母），住四川省峨眉山市××镇××村。

委托诉讼代理人：熊军，四川仙山律师事务所律师。

被上诉人（原审被告）：四川省峨眉山市××镇××村，住所地四川省峨眉山市××镇××村。

负责人：杨文清，代理组长。

委托诉讼代理人：张淑芬，女，汉族，住四川省峨眉山市××镇××村，系该组推荐公民。

上诉人赵伟因与被上诉人四川省峨眉山市××镇××村×组（以下简称××村×组）承包地征收补偿费用分配纠纷一案，不服四川省峨眉山市人民法院（2018）川1181民初2735号民事判决，向本院提起上诉。本院于2018年11月15日立案后，依法组成合议庭，于2018年12月14日公开开庭进行了审理。上诉人赵伟及其委托诉讼代理人杨凤玲、熊军，被上诉人××村×组的委托诉讼代理人张淑芬到庭参加诉讼。本案现已审理终结。

上诉人赵伟上诉请求：（1）撤销一审判决，改判支持赵伟一审诉讼请求；（2）由××村×组承担一、二审诉讼费。事实和理由：（1）关于赵伟的户口和土地问题。赵伟自出生时就取得本村村民资格，并取得责任田一份。1995年购买小集镇户口取得四川省峨眉山市××镇户口，并取得两轮土地承包，2014年土地确权时赵伟系家庭共同承包人之一；赵伟购买的小集镇户口一直没有迁入设区的市，等同于原村民户口，按照《中华人民共和国农村土地承包法》的规定，发包方不得非法收回土地；赵伟与父母、妻儿长住在××村×组，承包田里载的果树，并参加田里农活；赵伟现在在四川峨胜水泥集团股份有限公司打工，属于民营股份制企业，既不是国有单位，也不是事业单位，更不是国家公务员、行政编制等，随时都有失业的可能性，不管是无固定期限还是固定期限打工的单位决定了工作的不稳定，截至2018年8月，购买养老保险4年10个月。(2) 关于一审法院认为赵伟长期未从事农业生产，未承担该组集体义务的问题。因为赵伟的土地全部栽的枇杷树，不用天天耕作，偶尔除草打药就行；赵伟以家庭承包为主体每年上缴了农税提留、公粮，从2006年后又获得农业补贴。(3) 关于××村辩称赵伟未住××村×组的问题。赵伟一审提供了妻儿的居住证、赵伟出差住在成都公寓内证据、××村村民委员会证据、赵伟和妻子没有固定产权查询证明。(4) 赵伟在××村×组集体经济组织成员名单中，只是不在分配名单中。综上所述，原审判决认定事实不清，判决错误，请求二审法院改判。

被上诉人××村×组辩称：(1) 2000年四川峨胜水泥集团股份有限公司征用该组土地时，该组才知道赵伟在1995年购买户口迁出该组；1982年该组制定的村规民约规定，凡买户口迁出的村民应该退回土地给该组，1998年第二轮承包地满，杨凤玲不退地还闹事，并办理了土地承包经营权证。(2) 赵伟承包地没有栽种枇杷树，已租给他人种植。(3) 赵伟已与四川峨胜水泥集团股份有限公司签订无固定期限劳动合同，每月收入六七千元钱，属于高收入，完全能保障生活，即使是国有企业、行政编制单位也不是铁饭碗。(4) 赵伟在四川峨胜水泥集团股份有限公司成都办事处工作，长期居住该公司在成都的公寓内，赵伟妻儿于2017年3月办理该组常住人口证，2017年6月该组土地被征收，为获得利益才在征地前三个月办理常住人口证。(5) 杨凤玲担任组长时伪造了一份集体经济组织成员名单，赵伟不仅不在集体经济组织成员名单内，也不在分配名单中。赵伟无资格参与分配。综上，请求驳回上诉，维持原判。

赵伟向一审法院提出诉讼请求：(1) 判令××村×组支付赵伟土地补

偿款10000元人民币；（2）诉讼费由××村×组承担。

一审法院认定事实：赵伟自出生时取得责任田一份；赵伟1995年7月17日购买小集镇农转非迁出××村×组入户在四川省峨眉山市××镇；1998年第二轮土地承包时以户主赵某兵（赵伟父亲）作为承包户主保留了赵伟的承包地；2008年6月25日，赵伟毕业于四川建筑职业技术学院工程造价专业，2010年11月18日，在宜宾职业技术学院就业指导中心数控技术专业学习三年，2011年7月获得专科毕业证；2012年8月获得高校毕业生创业补助金8500元创办峨眉山市一家具店，注册资金10万元；2013年5月15日至2016年5月14日与四川峨胜水泥集团股份有限公司签订三年固定期限劳动合同；2017年5月28日签订了无固定期限的劳动合同，养老保险参保从2013年12月至今，月收入6000至7000元。2014年11月3日与农村居民黄某结婚，目前妻儿暂住生活在××村×组。赵伟系此次分配争议人员，不在分配名单中，此次土地补偿费分配金额为每人10000元。赵伟于2018年8月31日诉至一审法院，要求判如所请。

一审另查明，赵伟现在四川峨胜水泥集团股份有限公司驻成都办事处工作，居住在该公司在成都的公寓内，赵伟此次土地被征用锁定本组集体经济组织成员名单时，赵伟不在名单中。本案因双方均不同意调解，该院主持调解无效。

一审法院认为，依照《中华人民共和国村民委员会组织法》第二十七条第二款“村民自治章程、村规民约以及村民会议或者村民代表讨论决定的事项不得与宪法、法律、法规和国家政策相抵触，不得有侵犯村民的人身权利、民主权利和合法财产权利的内容。”《最高人民法院关于审理涉及农村土地承包纠纷案件适用法律问题的解释》第二十四条“农村集体经济组织或者村民委员会、村民小组，可以依照法律规定的民主议定程序，决定在本集体经济组织内部分配已经收到的土地补偿费。征地补偿安置方案确定时已经具有本集体经济组织成员资格的人，请求支付相应份额的，应予支持。”《中华人民共和国农村土地承包法》第二十六条“承包期内，发包方不得收回承包地。承包期内，承包方全家迁入小城镇落户的，应当按照承包方的意愿，保留其土地承包经营权或者允许其依法进行土地承包经营权流转。承包期内，承包方全家迁入设区的市，转为非农业户口的，应当将承包的耕地和草地交回发包方。承包方不交回的，发包方可以收回承包的耕地和草地。承包期内，承包方交回承包地或者发包方依法收回承包地时，承包方对其在承包地上投入而提高土地生产能力的，有权获得相应的补偿”的规定。赵伟自出生时系××村×组集体经济组织成员，后因购买小城镇户口迁出原籍落户四川省峨眉山市××镇成为城镇居民，而土地承包是以家庭承包为主，××村×组无权依其制定的村规民约强行收回赵伟的承包土地。赵伟大专毕业于2013年5月参加工作，至今就职于四川峨胜水泥集团股份有限公司驻成都办事处。赵伟虽偶尔在××村×组居住生活，但长期未从事农业生产，未承担该组集体义务，已实际脱离该集体经济组织的生产，与该组不再具有较为紧密的生产、生活关系。赵伟现为四川峨胜水泥集团股份有限公司合同制职工，已与该单位签订了无固定期限的劳动合同，单位已为其办理了养老保险，其目前工作具有一定稳定性，有相对固定收入，基本生活来源并非依靠承包的土地，已获得其他替代性基本生活保障。综上，本案应认定在征地分配方案确定时，其不在分配名单中，虽有承包土地，但已长期未在该组生产生活，已获得其他替代性基本生活保障，故其已丧失该组集体经济组织成员资格，不具有此次土地征收补偿费的分配权。现赵伟以其应享有该集体经济组织土地收益分配资格为由请求××村×组支付已由分配方案确定土地补偿费的相应份额，不符合相关法律政策的规定，该院依法不予支持。依照《最高人民法院关于审理涉及农村土地承包纠纷案件适用法律问题的解释》第二十四条的规定，判决驳回赵伟的诉讼请求。诉讼费用减半收取25元，由赵伟负担。

本院二审期间，当事人围绕上诉请求依法提交了证据。本院组织当事人进行了质证。赵伟提交了：（1）××村×组上报的该组集体经济组织成员名单，拟证明赵伟具有该组集体经济组织成员资格；（2）工资单，拟证明赵伟收入不稳定；（3）《证明》，拟证明2014年赵伟在四川峨胜水泥集团股份有限公司营销中心做营销员，2015年10月起每周一、周二在峨眉处理内勤，周五回家，周末双休，因工作需要每周偶尔周三、周四出差成都，出差期间住公司公寓。××村×组提交了：（1）××村集体经济组织成员确认名单，拟证明赵伟不是××村集体经济组织成员；（2）《证明》、照片，拟证明赵伟家土地由他人在耕种。

经庭审质证，××村×组对赵伟的证据1、2的真实性、合法性、关联性不予认可，对证据3真实性不认可。赵伟对××村×组的证据1真实性无异议，关联性不认可；对证据2真实性不认可。

本院认证：赵伟提交的证据1不是原件，不能达到其证明目的；证据2具有真实性、合法性、关联性特征，予以采信；证据3不是原件，不能达到赵伟证明目的。××村×组提交的证据系本案一审后制作的公示名单，不能达到其证明目的；证据2无法核实真实性，不予采信。

对当事人二审争议的事实，本院认定如下：

1. 关于赵伟妻儿目前在××村×组是否是暂住生活的问题。一审时赵伟提交了经四川省峨眉山市公安局签发的《四川省居住证》，该证载明黄某、赵某杰户籍所在地均在四川省峨眉山市××镇××村×组××号，居住地址系××村×组，有效期限为2017年3月23日至2018年3月23日，连续居住时间0天；有效期限为2018年5月17日至2019年5月16日，连续居住时间1天。结合各方当事人陈述，应认定赵伟妻儿目前暂住生活在××村×组。

2. 关于一审起诉前赵伟居住情况和工作单位具体岗位的问题。一审时××村×组提交了劳动合同书、创业名单、个体工商户营业执照、毕业证书、证人万某华的出庭证言；赵伟提交了身份证、居民户口簿、申请表、四川峨胜水泥集团股份有限公司驻成都办事处出具的《证明》等证据。根据《中华人民共和国民法总则》第二十五条关于"自然人以户籍登记或者其他有效身份登记记载的居所为住所；经常居所与住所不一致的，经常居所视为住所"的规定，赵伟原住所在××村×组，1995年赵伟进入集镇落户，之后读书、创业、到四川峨胜水泥集团股份有限公司工作，一审起诉前非连续居住在成都。结合各方当事人的陈述，可以认定一审起诉前赵伟住所在××村×组，系四川峨胜水泥集团股份有限公司职工，因出差到成都期间住该公司公寓。其具体工作岗位不属本案基本事实，不予认定。

3. 关于此次土地被征收时赵伟是否被锁定在该组集体经济组织成员名单中的问题。因双方未举充分证据予以证明，且是否在该组集体经济组织成员上报名单或确定名单中，并不影响本案的处理，对该事实不予认定。

本院二审查明的事实除对一审认定的“赵伟 1995 年 7 月 17 日购买小集镇农转非迁出××村×组入户在四川省峨眉山市××镇”更正为“赵伟 1995 年 7 月 17 日购买小集镇农转非迁出××村×组入户在四川省峨眉山市××镇”，和对一审认定的“赵伟现在四川省峨胜水泥集团股份有限公司驻成都办事处工作，居住在该公司在成都的公寓内，赵伟此次土地被征用锁定本组集体经济组织成员名单时，赵伟不在名单中”不予认定以外，其余事实与一审查明的事实一致。

本院认为，根据《最高人民法院关于审理涉及农村土地承包纠纷案件适用法律问题的解释》第二十四条的规定，村民小组可以按照民主议定程序，决定在本集体经济组织内部分配已经收到的土地补偿费。而能获得相应份额的人，应当是在征地补偿安置方案确定时具有该组集体组织经济成员资格的人。本案中，赵伟因出生取得该组集体经济组织成员资格，现赵伟要求××村×组支付其 10000 元土地补费的诉讼请求能否得到支持，关键在于查明征地补偿安置方案确定时，赵伟是否丧失该组集体经济组织成员资格。因 1995 年赵伟购买小集镇户口迁出该组，落户在四川省峨眉山市××镇×××街，系城镇户口，2017 年 5 月赵伟与四川峨胜水泥集团股份有限公司签订了无固定期限劳动合同，该公司已自 2013 年 12 月起至今连续为其购买了基本养老保险，赵伟已被纳入社会保障体系，已获得其他替代性基本生活保障，赵伟虽在该组居住，属于以赵某兵为代表的家庭承包户土地承包经营权共有人之一，但并非以该组土地作为其基本生活保障。赵伟已丧失该组集体经济组织成员资格，其要求获得 10000 元土地补偿费的诉讼请求，一审法院未予支持并无不当；赵伟的上诉理由不能成立，本院不予支持。

综上所述，赵伟的上诉请求不能成立，应予驳回；一审判决认定事实清楚，适用法律正确，应予维持。依照《中华人民共和国民事诉讼法》第一百七十条第一款第一项规定，判决如下：

驳回上诉，维持原判。

二审案件受理费50元，由赵伟负担。

本判决为终审判决。

审 判 长　刘　平
审 判 员　雷璐娜
审 判 员　李亚莉

二〇一八年十二月十七日

法官助理　何洪兰
书 记 员　秦伟伦

建设用地使用权纠纷

27. 海南南洋房地产有限公司、海南成功投资有限公司与南洋航运集团股份有限公司、陈霖、海南金灿商贸有限公司第三人撤销之诉案*

依法使用国有土地均要在县级以上人民政府办理登记手续并办理相关证书确认土地使用权，未办理国有土地使用权证，不享有土地使用权

【裁判摘要】

第三人撤销之诉的制度功能，是为因不可归责于本人的事由未能参加诉讼，而生效判决、裁定、调解书存在错误且损害其民事权益的案外人提供救济。实践中，既要依法维护案外人的正当权利，也要防止滥用第三人撤销之诉导致损害生效裁判的稳定性。提起撤销之诉的案外人不能充分证明生效判决、裁定、调解书确实存在错误且损害其民事权益的，应当驳回诉讼请求。

* 摘自《最高人民法院公报》2020 年第 9 期。

最高人民法院民事判决书

（2019）最高法民终712号

上诉人（原审原告）：海南南洋房地产有限公司。住所地：海南省东方市二环南路西侧星海家园×单元×室。

法定代表人：李国军，该公司董事长。

委托诉讼代理人：薛伟芳，海南海新律师事务所律师。

委托诉讼代理人：王璞，北京卓纬律师事务所律师。

上诉人（原审被告）：海南成功投资有限公司。住所地：海南省海口市南海大道永南苑小区×栋×室。

法定代表人：程勇，该公司董事长。

委托诉讼代理人：李振宇，北京大成律师事务所律师。

被上诉人（原审被告）：陈霖，男，汉族，住湖北省武汉市武昌区。

委托诉讼代理人：张荣有，湖北法辉律师事务所律师。

被上诉人（原审被告）：南洋航运集团股份有限公司。住所地：海南省海口市滨海大道×号南洋大厦×号。

法定代表人：王景，该公司董事长。

委托诉讼代理人：谢昕，北京大成律师事务所律师。

被上诉人（原审第三人）：海南金灿商贸有限公司。住所地：海南省东方市八所镇二环路西侧。

法定代表人：陈霖，该公司总经理。

委托诉讼代理人：张荣有，湖北法辉律师事务所律师。

上诉人海南南洋房地产有限公司（以下简称南洋房地产公司）、海南成功投资有限公司（以下简称海南成功公司）因与被上诉人南洋航运集团股份有限公司（以下简称南洋航运公司）、陈霖、海南金灿商贸有限公司

（以下简称海南金灿公司）第三人撤销之诉一案，不服湖北省高级人民法院（2018）鄂民初77号民事判决，向本院提起上诉。本院于2019年4月29日立案后，依法组成合议庭，开庭进行了审理。上诉人南洋房地产公司的委托诉讼代理人薛伟芳、王璞，上诉人海南成功公司的委托诉讼代理人李振宇，被上诉人南洋航运公司的委托诉讼代理人谢昕，被上诉人陈霖、海南金灿公司共同委托的诉讼代理人张荣有到庭参加诉讼。本案现已审理终结。

上诉人南洋房地产公司上诉请求：（1）撤销原审判决并改判支持其全部诉讼请求；（2）一、二审诉讼费由陈霖承担。事实和理由：（1）原审判决关于南洋房地产公司对案涉土地不享有使用权的认定错误。①案涉土地为南洋房地产公司合法获批、征购的土地，尽管南洋房地产公司未办理国有土地使用权证，但案涉土地有关的出让批复手续、国有土地使用权出让合同、征地协议均以南洋房地产公司的名义办理、签署。在南洋房地产公司、南洋航运公司均不拥有案涉国有土地使用权证的前提下，应以其他行政文件的批复主体和投入主体作为案涉土地使用权人的认定依据。原审法院不应将未取得国有土地使用权证作为排除南洋房地产公司对案涉土地合法权益的理由。②原审法院不应错误地割裂案涉土地与其所在项目其他用地间的关系，南洋房地产公司已缴纳案涉土地除32.8万元尾款外的全部国有土地使用权出让金、征地款，并对案涉土地周边基础设施建设做了大量投入，基于南洋房地产公司的有关投入，理应认定案涉土地归南洋房地产公司所有。③案涉土地系1995年6月24日《征（拨）土地协议书》所约定征购土地的一部分，由南洋房地产公司征购、投入。④海南省东方市人民政府及国土资源局未提供任何地籍档案说明〔1994〕26号批复、国有土地使用权出让合同的受让主体从南洋房地产公司变更为南洋航运公司，亦未陈述南洋航运公司、南洋房地产公司法人资格合并造成土地使用权易主，其唯一的依据就是湖北省武汉市武昌区人民法院（2003）武区民初字第265号民事调解书。说明海南省东方市国土资源局和人民政府对案涉土地的权属未作出独立认定，其答辩内容并不能为原审法院引用并作为案涉土地的确权依据。⑤南洋房地产公司的历史沿革并不导致其丧失对八所开发区项目用地乃至案涉土地的权利。南洋航运公司重组文件中有对南洋航运公司资产的说明，财务报表、审计报告能够准确真实地反映南洋航运公司资产的客观情况，能够证明案涉土地未记录在南洋航运公司资产范围内。南洋房地产公司曾丧失独立法人资格，后又恢复，在上述过程中南洋房地产公司对包含案涉土地在内的项目用地权利并未受到影响。（2）原审判决关于200万元借款属实的认定错误。200万元借款未实际发生且一审法院未尽合理的审查义务，举证责任分配不合理。陈霖无法就200万元大额借款的实际发生提供任何证据，其在刑事案件侦查中两次向公安机关称有130万是让范运海帮他向陈伟卿索取的佣金，由范运海以打借据的方式作为替他索取的承诺，并非实际发生的支付给海南成功公司的借款。范运海身故后，陈霖与南洋航运公司签署《还款担保协议》，约定南洋航运公司以案涉土地抵偿海南成功公司债务，代表南洋航运公司与陈霖签署《还款担保协议》的刘文涛在其他刑事案件中供述："签署上述文件之前，其与陈霖就知晓案涉土地并非南洋航运土地，说明以物抵债亦为恶意。"

上诉人海南成功公司针对上诉人南洋房地产公司的上诉请求和理由答辩称：（1）认可南洋房地产公司在上诉状中所陈述的事实与理由，认可南洋房地产公司的全部上诉请求。（2）原审判决关于南洋房地产公司不享有案涉土地使用权的认定错误。①在南洋房地产公司、南洋航运公司均未取得案涉土地国有土地使用权证的前提下，应以相关行政文件批复主体和案涉土地投入主体作为案涉土地使用权人的认定依据。案涉土地由南洋房地产公司合法获批、征购，虽未办理国有土地使用权证，但案涉土地相关出让批复手续、国有土地使用权出让合同、征拨地协议均由南洋房地产公司办理或签署；案涉土地出让金、征地款、基础设施建设等各项费用均由南洋房地产公司负担、缴纳；案涉土地所在开发区内的其他土地也是由南洋房地产公司开发完成后直接处置，并由国土部门将土地使用权办理至受让人名下，南洋房地产公司依照前述方式为海南南海天然气工程有限公司及大量自然人办理了国有土地使用权证。因此，原审判决不应以未取得土地使用权证为由排除南洋房地产公司对案涉土地的合法权益。②案涉土地仅是执行过程中为匹配"200万元借款"而分割出的一块土地，并非单独具有批复文件或出让合同的土地，在确认案涉土地权属时，应依据案涉土地所在整块项目用地的行政批复手续、资金投入情况进行认定。原审判决错误割裂案涉土地与该项目其他用地间的关系，未采纳能够直接或间接证明案涉土地权属的证据。③案涉土地属于1995年6月24日《征（拨）土地协议书》所约定征购土地的一部分，各方当事人均无争议，原审判决关于“未证明案涉土地是1995年6月24日《征（拨）土地协议书》中征购的土地”认定错误。④海南省东方市人民政府在行政案件中的陈述完全来源于（2003）武区水民初字第265号民事调解书，东方市国土部门办理土地证的行为属于协助执行行为，不能作为案涉土地权属认定的依据。⑤2002年海南省东方市国土资源局收回土地告知书认定相关土地使用权归属南洋房地产公司，截至2001年底南洋航运公司账面上亦无无形资产（土地使用权属于无形资产），这些证据均能佐证南洋航运公司名下没有土地，证明案涉土地归南洋房地产公司所有。因此南洋房地产公司历史沿革并不导致其丧失对八所开发区项目用地乃至案涉土地的权利。综上，原审判决认定南洋房地产公司无权主张对案涉土地享有使用权，属于事实认定错误。（3）原审法院认定借款关系属实错误。海南成功公司与陈霖的借款法律关系是本案核心争议焦点，但原审法院未尽到合理的审查义务，未查清相关事实，直接导致一审判决结果错误。

上诉人海南成功公司上诉请求：（1）依法撤销湖北省高级人民法院（2018）鄂民初77号民事判决；（2）依法撤销湖北省高级人民法院（2015）鄂民监三再终字第00008号民事判决；（3）依法改判确认目前登记于陈霖名下的东方国用（2003）第383号国有土地使用权及陈霖用于出资、目前登记于海南金灿公司名下的东方国用（2012）第076号国有土地使用权归南洋房地产公司所有；（4）一、二审诉讼费由陈霖承担。事实和理由：（1）原审判决未严格审查借款关系的真实性，错误认定借款关系真实存在且已履行。①本案应由陈霖对其主张的200万元借款关系的成立及履行承担举证责任。原审判决仅依据借据上公司印章真实即认定借款关系成立，忽略借据上“范运海”签名系伪造、陈霖在历次庭审中关于其亲眼看到范运海签名的陈述相矛盾、陈霖无法提供任何款项支取凭证或往来凭证等事实，导致对借款关系是否属实的错误认定。②原审判决推定南洋航运公司重组期间账户被冻结并依据法不溯及既往原则认定借款关系存在且已实际履行，缺乏事实及法律依据且存在明显逻辑漏洞。③原审判决载明：“（陈霖及海南金灿公司）对第八组证据的真实性无异议，对其证明目的不予认可”，由此可知，陈霖对海南省公安厅经侦处对其询问笔录的真实性并无异议，而原审判决却不认可上述口供的真实性，相互矛盾。④原审判决未审慎审查借款事实，违背了最高人民法院防范和制裁虚假诉讼的指导精神。（2）原审判决关于南洋房地产公司无权主张对案涉土地享有使用权的认定错误。①案涉土地开发整理的时间为1994年至1997年间，当时国有土地开发流程不及目前完善、有序，未取得土地使用权证不应作为排除南洋房地产公司享有案涉土地合法权益的理由。②南洋房地产公司已缴纳除32.8万元尾款外案涉土地的国有土地使用权出让金、征地款，并对案涉土地周边基础设施建设做大量投入，应认定案涉土地归南洋房地产公司所有。③海南省东方市国土资源部门对案涉土地权属的认定错误源于湖北省武汉市武昌区人民法院（2003）武区水民初字第265号民事调解书，故海南省东方市人民政府在行政诉讼案件中的陈述不足以作为案涉土地权属认定的依据。④案涉土地在1997年3月8日后，始终归南洋房地产公司所有。其一，海南省东方市国土环境资源局关于拟收回占用土地的事先告知书（2002年）表明，在2002年海南省东方市国土资源局仍认定〔1994〕26号批复下的土地归南洋房地产公司所有。其二，通过海南成功公司提供的南洋航运公司审计报告、年度报告可以看出，截至2001年年底，南洋航运公司账面上并无土地使用权等无形资产（土地使用权为无形资产），证明南洋航运公司名下没有项目用地。退一步说，根据南洋航运公司与海南成功公司的重组安排，2001年南洋航运公司将含南洋房地产公司股权在内的全部非现金、非应收账款资产转让给海南成功公司，如果在转让前南洋航运公司拥有案涉土地，则案涉土地也会转让给海南成功公司，2001年后南洋航运公司也无权主张其拥有有关土地，更无权在2003年将其作为自己的财产抵偿债务。因此，南洋房地产公司在丧失独立法人资格后又恢复独立法人资格的过程中对含案涉土地在内的项目用地的权利并未受到影响。

上诉人南洋房地产公司同意上诉人海南成功公司的上诉请求和理由。

被上诉人南洋航运公司针对上诉人南洋房地产公司、海南成功公司的上诉请求一并答辩称：认可南洋房地产公司、海南成功公司在上诉状中提出的全部上诉请求，支持南洋房地产公司起诉状中的全部诉讼请求。（1）应当认定案涉借款为虚构。南洋航运公司与陈霖的调解行为系在南洋航运公司公章、海南成功公司财务章均被刘文涛控制的情况下做出，刘文涛本人因对南洋航运公司的职务侵占行为被判刑，根据海南省公安厅的鉴定报告（范运海签名为伪造的同一份鉴定意见），刘文涛本人也有利用南洋航运公司公章、海南成功公司财务章而伪造借据文件、伪造范运海签名文件，以自身名义为有关公司虚设借款的情形。陈霖所持《借据》与其他经鉴定范运海签名为伪造的文件均存在印鉴为真、签名为假的情形，案涉《借据》极有可能为刘文涛利用所持海南成功公司财务章之便利与陈霖串通伪造“范运海”签名而制作，该存在重大缺陷的《借据》不能作为认定200万元借款发生的证据。另外，陈霖作为出借人对于借款是否发生，《借据》如何签署等事项在不同场合表述矛盾，包括陈霖曾经自认过借款未实际发生，其关于范运海当面对《借据》签字的数次陈述也与签名伪造的鉴定结论不符。除存在严重缺陷的《借据》外，尽管陈霖庭审中称有各种人证、物证并有能力举证，但其在正式举证中无法提供任何物证、人证等证明借款实际发生。对比所谓“借款”的巨大金额，其说法及无法举证的情况明显不符合常理，应推定为借款虚假。即便不将原审调解事项认定为虚假诉讼，也应认定陈霖举证不力，借款事项不存在，应予改判。（2）原审法院对案涉土地权属的认定错误。案涉土地相关批复、国有土地使用权出让合同、征拨地协议书等文件均办理在南洋房地产公司名下，从未更名或转让给南洋航运公司，案涉土地有关各项支出、费用、国有土地使用权出让金等均由南洋房地产公司负担、缴纳，与南洋航运公司无关。南洋航运公司从未就案涉土地处置事项取得南洋房地产公司任何授权，刘文涛以南洋航运公司名义将案涉土地处置给陈霖时，也未在南洋航运公司内就土地权属、土地处置事项征询意见。土地处置时，南洋航运公司也仅持有南洋房地产公司2%的股权。根据刘文涛自述及国土部门经办人员描述，刘文涛采取混淆南洋航运公司及南洋房地产公司的手段将案涉土地过户给陈霖。

被上诉人陈霖、海南金灿公司针对上诉人南洋房地产公司、海南成功公司的上诉请求共同答辩称：（1）案涉 200 万元借款的来源是多年经商的积蓄、出售其姐姐上海一套房得款 48 万元以及亲戚朋友筹借而来。借款分三次现金支付，最后一次汇总成一张借据，原因是对方的银行账户全部被查封。因当时当地政府都不希望南洋航运公司退市，南洋航运公司名下又有土地，风险较小。其通过武昌区人民法院的诉讼、调解及执行解决了债务问题，合同约定是 100 亩抵债，但海南省东方市国土局还是按行政程序通过土地评估、签订土地转让合同而完成司法执行，最终只有 60.9 亩抵偿了债务。（2）在获得案涉土地期间，南洋航运公司将该土地地块分成小块对外转让，前后几年达数十宗，有的还形成诉讼，司法判决确认了南洋航运公司转让该土地的合法性，但南洋房地产公司从未主张土地权利。（3）其在被刑事拘留期间所作的口供笔录，是失去人身自由并受刑讯逼供情况下所为，不是真实意思表示。公安机关经调查后认定侵占或诈骗该 200 万事实不成立而撤案，撤案本身就充分说明 200 万借款真实。（4）公安机关侦查中对借据所作的鉴定报告，检材中“范运海的原始笔迹”来源不清。（5）南洋房地产公司不享有案涉土地的使用权。南洋航运公司在 20 世纪 90 年代与当地政府达成 2005 亩的土地连片开发协议，只是以其名下子公司南洋房地产公司运作而已，其所有前期土地开发投入及收益也全部归属母公司南洋航运公司，其没有缴纳 2005 亩的土地出让金，更没有缴纳本案的 60.9 亩的土地出让金；1995 年之后，南洋房地产公司就基本退出了此片土地的开发。后因南洋航运公司面临退市危机，经上级政府批准，将 460 亩土地划至南洋航运公司名下并对外转让，上述情况可以向政府部门调查核实。南洋航运公司对外转让土地，东方市国土局办理了手续，有的土地产生诉讼，司法确认双方土地转让之合法性。南洋房地产公司既不是土地使用权人，也与该土地没有任何关系。退一步说，即便南洋航运公司将其名下的土地抵债给了陈霖并依法办理了土地转让手续、办理了土地使用权证，陈霖为善意第三人。南洋房地产公司如认为自己权益受到侵害，应向南洋航运公司而非向陈霖索赔，更无权否定借款抵债协议的合法性，人民法院也不能在第三人侵权异议之诉中审查并判决案涉抵债协议的效力以及案外人海南省东方市国土局给陈霖办理土地过户及核发土地证的法律效力。综上，南洋房地产公司对该土地没有权利，其既不是《中华人民共和国民事诉讼法》立法目的的第三人，也不是案涉土地的权利人，无权提起本案诉讼，应予驳回。

南洋房地产公司向湖北省高级人民法院起诉请求：（1）撤销该院（2015）鄂民监三再终字第00008号民事判决；（2）确认登记于陈霖名下的东方国用（2003）第383号国有土地使用权及陈霖用于出资、目前登记于海南金灿商贸有限公司名下的东方国用（2012）第076号国有土地使用权归南洋房地产公司所有；（3）本案诉讼费用由陈霖承担。如果人民法院在审理中发现（2015）鄂民监三再终字第00008号民事判决撤销之后还需要改变其他判决，南洋房地产公司可以配合法院改变其诉讼请求。

原审法院查明：1994年3月31日，海南省东方黎族自治县（后更名为海南省东方市）人民政府以东府复〔1994〕26号文批复海南省东方黎族自治县土地管理局，（1）同意出让八所开发区第三居住区，给南洋船务房地产公司开发，其四至范围为：东至三环路，北至东海二路，南至政法路，西至建筑物边界，实际用地面积约为2205亩（以红线图为准）；（2）同意土地出让基础地价平均每亩为18000元人民币（含青苗费赔偿、不含坟墓搬迁费、房屋、建筑物赔偿费），规划道路地价按土地出让平均价收取，出让年限为柒拾年；（3）出让地块中含小学规划土地面积90亩，县政府留为今后小学校址，其征地费和赔偿费，从三号区的土地出让费中扣除，小学用地不再负担“三通一平”开发费用，三号区开发完毕后，交付县政府办学使用；（4）请按土地使用审批权限办完报批手续后方予办理土地出让手续；（5）县政府原与南洋船务公司签订的联合开发的有关文件，合同及在开发区内签订的其他单位协议书收回作废。

1994年4月3日，海南省东方黎族自治县土地管理局与海南南洋船务房地产公司签订《东方黎族自治县成片开发土地使用权出让合同》，约定海南省东方黎族自治县土地管理局将八所开发区第三居住区地块编号为三号，地块面积为1470007平方米的土地使用权出让给海南南洋船务房地产公司，土地使用权出让年限为七十年，自颁发该地块的《中华人民共和国国有土地使用权证》之日起算。海南南洋船务房地产公司同意按合同规定向海南省东方黎族自治县土地管理局支付土地使用权出让金、土地使用费以及乙方向第三方转让时的土地增值（费）税。该地块的土地使用权出让金为每平方米26.99元，总额为39675488.9元人民币。本合同经双方签字后30日内，海南南洋船务房地产公司需以现金支票或现金向海南省东方黎族自治县土地管理局缴付土地使用权出让金总额的5%共计1983774.44元人民币作为履行合同的定金。海南南洋船务房地产公司在合同签字后60日内，支付完全部土地使用权出让金，逾期仍未全部支付的，海南省东方黎族自治县土地管理局有权解除合同，并可请求违约赔偿。海南南洋船务房地产公司在向海南省东方黎族自治县土地管理局支付全部土地使用权出让金后十日内，依照规定办理土地登记手续，领取《中华人民共和国国有土地使用权证》，取得土地使用权。

1995年5月16日，海南省东方黎族自治县土地管理局出具《南洋船务八所成片开发土地出让用地建设红线图》，确定上述出让地块总用地面积为1969.58亩，道路面积289.8亩，实际用地面积1679.78亩。

1994年7月23日，海南省东方黎族自治县土地管理局与海南省东方黎族自治县八所镇八所管理区、海南南洋船务房地产公司签订《征（拨）土地协议书》，该协议书标明建设项目：成片开发；征（拨）地单位：东方黎族自治县土地管理局；被征（拨）地单位：东方县八所镇八所管理区；用地单位：海南南洋船务房地产公司；内容为：海南南洋船务房地产公司为兴建成片开发项目工程，需征用八所管理区土地位于政法路东侧地段的土地3.036公顷，土地补偿安置补助费合计54.25万元，以上所征用的水田、旱田的地价，再由政府与南洋船务公司双方协商。1994年7月23日，海南省东方黎族自治县土地管理局与海南省东方黎族自治县八所镇居龙管理区、海南南洋船务房地产公司签订《征（拨）土地协议书》，该协议书标明建设项目：成片开发；征（拨）地单位：东方黎族自治县土地管理局；被征（拨）地单位：东方县八所镇居龙管区；用地单位：海南南洋船务房地产公司；内容为：海南南洋船务房地产公司为兴建成片开发项目工程，需征用居龙管理区土地位于政法路东侧地段的土地 0.662 公顷，土地补偿安置补助费合计 184456 元，以上所征用的水田、旱田的地价，再由政府与南洋船务公司双方协商。1995 年 6 月 24 日，海南省东方黎族自治县土地管理局与海南省东方黎族自治县岛西林场、海南南洋船务房地产公司签订《征（拨）土地协议书》，该协议书标明建设项目：成片开发住宅区；征（拨）地单位：东方黎族自治县土地管理局；被征（拨）地单位：东方黎族自治县岛西林场；用地单位：海南南洋船务房地产公司；内容为：海南南洋船务房地产公司为兴建海南南洋八所开发区住宅工程，需征用东方黎族自治县岛西林场位于县自来水厂东侧地段的土地 6.267 公顷，土地补偿安置补助费合计 564029.74 元，该地平整土地工程，在同等价格的条件下，优先由东方黎族自治县岛西林场，负责平整土地工程。1995 年 6 月 24 日，海南省东方黎族自治县土地管理局与海南省东方黎族自治县八所镇皇宁管理区、海南南洋船务房地产公司签订《征（拨）土地协议书》，该协议书标明建设项目：成片开发住宅区；征（拨）地单位：东方黎族自治县土地管理局；被征（拨）地单位：八所镇皇宁管理区，用地单位：海南南洋船务房地产公司；内容为：海南南洋船务房地产公司为兴建海南南洋八所开发区住宅工程，需征用八所镇皇宁管理区位于县自来水厂东侧地段的土地 1.3333 公顷，土地补偿安置补助费合计 154025.08 元。（1）该征用的土地平整工程，在预标同等的条件下，优先照顾该征用的村民委员会。（2）从签订协议之日起，二十天内一次性付清地价款。1995 年 6 月 24 日，海南省东方黎族自治县土地管理局与海南省东方黎族自治县八所镇八所管理区、海南南洋船务房地产公司签订《征（拨）土地协议书》，该协议书标明建设项目：成片开发住宅区，征（拨）地单位：东方黎族自治县土地管理局；被征（拨）地单位：八所镇八所管理区；用地单位：海南南洋船务房地产公司；内容为：海南南洋船务房地产公司为兴建海南南洋八所开发区住宅工程，需征用八所镇八所管理区位于县自来水厂东侧地段的土地 9.2212 公顷，土地补偿安置补助费合计 1065017.01 元。（1）关于 1993 年，由南洋八所开发办付给八所村民委员会农户的青苗赔偿费，按八所村民委员会的规定，协助扣回柳攀隆联气体 140.7 亩，张之松 17 亩，符松丈3亩青苗赔偿费。（2）南洋八所开发办征用八所村民委员会即县自来水厂东侧9.2212公顷的土地平整工程，在同等的预标价格，由八所村民委员会负责施工。（3）土地补偿给付款规定：从签订协议书之日起，在二十天内先预付款30万元，在二个月内全部付清协议书上所应付的土地款。

海南南洋船务实业股份有限公司1997年1月22日第6号付款凭证内容如下：贷方科目：银行存款；借方科目：摘要：付八所征地费；总账科目：开发成本；子细科目：138.318亩地；本位币：50000元。海南南洋船务实业股份有限公司1997年4月30日第6号付款凭证内容如下：贷方科目：银行存款；借方科目：摘要：付八所138.318亩地款；总账科目：开发成本；子细科目：138.318亩地；本位币：130000元。

2002年4月2日，海南省东方市国土环境资源局发布《东方市国土环境资源局关于拟收回占用土地的事先告知书》。内容如下：经查，下列单位所占用的土地满两年未完善项目用地批准手续，也未进行任何投资开发建设或开发建设土地面积不足土地总面积1/3。根据《海南省闲置建设用地处置规定》，拟依法收回下列单位所占用的土地，撤销用地批准文件，现予以告知。自本事先告知书登报之日起，可在一个月内向我局提出申辩意见（休假日不计），逾期不提出的，视为放弃申辩权利。所附表中显示：用地单位名称：南洋船务房地产公司；用地面积：147公顷；用地时间：1994年3月31日；批准文件：东府复〔1994〕26号；用地位置：三号开发区。

二份打印日期为2002年10月20日的《规划图》均显示，规划图上打印有“南洋航运公司”的字样，海南省东方市建设局加盖印章，有两名人员在该图上分别注明，经核，该规划与三号区详细规划相符；中间实线西边不包括在里面，落款日期均为2003年4月9日。其中一份盖有南洋航运公司印章，一份未盖有南洋航运公司印章。

2002年11月26日，南洋航运公司与海南省东方市八所镇八所村村民委员会签订《关于拖欠八所村征地款的还款协议书》。甲方为东方市八所镇八所村委会，乙方为南洋航运公司（原南洋船务公司），东方市国土资源环境局作为鉴证方。双方约定甲方同意乙方将所欠的征地款计人民币

32.8 万元，四个月内分两次还清（即 2003 年春节前付 16.4 万元，余款在规定的时间内全部付完）等内容。

2003 年 3 月 20 日，海南省东方市八所镇八所村村民委员会出具收据，内容如下：今收到南洋航运公司征地款，计人民币（注：按还款协议已全部还清）22.8 万元。

2003 年 8 月 12 日，陈霖因与南洋航运公司还款担保协议发生纠纷，陈霖以民间借贷担保合同纠纷为由诉至湖北省武汉市武昌区人民法院，请求南洋航运公司还清借款或者办理完 100 亩土地过户手续。在审理过程中，经湖北省武汉市武昌区人民法院主持调解，陈霖与南洋航运公司达成了调解协议，协议内容如下：南洋航运公司同意于 2003 年 9 月 15 日前将其拥有的位于海南省东方市南洋航运集团八所开发区内的（二环路以西、园林路以南、解放路以北）100 亩土地使用权过户给陈霖拥有，以抵偿其原为海南成功公司担保的人民币本金 200 万元，利息 11 万元。本案诉讼费 20560 元，由陈霖、南洋航运公司各承担 10280 元。湖北省武汉市武昌区人民法院于 2003 年 8 月 18 日作出（2003）武区水民初字第 265 号民事调解书，对上述调解协议予以确认，并向陈霖和南洋航运公司送达了上述民事调解书。后因文字遗漏，该院又作出补正民事裁定。

2003 年 9 月 9 日，湖北省武汉市武昌区人民法院向海南省东方市国土资源环境局送达（2003）武区水民初字第 265 号民事调解书及协助执行通知书，要求海南省东方市国土资源环境局协助，将南洋航运公司拥有的位于海南省东方市南洋航运集团八所开发区内的（二环路以西、园林路以南、解放路以北）100 亩土地使用权过户给陈霖拥有。2003 年 9 月 11 日，南洋航运公司与陈霖签订《土地使用权转让合同》，约定南洋航运公司将其根据东府〔1994〕26 号文取得位于二环路西侧，面积为 15266.7 平方米，东至二环路，南至解放路，西至九米路，北至十八米路的土地使用权转让给陈霖。2003 年 9 月 12 日，海南省东方市国土资源环境局根据上述协助执行通知书，在土地评估并报经海南省东方市人民政府同意后，将上述 100 亩土地中的 60.9 亩土地使用权人由南洋航运公司变更登记为陈霖。同年 9 月 15 日，海南省东方市国土资源环境局为陈霖办理了上述 60.9 亩土地的国有土地使用权证。土地证号分别为东方国用（2003）第381号、382号、383号。

2006年4月27日，南洋航运公司以该公司总裁、法定代表人范运海在2002年7月1日交通事故中死亡后，刘文涛伪造范运海签署的聘任书和授权委托书，骗取公司董事会的信任，接管并把持公司至2003年9月。在一年多时间内，刘文涛非南洋航运公司股东或董事，却非法控制南洋航运公司的财务账本、股东名册、公司印章等重要资料，欺瞒公司董事会进行非法活动，侵吞南洋航运公司资产。其中“借款收据、聘任书、授权委托书、承诺书”等七份关键证据及相关文件上经手人“范运海”签名，经鉴定均系他人模仿形成。刘文涛在公司董事会毫不知情的情况下代表“南洋航运公司”应诉、放弃答辩，与陈霖恶意串通，签订所谓的“调解协议”应为无效等为由，向湖北省武汉市武昌区人民法院提出申诉，请求撤销（2003）武区水民初字第265号民事调解书。2006年8月23日，湖北省武汉市武昌区人民法院作出（2006）武区民监字第38号民事裁定，对该案进行再审，并在再审期间，追加海南成功公司为该案共同被告。2007年11月15日，湖北省武汉市武昌区人民法院经审理作出（2006）武区民再字第27号民事判决，撤销该院（2003）武区水民初字第265号民事调解书、协助执行通知书、补正民事裁定；驳回陈霖的诉讼请求。

陈霖不服，向湖北省武汉市中级人民法院提出上诉。2008年5月28日，湖北省武汉市中级人民法院经审理认为，原判决认定事实不清，程序违法，裁定撤销湖北省武汉市武昌区人民法院上述判决，发回该院重审。2008年8月21日，湖北省武汉市武昌区人民法院认为该院对该案无管辖权，裁定将该案移送海南省海口市中级人民法院审理。后因管辖争议，湖北省高级人民法院与海南省高级人民法院未能协商一致，本院于2009年12月7日将该案指定湖北省武汉市洪山区人民法院审理。2011年1月25日，湖北省武汉市洪山区人民法院经审理作出（2010）洪民商再重字第4号民事判决，维持湖北省武汉市武昌区人民法院（2003）武区水民初字第265号民事调解书。

南洋航运公司和海南成功公司均不服，向湖北省武汉市中级人民法院提起上诉。在湖北省武汉市中级人民法院审理期间，南洋房地产公司于2011年7月1日以“该案原一审调解书错误地将作为土地合法受让人的该公司尚未办理国有土地使用权证的100亩土地过户给陈霖，不但侵害了该公司的合法权益，也涉嫌非法转让国有土地，损害国家利益，该公司作为有独立请求权的第三人拟另行提起诉讼”为由，向湖北省武汉市中级人民法院提交《中止审理申请书》，请求湖北省武汉市中级人民法院中止审理该案。2011年7月29日，湖北省武汉市中级人民法院经审理作出（2011）武民再终字第00097号民事判决，判决维持（2010）洪民商再重字第4号民事判决。

2014年8月8日，湖北省人民检察院作出鄂检民（行）复查〔2014〕42000000002号民事抗诉书，以湖北省武汉市中级人民法院（2011）武民再终字第00097号民事判决认定事实缺乏证据证明为由，对该案提出抗诉。2014年10月31日，湖北省高级人民法院作出（2014）鄂民监三抗字第00021号民事裁定，裁定该案由该院提审。在该院再审期间，南洋房地产公司提交书面申请，请求参加诉讼。2015年4月22日，该院经审理作出（2015）鄂民监三再终字第00008号民事判决，以“该案系借款担保合同纠纷，南洋房地产公司并非该案借款合同关系的当事人，南洋房地产公司请求参加该案诉讼缺乏法律依据，如其认为南洋航运公司将土地抵偿给陈霖的行为侵犯其合法权益，可以通过另案诉讼的方式主张权利”为由不支持南洋房地产公司参加该案诉讼的请求；以“原再审判决认定事实清楚，适用法律正确，实体处理并无不当”为由判决：维持湖北省武汉市中级人民法院（2011）武民再终字第00097号民事判决。

2015年10月14日，南洋房地产公司以湖北省高级人民法院（2015）鄂民监三再终字第00008号民事判决内容错误，损害了其合法权益，其因不能归责于本人的事由未参加诉讼为由，向湖北省高级人民法院提起本案诉讼。该院于2017年6月14日作出（2016）鄂民初14号民事判决。南洋房地产公司、海南成功公司不服，向本院提起上诉。本院于2018年6月21日作出（2017）最高法民终945号民事裁定，将本案发回湖北省高级人民法院重审。本院（2017）最高法民终945号民事裁定认为，按照《中华人民共和国民事诉讼法》第五十六条第三款的规定，第三人提起撤销之诉的实体条件之一是“有证据证明发生法律效力的判决、裁定、调解书的部分或者全部内容错误，损害其民事权益”，本案中，南洋房地产公司、海南成功公司要求撤销湖北省高级人民法院（2015）鄂民监三再终字第00008号民事判决，其主要理由有二：一是以物抵债的案涉土地使用权归南洋房地产公司享有；二是以土地所抵偿的海南成功公司与陈霖之间的200万元借款虚假。湖北省高级人民法院（2015）鄂民监三再终字第00008号民事判决内容亦对上述两个争议事实进行了审理认定。本案系第三人撤销之诉，应对南洋房地产公司、海南成功公司所提出的（2015）鄂民监三再终字第00008号民事判决内容存在错误是否成立进行审理；案涉借款关系是否真实是认定以物抵债成立的前提，属本案审理范围。湖北省高级人民法院一审认为“陈霖与海南成功公司、南洋航运公司是否存在真实的借款关系是前案应当审理的范围，并非本案审理的范围”不当。

原审另查明，1989年1月27日，“海南省南洋船务有限公司”成立，经济性质为全民所有制。1992年12月16日，该公司经工商部门核准变更登记，企业名称变更为“海南南洋船务实业股份有限公司”，经济性质变更为股份制企业，法定代表人由“唐开兴”变更为“庄照丰”。1995年4月21日，海南南洋船务实业股份有限公司经工商部门核准变更登记，法定代表人由“庄照丰”变更为“齐放”。1996年12月3日，海南南洋船务实业股份有限公司经工商部门核准变更登记，法定代表人由“齐放”变更为“厉建中”，企业类型变更为股份有限公司（非上市、国有控股）。1998年7月27日，“海南南洋船务实业股份有限公司”经工商部门核准变更登记，企业名称变更为“南洋航运集团股份有限公司”。2002年3月11日，南洋航运集团股份有限公司经工商部门核准变更登记，法定代表人由“厉建中”变更为“范运海”。2003年10月21日，南洋航运集团股份有限公司经工商部门核准变更登记，法定代表人由“范运海”变更为“程勇”。2011年6月14日，南洋航运集团股份有限公司经工商部门核准变更登记，法定代表人由“程勇”变更为“唐广敏”。

1993年4月23日，“海南南洋船务房地产公司”成立。1994年4月

27 日，“海南南洋船务实业股份有限公司”向“海南南洋船务房地产公司”出资 2000 万元人民币，持有“海南南洋船务房地产公司”100% 股权。1997 年 1 月 8 日，海南省证券管理办公室以琼证办〔1997〕4 号文件批复海南南洋船务实业股份有限公司。内容如下：(1) 同意你公司所属子公司按照股份公司规范化管理规定变更为不具有独立法人资格的分公司，其名称如下：海南南洋船务实业股份有限公司房地产公司。(2) 你公司接此批复后应尽快到省工商行政管理局办理有关变更登记手续，并将有关材料报我办备案。1997 年 3 月 8 日，海南南洋船务房地产公司经工商部门核准变更登记，企业名称变更为“海南南洋船务实业股份有限公司房地产公司”，法定代表人由“唐开兴”变更为“黄国周”。2001 年 7 月 10 日，南洋航运集团股份有限公司向海南省工商行政管理局提交《申请报告书》，称海南南洋船务实业股份有限公司房地产公司系该公司的下属分支机构，现根据（国）名称变核内字〔1998〕第 080 号通知书规定，“海南南洋船务实业股份有限公司”变更为“南洋航运集团股份有限公司”之后，“海南南洋船务实业股份有限公司房地产公司”变更为“南洋航运集团股份有限公司房地产分公司”。2001 年 7 月 18 日，海南南洋船务实业股份有限公司房地产公司经工商部门核准变更登记，企业名称变更为“南洋航运集团股份有限公司房地产分公司”。2001 年 8 月 8 日，海南南洋房地产有限公司召开股东会议，并形成《股东会议纪要》。内容如下：(1)“南洋航运集团股份有限公司房地产分公司”系“南洋航运集团股份有限公司”投资的独资非法定代表人企业，现根据业务发展需要，经共同协商同意投资“海南南洋房地产有限公司”。(2) 会议讨论公司变更公司名称，经全体股东同意把原公司名称“南洋航运集团股份有限公司房地产分公司”变为“海南南洋房地产有限公司”。(3) 会议讨论增加公司股东事宜，原投资南洋航运集团股份有限公司出资 2000 万元、占注册资本的 100%，现决定转让 1960 万元给海南成功公司做新股东。海南成功公司出资 1960 万元整，占注册资本的 98%。(4) 会议通过海南成功公司和南洋航运集团股份有限公司共同签署《股份转让协议书》。2001 年 8 月 13 日，南洋航运集团股份有限公司房地产分公司经工商部门核准变更登记，企业名称变更为“海南南洋房地产有限公司”，企业类型由“内资企业法人”变更为“其他有限责任公司”，股东由海南南洋船务实业股份有限公司（1994年4月27日货币出资2000万元，持股比例100%）变更为海南成功公司（2001年8月6日货币出资1960万元，持股比例98%）、南洋航运集团股份有限公司（2001年8月6日货币出资40万元，持股比例2%）。2012年10月18日，海南省工商行政管理局出具的海南南洋房地产有限公司企业机读档案登记资料显示，企业目前状态为吊销，核准日期为2004年2月9日，最后一次年检时间为1998年4月23日，吊销原因为逾期未参加年检，吊销日期为2004年2月9日。2013年8月2日，海南南洋房地产有限公司经工商部门核准变更登记，法定代表人由“黄国周”变更为“李照江”。2013年8月28日，海南省工商行政管理局出具的海南南洋房地产有限公司企业机读档案登记资料显示，企业目前状态为登记成立，核准日期为2013年8月2日，最后一次年检时间为2013年8月2日。

原审还查明，2012年5月21日，陈霖为办理商住用地土地使用权作价入股提供土地价格参考，委托儋州旭升土地评估有限公司对登记在其名下坐落于东方市八所镇二环路西侧，国有土地使用权证号为东方国用（2003）第381号、382号两块合31466.7平方米（约合47.2亩）的土地进行评估。2012年12月27日，海南省东方市国土资源环境局为海南金灿公司颁发了国有土地使用权证号为东方国用（2012）第076号的国用土地使用权证，该国有土地使用权证显示该宗土地坐落于八所镇二环路西侧。

南洋房地产公司不服海南省东方市人民政府给陈霖颁发国有土地使用权证行政纠纷一案，于2012年8月21日向海南省第二中级人民法院提起诉讼。2012年11月23日，海南省第二中级人民法院经审理作出（2012）海南二中行初字第117号行政裁定书，以海南省东方市人民政府给陈霖颁发国有土地使用权证是根据湖北省武汉市武昌区人民法院（2003）武区水民初字第265号“民事调解书”和“协助执行通知书”而作出的具体行政行为，是其必须履行的法定协助义务，南洋房地产公司没有提供证据证实海南省东方市人民政府在作出该变更登记行为时扩大了用地范围或违法采取措施，不属于人民法院受理范围为由，驳回南洋房地产公司的起诉。南洋房地产公司不服，向海南省高级人民法院提出上诉。2013 年 3 月 5 日，海南省高级人民法院经审理作出（2013）琼立一终字第 19 号行政裁定书，以海南省东方市人民政府的颁证行为是协助执行行为，而非同意土地转让行为，案涉土地属于南洋航运公司的事实已为生效法律文书所确认，南洋房地产公司没有提供充分证据证明其拥有案涉土地的使用权为由，驳回上诉，维持原裁定。（2012）海南二中行初字第 117 号行政裁定书和（2013）琼立一终字第 19 号行政裁定书内容均显示，海南省东方市人民政府答辩认为案涉土地使用权属于南洋航运公司。

原审再查明：

1. 湖北省高级人民法院已生效的（2015）鄂民监三再终字第 00008 号民事判决书载明：2002 年 5 月 15 日，海南成功公司向陈霖借款人民币 200 万元，约定月息 5%，当年 12 月 30 日前偿还。南洋航运公司以其位于海南省东方市八所开发区内的 100 亩土地进行担保。借款到期后，海南成功公司未能偿还人民币 200 万元借款。2003 年 4 月 22 日，陈霖与南洋航运公司达成协议：陈霖同意受让南洋航运公司位于海南省东方市八所开发区内的 100 亩土地，代海南成功公司抵偿人民币 200 万元欠款；利息改为月息千分之五，计 11 万元，相关费用由陈霖承担。因南洋航运公司未履行协议，陈霖于 2003 年 8 月 12 日向湖北省武汉市武昌区人民法院起诉，要求南洋航运公司履行还款担保协议。2003 年 8 月 15 日，经该院主持调解，双方达成协议：南洋航运公司同意在 2003 年 9 月 15 日前将其拥有的位于海南省东方市八所开发区内的（二环路以西、园林路以南、解放路以北）100 亩土地使用权过户给陈霖拥有，以抵偿其原为海南成功公司担保的人民币本金 200 万元、利息 11 万元。本案诉讼费 20560 元，由陈霖、南洋航运公司各承担 10280 元。

2. 在原审庭审中，陈霖针对 200 万元如何支付给海南成功公司时陈述："我分 3 次，全是用现金支付的"；（支付的时间?）"2002 年 4 月 5 日给了 70 万（元），5 月 2 日给了 70 万（元），5 月 15 日（给了）60 万（元）"；（交给了?）"范运海"（原海南成功公司董事长）；（支付的地点?）"具体时间我记不清楚了，有一次在宾馆还有在餐厅还有一次是他来接我的时候我给他的”；（哪个宾馆?）“琼苑宾馆”；（在宾馆支付的是哪一笔?）“具体是哪一笔我记不清楚了，只记得三个地点，还有一笔是在一个吃鱼翅的酒店吃晚餐的时候给的”；（还剩一次是在哪里支付的?）“从美兰机场到酒店的车上给他的”；（当时为什么不转账而要支付现金?）“当时南洋集团和（海南）成功公司要退市，他们没有账了（账户被冻结），公司的账已经进不去了”；（那为什么不转给个人账户?）“因为我是借给公司的，当时他跟我说公司要发工资什么的，而且之前我们有资金往来也用过现金。他当时也在到处躲债，我就给的现金”；（每一次都给你打收条了吗?）“前两次都打了收条，最后一次的时候他把前两次的收条收回去了换了现在的借据”；（200 万元你是哪里来的?）“有一部分是我做生意赚的钱，还有就是我在上海卖了一套房子”；（卖的谁的房子?）“我姐姐陈彬在上海的房子”；（什么时候卖的?）“2002 年 4 月份”；（卖了多少钱?）“48 万（元）”；（这 48 万是 200 万的组成部分，你自己的钱有多少?）“我有 30 多万（元），我老婆有 10 来万（元），我还找朋友借了些钱。还有我老丈人也用自己的钱和（其向）邻居借的钱，有些钱我到现在都还没还完”；（都有借条吗?）“有一些有，如果有需要我可以提交给法院。当时在还钱的过程中我老丈人去世了，我还把老丈人抬到法院来过，当时很多债权人都在场，还有你们法院的很多人都可以作证”。

原审法院认为，根据案件事实及当事人的诉辩观点，总结本案一审的争议焦点并评析如下：

1. 关于南洋房地产公司提起本案第三人撤销之诉的主体是否合法的问题。该院认为，陈霖、海南金灿公司认为南洋房地产公司的主体身份不合法，主要认为南洋房地产公司 2004 年吊销营业执照直到 2013 年才恢复取得营业执照，恢复前后的股东不同，因此，2013 年之后的南洋房地产公司和之前的南洋房地产公司没有任何关系，其主体不合法。该院认为，《最高人民法院关于企业法人营业执照被吊销后，其民事诉讼地位如何确定的复函》（2000 年 1 月 29 日法经〔2000〕24 号函）规定，吊销企业法人营业执照是工商行政管理机关依据国家工商行政管理法规对违法的企业法人作出的一种行政处罚。企业法人被吊销营业执照后至被注销登记前，该企业法人仍应视为存续，可以自己的名义进行诉讼活动。本案中，从陈霖提交的证据来看，南洋房地产公司只是被工商行政管理部门吊销过营业执照，并未被注销。因此，南洋房地产公司的民事诉讼地位一直存续。《中华人民共和国公司法》第七十二条关于“有限责任公司的股东之间可以相互转让其全部或者部分股权。……公司章程对股权转让另有规定的，从其规定”的规定可以看出，公司股权转让只需经过法定或约定程序即可变更。而公司股权变更登记是工商行政管理机关根据当事人申请，经依法审查后而进行的一种行政许可行为，其法律效力在于确认当事人在公司中的主体资格和行使相关民事行为产生公示的效力。公司股东的变更并不导致公司法人的消灭，即其民事诉讼地位没有改变。因此，陈霖、海南金灿公司认为南洋房地产公司的民事诉讼地位不合法的抗辩理由不能成立，该院不予支持。

2. 关于南洋房地产公司提起本案第三人撤销之诉是否在法定期限内的问题。该院认为，《中华人民共和国民事诉讼法》（2012 年版）第五十六条规定：“对当事人双方的诉讼标的，第三人认为有独立请求权的，有权提起诉讼。对当事人双方的诉讼标的，第三人虽然没有独立请求权，但案件处理结果同他有法律上的利害关系的，可以申请参加诉讼，或者由人民法院通知他参加诉讼。人民法院判决承担民事责任的第三人，有当事人的诉讼权利义务。前两款规定的第三人，因不能归责于本人的事由未参加诉讼，但有证据证明发生法律效力的判决、裁定、调解书的部分或者全部内容错误，损害其民事权益的，可以自知道或者应当知道其民事权益受到损害之日起六个月内，向作出该判决、裁定、调解书的人民法院提起诉讼。人民法院经审理，诉讼请求成立的，应当改变或者撤销原判决、裁定、调解书；诉讼请求不成立的，驳回诉讼请求。”本案中，南洋房地产公司主张该院（2015）鄂民监三再终字第 00008 号民事判决内容错误，损害其民事权益，其作为第三人，因不可归责于其的事由未能参加该院（2015）鄂民监三再终字第 00008 号案件的诉讼，而向该院提起撤销之诉，请求撤销该院（2015）鄂民监三再终字第 00008 号民事判决。该院（2015）鄂民监三再终字第 00008 号民事判决于 2015 年 4 月 22 日作出，南洋房地产公司于2015年10月14日向该院提起第三人撤销之诉，并未超过上述法条规定的六个月的期限，故南洋房地产公司提起本案第三人撤销之诉在法定期限内。陈霖、海南金灿公司认为南洋房地产公司主张撤销之诉的期限应当从2011年7月29日湖北省武汉市中级人民法院（2011）武民再终字第00097号民事判决作出时计算其期限，因其主张没有法律依据，该院不予支持。

3. 关于南洋房地产公司对案涉土地是否享有使用权的问题。该院认为，本案案涉土地是国有土地，无论是《中华人民共和国土地管理法》（1988年版）第九条第二款“全民所有制单位、集体所有制单位和个人依法使用的国有土地，由县级以上地方人民政府登记造册，核发证书，确认使用权”的规定，还是《中华人民共和国土地管理法》（1998年版）、《中华人民共和国土地管理法》（2004年版）第十一条第三款“单位和个人依法使用的国有土地，由县级以上人民政府登记造册，核发证书，确认使用权”的规定，都表明单位和个人依法使用的国有土地，由县级以上人民政府登记造册，核发证书，确认使用权。南洋房地产公司主张其享有案涉土地使用权，但只提供了1994年3月31日海南省东方黎族自治县人民政府同意将包含案涉土地在内的土地出让给海南南洋船务房地产公司的东府复〔1994〕26号文，以及1994年4月3日海南省东方黎族自治县土地管理局与海南南洋船务房地产公司签订的《东方黎族自治县成片开发土地使用权出让合同》，并未提供证据证明其已交纳了土地出让金，也未提供证据证明其领取了案涉土地国有土地使用权证，且海南省东方市人民政府在南洋房地产公司起诉海南省东方市人民政府为陈霖颁证行政诉讼一案中，也明确表示案涉土地使用权属南洋航运公司所有。南洋房地产公司提交的海南南洋船务房地产公司和海南省东方黎族自治县土地管理局分别于1994年7月23日、1995年6月24日与海南省东方黎族自治县八所镇八所管理区、海南省东方黎族自治县八所镇居龙管理区、海南省东方黎族自治县岛西林场、海南省东方黎族自治县八所镇皇宁管理区、海南省东方黎族自治县八所镇八所管理区签订的《征（拨）土地协议书》，只能证明海南南洋船务房地产公司曾经为开发项目签订过征用土地的协议。南洋房地产公司并未提交证据证明案涉土地即是上述1995年6月24日与海南省东方黎族自治县八所镇八所管理区签订的《征（拨）土地协议书》所约定征购的土地，仅凭该协议书并不能证明案涉土地由南洋房地产公司征购。南洋房地产公司提交的1997年1月22日的6号凭证和1997年4月30日的6号凭证，均是海南南洋船务实业股份有限公司的付款凭证，南洋房地产公司也未提交证据证明该付款凭证载明的征地款即是为案涉土地所付，仅凭该付款凭证并不能证明案涉土地征地款由南洋房地产公司所付。本案土地系国有出让土地，即使海南南洋船务房地产公司曾经征购了案涉土地，支付过案涉土地征地款，但因为征地款和国有土地出让金两者性质不同，海南南洋船务房地产公司支付案涉土地征地款并不能代替交纳案涉土地出让金，上述证据也不能证明南洋房地产公司对案涉土地享有土地使用权。而且1997年3月8日，海南南洋船务房地产公司经工商部门核准变更为“海南南洋船务实业股份有限公司房地产公司”，成为“海南南洋船务实业股份有限公司”的分公司，丧失了独立法人资格。即使海南南洋船务房地产公司曾经签订《东方黎族自治县成片开发土地使用权出让合同》，支付过案涉土地出让金，此后的合同权利义务亦由海南南洋船务实业股份有限公司房地产公司的总公司即海南南洋船务实业股份有限公司以及变更名称后的南洋航运公司享有和承担。2001年7月18日，“海南南洋船务实业股份有限公司房地产公司”企业名称变更为“南洋航运集团股份有限公司房地产分公司”。2001年8月13日，南洋航运集团股份有限公司房地产分公司由南洋航运公司货币出资40万元人民币和海南成功公司货币出资1960万元人民币，名称变更为“南洋房地产公司”时，南洋航运公司仅以40万元人民币出资，并未将案涉土地使用权或者相应的其他权利作为对南洋房地产公司的出资，南洋房地产公司无权主张对案涉土地享有使用权，故南洋房地产公司主张其对案涉土地享有使用权没有事实和法律依据。

4. 关于（2015）鄂民监三再终字第00008号民事判决书内容是否存在错误，是否损害南洋房地产公司利益的问题。该院认为，根据《最高人民法院关于适用〈中华人民共和国民事诉讼法〉的解释》第二百九十六条“民事诉讼法第五十六条第三款规定的判决、裁定、调解书的部分或者全部内容，是指判决、裁定的主文，调解书中处理当事人民事权利义务的结果”的规定，南洋房地产公司主张该院（2015）鄂民监三再终字第00008号民事判决书内容错误，损害其民事权益，其应当提供证据证明该院（2015）鄂民监三再终字第00008号民事判决在处理南洋航运公司、海南成功公司与陈霖间民事权利义务的结果错误，且该错误损害其民事权益。而该院（2015）鄂民监三再终字第00008号民事判决处理南洋航运公司、海南成功公司与陈霖间民事权利义务的结果是维持湖北省武汉市中级人民法院（2011）武民再终字第00097号民事判决，即维持湖北省武汉市武昌区人民法院（2003）武区水民初字第265号民事调解书。该民事调解书内容是南洋航运公司将其拥有的位于海南省东方市南洋航运集团八所开发区内的（二环路以西、园林路以南、解放路以北）100亩土地使用权过户给陈霖拥有，以抵偿其原为海南成功公司担保的人民币本金200万元，利息11万元，并未涉及南洋房地产公司的权利义务，并未损害南洋房地产公司的民事权益。

关于陈霖与海南成功公司、南洋航运公司的借款关系是否属实的问题。该院认为，南洋房地产公司不是上述借款关系的当事人，该借款关系是否属实，应当由借款关系的当事人通过审判监督程序解决，不属于本案撤销之诉的审理范围，但考虑到最高人民法院将本案发回重审的事由，该院亦对上述借款关系的真实性予以审查。海南成功公司和南洋航运公司于2002年5月15日向陈霖出具借据，载明借款关系发生的事实及相应担保措施，并加盖海南成功公司财务专用章及南洋航运公司公章。2003年3月10日，时任南洋航运公司副总裁的刘文涛在上述借据上签署“确认以上全部内容”的意见，并加盖公章。企业法人的公章系企业法人对外确认意思表示成立的合法印鉴，加盖真实印章的合同，其权利义务应当由印章主体承受。虽然在该借据上“范运海”的签名经鉴定系伪造，但所盖海南成功公司财务章经鉴定属其真实印章。根据《中华人民共和国合同法》第三十二条关于“当事人采用合同书形式订立合同的，自双方当事人签字或者盖章时合同成立”之规定，该院（2015）鄂民监三再终字第00008号民事判决认定本案借据真实，借款关系成立并无不当。南洋房地产公司、海南成功公司、南洋航运公司均认为200万元的借款不真实，海南成功公司称未收到200万元借款，但陈霖在庭审中陈述，当时系因海南成功公司、南洋航运公司被监管部门要求退市，其资金账户全部被冻结，按原海南成功公司的董事长范运海的要求将200万元现金分三次交给了范运海。结合南洋房地产公司、海南成功公司、南洋航运公司提交的相关证据，可以证实在陈霖陈述的付款期间，海南成功公司、南洋航运公司确实存在资产重组的问题，且海南成功公司、南洋航运公司也未否认资产重组期间该公司资金账户是否被冻结之事实。加之，上述借款发生在2002年，不宜适用2015年9月1日施行的《最高人民法院关于审理民间借贷案件适用法律若干问题的规定》相关规定。因此，从证据的证明力来看，陈霖关于其与海南成功公司、南洋航运公司之间存在200万元借款关系且已实际履行的主张具有合理性，南洋房地产公司认为200万元借款不真实的诉讼理由不能成立，该院不予支持。关于陈霖在接受海南省公安厅调查时对借款事实的陈述先后不一致的问题，因该口供未得到有关司法机关的确认，海南省公安厅亦未基于上述调查对该笔借款事实作出否定判断进而对陈霖展开刑事追诉，故对上述口供的真实性，该院不予认可。因此，南洋房地产公司主张其享有案涉100亩土地使用权，该院（2015）鄂民监三再终字第00008号民事判决维持原生效法律文书确定的南洋航运公司将上述100亩土地以物抵债给陈霖的权利义务错误，侵犯其民事权益的理由不能成立，该院不予支持。

综上，南洋房地产公司的诉讼请求缺乏事实和法律依据。该院依照《中华人民共和国民事诉讼法》第五十六条、第一百四十二条和《最高人民法院关于适用〈中华人民共和国民事诉讼法〉的解释》第三百条的规定，判决：驳回南洋房地产公司的诉讼请求。案件受理费23680元，由南洋房地产公司负担。

本院二审期间，南洋房地产公司提交了海南省高级人民法院2019年5月20日作出的（2019）琼民终113号民事判决，拟证明海南金灿公司的另一股东罗昌仁代陈霖持有该公司49%股权，该判决认定陈霖与罗昌仁解除股权代持关系，49%股权将过户到陈霖名下，陈霖将成为海南金灿公司的唯一股东。

本院二审对原审查明的事实予以确认。

本院认为，根据当事人的上诉请求和答辩意见，本案二审的争议焦点为：原审对南洋房地产公司不享有案涉土地使有权的认定是否正确；陈霖与海南成功公司、南洋航运公司之间的200万元借款是否真实存在。

1. 关于南洋房地产公司是否享有案涉土地使有权的问题。本院认为，根据1988年12月29日修正的《中华人民共和国土地管理法》第九条第二款“全民所有制单位、集体所有制单位和个人依法使用的国有土地，由县级以上地方人民政府登记造册，核发证书，确认使用权”以及1998年8月29日修订的《中华人民共和国土地管理法》第十一条第三款“单位和个人依法使用的国有土地，由县级以上人民政府登记造册，核发证书，确认使用权”的规定，依法使用国有土地均要在县级以上人民政府办理登记手续并办理相关证书确认土地使用权。首先，本案中，南洋房地产公司并未提供已交纳案涉土地出让金以及办理了案涉土地国有土地使用权证的相关证据，而其提交的“1994年3月31日海南省东方黎族自治县人民政府同意将包含案涉土地在内的土地出让给海南南洋船务房地产公司的东府复〔1994〕26号文，以及1994年4月3日海南省东方黎族自治县土地管理局与海南南洋船务房地产公司签订的《东方黎族自治县成片开发土地使用权出让合同》”，并不能充分证明已拥有案涉土地使用权。第二，海南省东方市人民政府在南洋房地产公司起诉海南省东方市人民政府为陈霖颁证行政诉讼一案中，明确表示案涉土地使用权属南洋航运公司所有，其提交的《征（拨）土地协议书》，只能证明海南南洋船务房地产公司曾为开发项目签订过征用土地的协议，不足以证明案涉土地已由南洋房地产公司征购。而南洋房地产公司提交的1997年1月22日的“6号付款凭证”和1997年4月30日的“付款6号凭证”，均为海南南洋船务实业股份有限公司的付款凭证，并不能证明该付款凭证载明的征地款是为案涉土地所付。第三，因案涉土地为国有出让土地，即使海南南洋船务房地产公司曾经征购并支付征地款，但因征地款和国有土地出让金性质不同，海南南洋船务房地产公司支付案涉土地征地款，也不能代替交纳案涉土地出让金，故南洋房地产公司以“已缴纳了土地征地款来主张享有案涉土地使用权”以及海南成功公司“案涉土地开发整理的时间为1994年至1997年间，当时国有土地开发流程不及目前完善、有序，未取得土地使用权证不应作为排除南洋房地产公司对案涉土地合法权益”的上诉理由，均不能成立。第四，本案已查明，1997 年 3 月 8 日，海南南洋船务房地产公司经工商部门核准变更为“海南南洋船务实业股份有限公司房地产公司”，成为“海南南洋船务实业股份有限公司的分公司”，丧失了独立法人资格，涉及该公司的所有债权债务应全部归属于其母公司“南洋船务实业股份有限公司”以及变更名称后的“南洋航运公司”。即使“海南南洋船务房地产公司”享有案涉土地的使用权，在其丧失法人资格后，该使用权亦由南洋航运公司享有。第五，2001 年 8 月 13 日，南洋航运公司货币出资 40 万元人民币和海南成功公司货币出资 1960 万元人民币成立了南洋房地产公司。南洋航运公司仅以 40 万元人民币出资，并未将案涉土地使用权或者相应的其他权利作为对南洋房地产公司的出资。第六，本案也已查明，案涉土地并非南洋房地产公司 2001 年设立时的资产，南洋房地产公司和海南成功公司并未提供证据证明南洋房地产公司此后获得案涉土地使用权，而且，审计报告显示南洋航运公司账面上无案涉土地所有权与南洋房地产公司享有案涉土地使用权之间也不存在因果关系，故上诉人南洋房地产公司和海南成功公司主张“根据审计报告和年度报告，截至 2001 年底南洋航运公司账面上并无土地使用权等无形资产，案涉土地的使用权属于南洋房地产公司所有”的上诉理由，亦不能成立。综上，原审认定南洋房地产公司对案涉土地不享有使用权并无不当，上诉人南洋房地产公司和海南成功公司关于原审认定其对案涉土地不享有使用权错误的理由均不能成立。

2. 关于陈霖与海南成功公司、南洋航运公司之间的 200 万元借款是否真实存在的问题。本院认为，本案为第三人撤销之诉，而南洋房地产公司不是上述借款关系的当事人，该借款关系是否属实亦不是本案撤销之诉的审理范围，但原审法院本着客观公正的原则，亦对陈霖与海南成功公司、南洋航运公司之间的 200 万元借款是否真实进行了查证。经查，海南成功公司和南洋航运公司于 2002 年 5 月 15 日向陈霖出具借据，载明借款关系发生的事实及相应担保措施，并加盖“海南成功公司财务专用章”及“南洋航运公司公章”。虽然“范运海”的签名经鉴定非其本人所签，但海南成功公司在其借据上加盖“财务专用章”的行为，应视为海南成功公司对该借据效力的认可。此外，湖北省高级人民法院作出并已发生法律效力的（2015）鄂民监三再终字第00008号民事判决据此认定该借据真实。南洋房地产公司、海南成功公司、南洋航运公司均认为200万元的借款不真实，海南成功公司称未收到200万元借款，但陈霖在庭审中陈述，当时系因海南成功公司、南洋航运公司被监管部门要求退市，其资金账户全部被冻结，按原海南成功公司的董事长范运海的要求将200万元现金分三次交给了范运海。结合南洋房地产公司、海南成功公司、南洋航运公司提交的相关证据，可以证实在陈霖陈述的付款期间，海南成功公司、南洋航运公司确实存在资产重组的问题，而且，海南成功公司、南洋航运公司也未提供相反证据推翻陈霖的陈述，亦不足以证明本案存虚假诉讼的情形，故原审法院认定200万元借款真实并无不当。南洋房地产公司和海南成功公司关于陈霖在接受海南省公安厅调查时对借款事实的陈述先后不一致的问题，因该口供未得到有关司法机关的确认，海南省公安厅亦未基于上述调查对该笔借款事实作出否定判断进而对陈霖展开刑事追诉，故原审法院对上述口供的真实性不予认可亦无不当。关于海南成功公司主张的陈霖对包括其口供在内的第八组证据的真实性无异议的上诉理由。经查，原审庭审时，陈霖的代理人张荣有对该组证据的真实性予以认可，但并非对证据内容的认可，故此项上诉理由不能成立。从第三人撤销之诉制度功能来看，主要是为了保护受错误生效裁判损害的未参加原诉的第三人的权益。同时，在司法实践中，也要防止滥用该项诉权，损害生效裁判的稳定性。南洋房地产公司主张湖北省高级人民法院（2015）鄂民监三再终字第00008号民事判决书内容错误，损害其民事权益，应当提供证据证明该判决的结果错误，且该错误损害其民事权益。人民法院对案涉200万元借款是否真实已经过多次审理，湖北省高级人民法院作出了（2015）鄂民监三再终字第00008号民事判决书认定案涉借款真实，而南洋房地产公司和海南成功公司并未提交足以推翻原判决的证据，故对其案涉200万元不真实的上诉理由，本院亦不支持。

综上，南洋房地产公司、海南成功公司的上诉请求因缺乏相应的证据支持和法律依据，均不能成立，本院予以驳回；原审判决认定事实清楚，适用法律正确，审判程序合法，依法应予维持。本院依照《中华人民共和国民事诉讼法》第一百七十条第一款第一项之规定，判决如下：

驳回上诉，维持原判。

本案一审案件受理费按一审判决执行。二审案件受理费23680元，海南南洋房地产有限公司、海南成功投资有限公司各负担11840元。

本判决为终审判决。

审　判　长　李相波

审　判　员　万会峰

审　判　员　宁　晟

二〇一九年九月二十七日

法官助理　王　鑫

书　记　员　王　露

28. 澳华资产管理有限公司与洋浦经济开发区管理委员会建设用地使用权纠纷案*

如果意向书的“标的、数量”不确定，缺少当事人受其约束的意思表示，一般应认定为磋商性文件，不具有合同效力

【裁判摘要】

“意向书”的法律含义并不非常明确，法律性质也呈多样化，可能是磋商性文件、预约合同或者本约合同。如果只是磋商性文件，则一般无法律约束力；如果构成预约合同，若违反则应承担预约合同违约责任或者损害赔偿责任；如果构成本约合同，则应按《合同法》等有关规定承担违约责任。对于“意向书”法律性质和效力的认定，应从约定形式是否典型、内容是否确定以及是否有受约束的意思表示等方面考察，根据有关法律和司法解释的规定具体审查认定。如果意向书的“标的、数量”不确定，缺少当事人受其约束的意思表示，一般应认定为磋商性文件。

再审申请人（一审原告、二审被上诉人）：澳华资产管理有限公司。

被申请人（一审被告、二审上诉人）：洋浦经济开发区管理委员会。

---

* 摘自《审判监督指导》2015 年第 2 辑（总第 52 辑），人民法院出版社 2016 年版，第 110 ~ 131 页。

发区管理委员会。

一、基本案情

海南省高级人民法院一审查明：1993年3月2日，中国光大国际信托投资公司（以下简称光大公司）与海南洋浦土地开发有限公司（以下简称洋浦开发公司）签订两份《海南省洋浦经济开发区国有土地使用权临时转让合同》（以下简称《临时转让合同》），约定将洋浦经济开发区内的两宗土地（地块编号为：D2－17－1；D2－17－2）的使用权出让给光大公司，价款分别为3495万元港币和3740万元港币；先收订金1成，余款9成1个月内付清。随后光大公司将剩余土地转让款支付给了洋浦开发公司。1994年11月23日，上述两宗土地办理了土地使用者为光大公司的国有土地使用证〔洋浦国用（地籍）字第0007号及洋浦国用（地籍）字第0008号〕，土地用途为商业用地，使用期限自1993年4月28日至2060年12月16日止。之后，洋浦管委会承接了洋浦开发公司的全部权利和义务。2002年1月25日，中国人民银行发布公告，因光大公司严重资不抵债，不能支付到期债务，决定撤销光大公司，并由中国人民银行组织成立清算组进行清算。2006年8月30日，洋浦经济开发区规划建设土地局给光大公司出具《关于收回土地使用权的事先告知书》称，光大公司自取得洋浦经济开发区D2－17－1及D2－17－2地块商业用地的土地使用权之日起，未能按有关规定开发，造成土地闲置达两年以上，拟按照《海南省闲置建设用地处置规定》的规定无偿收回该两宗土地使用权，同时明确光大公司在该告知书送达后有权提出申辩。2007年5月31日，海南省人民政府作出《关于洋浦经济开发区总体规划的批复》，据此，洋浦经济开发区内D2－17－1及D2－17－2地块商业用地调整变更为工业工地。2007年3月6日，澳华公司与光大公司清算组签订了《资产包整体转让协议》，约定由澳华公司受让光大公司位于洋浦经济开发区的两宗土地，资产明细表显示该两宗土地的价值为77427700元。2007年4月29日，财政部作出财金函〔2007〕67号《财政部关于中国光大国际信托投资公司剩余资产包（158项）转让问题的批复》，同意《资产包整体转让协议》。2008年3月19日，洋浦经济开发区投资促进中心给澳华公司出具《关于建设商务性高档酒店的复函》称:“关于贵公司提出‘将原地置换至新英湾商业区建设高档商务酒店’的问题,我局认为可以协调洋浦开发建设控股有限公司,并报管理局批准后落实……”2008年4月19日,澳华公司与洋浦经济开发区管理局签订《关于建设高档酒店的投资意向书》(以下简称《投资意向书》)。《投资意向书》第三条第一项约定,经国家财政部批准,澳华公司受让了光大公司位于洋浦开发区内D2-17-1和D2-17-2两个地块的土地使用权,合计面积为15951平方米(约24亩),土地性质为商业用地。第二项约定,洋浦经济开发区管理局支持澳华公司在洋浦投资建设高档酒店,同意协调置换土地……

另查明,2010年2月20日,海南省机构编制委员会作出《海南省机构编制委员会关于洋浦经济开发区管理体制调整问题的通知》[琼编(2010)3号],将洋浦经济开发区管理局更名为洋浦经济开发区管理委员会(以下简称洋浦管委会)。

2012年3月28日,澳华公司起诉称,2007年3月6日,经国家财政部批准(财金函〔2007〕67号),澳华公司与光大公司签订了《资产包整体转让协议》,约定由澳华公司受让光大公司位于洋浦开发区的两宗土地(编号D2-17-1、D2-17-2)。该两宗地合计面积为15951平方米,土地性质为商业用地,由光大公司于1993年4月28日从洋浦开发公司以77427700元的价格购得。之后十余年,由于洋浦经济开发区自身的原因,造成包括光大公司在内的诸多机构在洋浦经济开发区的地块得不到开发,损失巨大。甚至该两宗地已由光大公司购买时规划的金融、商业类用地变成了工业用地。2008年4月19日,澳华公司与洋浦管委会在广州签订了《投资意向书》,确认由于洋浦开发区规划变更,D2-17-1、D2-17-2两宗地块已不适用于建设酒店,澳华公司为服从新的规划,拟将原地置换至东部生活区及新英湾沿海一带。《投资意向书》同时明确约定由洋浦管委会为澳华公司协调置换土地,并说明在土地调整后,若澳华公司未能按约定投资建设,洋浦管委会方可无偿收回该土地的使用权。澳华公司认为,《投资意向书》性质为民事协议,该协议不违反法律、行政法规的强制性规定，系双方真实意思表示，应受法律保护。因此，洋浦管委会有义务为澳华公司协调置换土地。但时至今日，洋浦管委会未履行其合同义务，导致澳华公司仍未取得置换土地使用权，更无从开展酒店项目建设。同时，据洋浦管委会告知，在洋浦管委会管理的行政区域内，已无土地可用于置换。洋浦管委会的行为已经构成根本违约，给澳华公司造成了巨大损失。故请求：（1）判令解除双方于2008年4月19日签订的《投资意向书》；（2）判令洋浦管委会赔偿澳华公司损失159607700元，其中土地款本金77427700元，利息损失8218万元（按中国人民银行同期贷款利率自1993年3月3日计算至起诉之日。一审庭审时，澳华公司变更为：按中国人民银行同期贷款利率自1993年3月3日计算至全部本金付清之日止）；（3）本案诉讼费用由洋浦管委会承担。

洋浦管委会答辩称：（1）本案已经超过诉讼时效。2008年签署了《投资意向书》，距今已超过4年，因此，已经超过了2年的诉讼时效，澳华公司的诉讼请求应当驳回。（2）《投资意向书》只是意向文件，没有具体的权利义务规定，没有具体的约束力。这仅仅是一个谈判性文件，内容具有不确定性，若要实施则有待双方进行谈判，因此《投资意向书》中特别用了“同意协调置换”的表述；《投资意向书》整体来看并不符合合同条款应当具备的内容，因此不适用合同法；即使《投资意向书》有效，洋浦管委会的义务也只是协调，并不负有置换的义务。因此，洋浦管委会不存在违约。（3）澳华公司要求赔偿土地本金和利息损失，但其并没有说明损失的依据所在；澳华公司没有遭受土地原有经济价值的损失，主张该损失金额没有依据；即使澳华公司存在土地权益方面的损失，也没有依据表明与洋浦管委会有关，其无权向洋浦管委会主张赔偿。综上，请求驳回澳华公司的诉讼请求。

一审庭审时，澳华公司将起诉状的第二项请求变更为：判令洋浦管委会返还土地款本金77427700元并赔偿利息损失（按中国人民银行同期贷款利率自1993年3月3日计算至付清之日止）。根据《最高人民法院关于适用〈中华人民共和国民事诉讼法〉若干问题的意见》第一百五十六条[①]“在案件受理后，法庭辩论结束前，原告增加诉讼请求，被告提出反诉，第三人提出与本案有关的诉讼请求，可以合并审理的，人民法院应当合并审理”的规定，当事人变更诉讼请求，应当在法庭辩论终结前提出。故澳华公司变更其诉讼请求依法有据，一审法院予以准许。

最高人民法院二审查明：2008 年 4 月 19 日签订的《投资意向书》约定：“三、选址及项目土地……但由于洋浦开发区的规划调整，上述地块现已不适用建设酒店。为服从开发区新的规划，澳华公司拟将原地置换至东部生活区及新英湾沿海一带建设酒店。2. 洋浦管理局支持澳华公司在洋浦投资建设高档酒店，同意协调置换土地，同时为保证企业实质性投资，对项目建设提出如下要求：（1）该酒店应按五星级标准建设，并达到一定规模，建筑面积不少于 5 万平方米（最终根据规划确定）；（2）酒店项目自批准土地置换之日起 6 个月内动工建设，2 年内建成；（所置换的土地已完成五通一平并符合开工条件：通水、通电、通路、通信、通气）（3）若土地调整之后，澳华公司未能按照以上约定投资建设，管理局可无偿收回该土地的使用权。三、（注：原文如此）其他……洋浦管理局积极协助澳华公司注册外商独资企业，并对项目建设涉及土地、岸线、海域、配套设施的使用及有关金融、财政、规划、立项、招标和建设等方面提供政策支持和优惠。本协议自签署之日起生效。”洋浦经济开发区管理局、澳华公司分别在《投资意向书》的甲方和乙方处签字并加盖公章。

光大公司与洋浦开发公司于 1993 年签订《临时转让合同》，此后，光大公司于 1994 年 11 月 23 日取得了该合同项下土地的国有土地使用证［洋浦国用（地籍）字第 0007 号及洋浦国用（地籍）字第 0008 号］。一审判决查明“随后光大公司将剩余土地转让款支付给了洋浦开发公司”“洋浦管委会承接了洋浦开发公司的全部权利和义务”，没有证据证明，最高人

---

① 《最高人民法院关于适用〈中华人民共和国民事诉讼法〉若干问题的意见》现已失效，根据《最高人民法院关于适用《中华人民共和国民事诉讼法》的解释》（2020 年）第二百三十二条：“在案件受理后，法庭辩论结束前，原告增加诉讼请求，被告提出反诉，第三人提出与本案有关的诉讼请求，可以合并审理的，人民法院应当合并审理。”

民法院予以纠正。

最高人民法院二审中，洋浦管委会提供了如下证据：（1）浦建字〔2006〕203号《洋浦经济开发区关于收回土地使用权的事先告知书》邮政送达回单（2006年9月1日）；（2）浦建字〔2006〕204号《洋浦经济开发区关于收回土地使用权的事先告知书》邮政送达回单（2006年9月9日）；（3）2008年4月10日，洋浦经济开发区规划建设土地局针对光大公司作出的浦建罚字〔2008〕（09）号《洋浦经济开发区无偿收回土地使用权行政处罚决定书》；（4）2008年4月10日，洋浦经济开发区规划建设土地局针对光大公司作出的浦建罚字〔2008〕（10）号《洋浦经济开发区无偿收回土地使用权行政处罚决定书》；（5）浦建罚字〔2008〕（09）号《洋浦经济开发区无偿收回土地使用权行政处罚决定书》邮政送达回单（2008年4月22日）；（6）浦建罚字〔2008〕（10）号《洋浦经济开发区无偿收回土地使用权行政处罚决定书》邮政送达回单（2008年4月28日）。上述证据意在证明案涉土地使用权已经行政处罚被无偿收回。（7）洋浦房地证字第G01201号房地产证；（8）洋浦房地证字第G01202号房地产证；（9）洋浦经济开发区建设投资开发有限公司企业法人营业执照。证据（7）~（9）意在证明案涉土地已有合法的新使用权人。（10）澳华公司《关于建设洋浦滨海商务广场的报告》；（11）洋浦管委会《主任办公会议纪要》；（12）洋浦经济开发区招商局《关于对澳华滨海商务广场项目的意见》；（13）洋浦经济开发区规划建设土地局《关于澳华资产管理有限公司投资项目用地的意见》；（14）关于澳华公司置换土地建设项目有关情况的说明。证据（10）~（14）意在证明洋浦管委会为澳华公司投资一事做了大量协调工作。（15）海南洋浦土地开发有限公司营业执照；（16）海南洋浦土地开发有限公司工商变更登记证明。证据（15）（16）意在证明洋浦开发公司现在还存在（已更名为海南洋浦发展有限公司），其与洋浦管委会毫无关系，一审判决认定洋浦管委会承接其全部权利义务违背事实。

澳华公司质证认为，证据（1）（2）不属于二审新证据，且只有送出，没有签收，无法证明光大公司是否签收。对于证据（3）（4），一审中澳华公司没有看到，一审庭审时法院给洋浦管委会3天时间提供证据，但此后澳华公司没有被通知就任何证据再进行质证，该证据不属于二审新证据，对其真实性没有异议。证据（5）（6）不属于二审新证据，且只有送出，没有签收，无法证明光大公司是否签收。对证据（7）~（9）的真实性没有异议，但土地使用权证颁发时间是2009年，《投资意向书》签订时间是2008年4月，变更为新的土地使用权人不能证明2008年签订《投资意向书》时澳华公司不享有相应权利。证据（10）~（14）只是说明双方就投资事宜还有来往，与洋浦管委会招商引资的诚实性无关，与本案也没有关联性。证据（15）（16）在一审就已经存在，故不属于二审新证据，并且与本案没有关联性，对其真实性没有异议。

最高人民法院认为，证据（1）~（9）虽然在一审庭审前均已客观存在，也不存在客观上不能提供的情形，但鉴于澳华公司不否认其真实性，故对上述证据的真实性予以确认。澳华公司对证据（10）~（14）的真实性没有异议，故对其真实性予以确认。证据（15）（16）虽然在一审庭审前已客观存在，但洋浦管委会提供该证据意在证明一审判决认定其承接了洋浦开发公司的权利义务错误，故当事人未在一审程序中提供该证据有其合理的客观原因，可认定为二审新证据，对其真实性予以确认。

最高人民法院二审查明的其他事实与一审法院查明的事实相同。

二、原审审理情况

一审法院经审理认为，本案的争议焦点为：（1）澳华公司与洋浦管委会签订的《投资意向书》的性质问题，是否真实有效，是否应予以解除；（2）履行《投资意向书》过程中双方是否存在违约，是否应向对方承担违约责任；（3）澳华公司的诉讼请求是否已超过诉讼时效。

1. 关于《投资意向书》属何性质，是否真实有效，是否应予以解除的问题。《投资意向书》第三条约定：经国家财政部批准（财金函〔2007〕67号），澳华公司受让了光大公司位于洋浦开发区内D2-17-1和D2-17-2两个地块的土地使用权，合计面积为15951平方米（约24亩）。土地性质为商业用地。洋浦管委会支持澳华公司在洋浦投资建设高档酒店，同意协调置换土地。若土地调整之后，澳华公司未能按照以上约定投资建设，洋浦管委会可无偿收回该土地的使用权。据此，洋浦管委会认可澳华公司已受让案涉两宗土地并成为该两宗土地的合法使用权人，洋浦管委会同意为澳华公司置换土地，故该《投资意向书》为土地置换协议。一审庭审时，澳华公司与洋浦管委会双方均认可《投资意向书》系双方真实意思的表示，且《投资意向书》内容未违反法律、行政法规的强制性规定，应属有效协议。洋浦管委会以案涉两宗土地未过户至澳华公司名下为由主张《投资意向书》因澳华公司主体不适格而无效的理由不能成立。一审庭审中，洋浦管委会明确表示已无法协调置换土地，表明《投资意向书》已无法继续履行，故澳华公司主张解除《投资意向书》，应予支持。

2. 关于履行《投资意向书》过程中双方是否存在违约，是否应向对方承担违约责任的问题。《投资意向书》签订后，澳华公司与洋浦管委会双方应积极履行约定义务，《投资意向书》虽未明确洋浦管委会协调办理土地置换的期限，但洋浦管委会应在《投资意向书》签订后的合理期限内协调办理，而澳华公司履行投资义务需以置换土地为前提，至今洋浦管委会仍未协调办理完土地置换事宜，故洋浦管委会在履行《投资意向书》过程中已构成违约。根据1993年3月2日光大公司与洋浦开发公司签订的两份《临时转让合同》“两宗土地使用权转让价格分别为3495万元港币和3740万元港币（总计7235万元港币）；先收订金一成，余款九成一个月内付清”的约定，结合案涉两宗土地的国有土地使用证上注明的使用期限“自1993年4月28日至2060年12月16日止”，可以认定，截至1993年4月28日，光大公司已经付清全部土地转让款。另，根据1993年港币兑换人民币汇率换算，7235万元港币不少于77427700元人民币。现澳华公司要求洋浦管委会返还土地转让款本金77427700元并未加重洋浦管委会责任，故对该土地转让款77427700元应予确认。由于澳华公司并未举证证明1993年3月2日至1993年4月28日期间光大公司已付清全部土地转让款，故对澳华公司主张1993年3月3日至1993年4月28日期间土地转让款的利息损失，不予支持。根据《中华人民共和国合同法》第九十七条“合同解除后，尚未履行的，终止履行；已经履行的，根据履行情况和合同性质，当事人可以要求恢复原状、采取其他补救措施，并有权要求赔偿损失”的规定，澳华公司主张洋浦管委会应返还土地转让款本金77427700元及1993年4月28日之后的利息损失，理由充分，应予支持。

3. 关于澳华公司的诉讼请求是否已超过诉讼时效的问题。诉讼中，洋浦管委会答辩认为澳华公司的诉求已经超过诉讼时效。一审法院认为，因澳华公司与洋浦管委会签订的《投资意向书》没有约定双方履行义务的具体期限，洋浦管委会应在合理期限内协调办理完置换土地事宜或澳华公司可随时要求洋浦管委会履行协调办理置换土地的义务，且洋浦管委会也未举证证明其主张，故澳华公司的诉讼请求未超过诉讼时效。

综上，一审法院经该院审判委员会讨论决定，根据《中华人民共和国合同法》第九十四条第一款第（四）项及第九十七条之规定，判决：一、解除澳华公司与洋浦管委会于2008年4月19日签订的《投资意向书》；二、洋浦管委会于判决生效之日起30日内向澳华公司支付土地款本金人民币77427700元及利息（按照中国人民银行同期一年期同类贷款利率计息，自1993年4月28日至款项实际付清之日止）；三、驳回澳华公司的其他诉讼请求。如洋浦管委会未按判决指定的期限履行判决确定的给付金钱义务，应当依照《中华人民共和国民事诉讼法》第二百五十三条之规定，加倍支付迟延履行期间的债务利息。案件受理费839838.50元，由洋浦管委会负担。

洋浦管委会不服一审判决，向最高人民法院提起上诉称：（1）一审判决认定事实错误。①一审判决将《投资意向书》认定为一份有效的协议，并改换其中的文字内容，与事实不符。②一审判决认定洋浦管委会签署《投资意向书》就认可了澳华公司为争议土地的使用权人，与事实不符。③一审判决所谓查明的洋浦管委会承接洋浦开发公司的权利义务的说明，没有事实依据。④洋浦管委会没有违反《投资意向书》的约定，一审判决认定洋浦管委会违约不符合事实。⑤一审判决遗漏了如下事实：第一，光大公司在将案涉土地使用权转让给澳华公司之前，已被土地管理部门告知将无偿收回该土地，在《投资意向书》签订前则被处以无偿收回案涉土地使用权的行政处罚，而且没有按期提出申辩、进行复议或者提起行政诉讼，故案涉土地使用权已经不属于光大公司，其再行转让给澳华公司的行为无效。第二，澳华公司与光大公司于2007年签订涉及案涉土地的《资产包整体转让协议》之后，既没有通知洋浦管委会发生了债权转移，也没有向土地管理部门办理过户登记手续，不符合债权转移和不动产交付的相关法律规定，故澳华公司不能被认定为案涉土地的权利人，无权进行土地置换活动。第三，一审判决支持澳华公司赔偿损失的请求没有事实和法律依据。第四，一审判决没有查证《临时转让合同》和《资产包整体转让协议》项下相关款项是否已经支付的事实。（2）一审判决适用法律错误。①一审判决混淆了《投资意向书》和《临时转让合同》两个不同的民事法律关系，在认定《投资意向书》解除的同时，却判定洋浦管委会承担解除《临时转让合同》、返还《临时转让合同》项下土地使用权转让款的法律后果。②一审判决混淆了民事与行政法律关系，在本案系民事案件的情况下，实质上却审理了无偿收回土地的行政诉讼案件。③一审判决对《投资意向书》法律性质的认定理由不符合《中华人民共和国合同法》及相关法律的规定。《投资意向书》不具备合同的基本要素，只是一份磋商性、谈判性、载有居间活动内容的文件，不具有可履行性，对双方都不具有法律约束力；退一步讲，即便《投资意向书》是合同，其也不是土地置换协议；即便其是土地置换协议，也应依法认定无效；即便其有效，也不可直接履行；即便可履行，洋浦管委会未履行也不可能侵害澳华公司的权利。④澳华公司的起诉已经超过了诉讼时效期间，一审判决对此认定错误。⑤一审判决对违约行为及违约责任均认定错误，洋浦管委会没有违约，不应适用《中华人民共和国合同法》第九十四条第一款第（四）项的规定。（3）一审程序存在错误。①澳华公司起诉要求洋浦管委会赔偿损失，并未要求洋浦管委会返还土地转让款，但一审法院却超出澳华公司诉讼请求的范围，判决洋浦管委会返还土地款本金并支付利息。②澳华公司当庭变更诉讼请求，一审法院未重新指定举证期限。③澳华公司在一审庭审时当庭提交了两份《国有土地使用权证》作为证据，一审法院对此当庭组织质证，违反了法定程序。④一审判决超出诉讼请求范围，对案外人光大公司的权利义务进行了审理和判决。综上，故请求：（1）撤销一审判决；（2）驳回澳华公司的诉讼请求；（3）本案一、二审的诉讼费用由澳华公司承担。

澳华公司答辩称，一审判决认定事实清楚，适用法律正确，且未违反法定程序，故应驳回洋浦管委会的上诉，维持原判。

最高人民法院认为，本案争议焦点为：（1）《投资意向书》的性质及效力。（2）《投资意向书》应否解除，洋浦管委会是否应当承担以及应当承担何种民事责任。（3）澳华公司的诉讼请求是否已超过诉讼时效期间。

1. 关于《投资意向书》的性质及效力。实践中，意向书的形式具有多样性，其性质及效力不能一概而论，而是应当结合具体交易情形判断意向书内容是否具体确定、当事人是否有受约束的意思，进而认定其效力。《最高人民法院关于适用〈中华人民共和国合同法〉若干问题的解释（二）》第一条第一款规定："……人民法院能够认定当事人名称或者姓名、标的和数量的，一般应当认定合同成立……"本案中，从《投资意向书》的内容看，首先，《投资意向书》的当事人虽然是确定和明确的，但对于合同的标的和数量，《投资意向书》则只是在描述了澳华公司所称的从光大公司处受让土地的情况的基础上，对澳华公司拟置换土地的意向及洋浦开发区管理局表示同意协调置换进行了约定，而对于是否必须置换成功以及置换土地的具体位置和面积均未作出明确约定。因此，该《投资意向书》不具备合同的主要条款，不构成正式的土地置换合同。其次，双方在《投资意向书》中虽然对签订《投资意向书》的背景进行了描述，但并未明确约定洋浦管委会在置换土地过程中的权利和义务，当事人也未表明受其约束的意思，故该《投资意向书》并非相关土地使用权人就在将来进行土地置换或者在将来签订土地置换合同达成的合意。因此，案涉《投资意向书》的性质为磋商性、谈判性文件，不具备合同的基本要素，没有为双方设定民事权利义务，双方当事人之间并未形成民事法律关系，一审判决对《投资意向书》的性质认定错误，最高人民法院予以纠正。

2. 关于《投资意向书》应否解除，洋浦管委会是否应当承担以及应当承担何种民事责任。最高人民法院认为，《投资意向书》不具备合同的基本要素，双方当事人之间没有据此形成相应民事法律关系，则解除问题不具备基本前提，故一审判决解除《投资意向书》不当，最高人民法院予以纠正。

关于洋浦管委会的民事责任，首先，基于《投资意向书》的约定及性质，澳华公司主张洋浦管委会承担违约责任没有合同依据。其次，澳华公司与洋浦管委会之间就投资置换土地达成意向协议而形成的关系，有别于光大公司与洋浦开发公司之间的国有土地使用权转让法律关系。一审判决认定洋浦管委会承接了洋浦开发公司的全部权利和义务缺乏证据证明。故一审判决认定洋浦管委会应以《临时转让合同》项下的交易金额为基础承担相应的赔偿责任错误，最高人民法院予以纠正。对澳华公司主张洋浦管委会赔偿其土地款本金77427700元及利息的请求，最高人民法院不予支持。

3. 关于澳华公司的诉讼请求是否已超过诉讼时效期间。因《投资意向书》没有为双方设定权利义务关系，故澳华公司并不基于《投资意向书》而对洋浦管委会享有债权请求权，因此，不具备判断诉讼时效期间是否届满的前提条件。

此外，对于洋浦管委会上诉提出的一审存在的程序错误，最高人民法院认为，一审判决并未超出当事人的诉讼请求，一审法院在处理澳华公司变更诉讼请求的问题上符合法律规定，洋浦管委会提出的其他程序问题也不属于《中华人民共和国民事诉讼法》第一百七十条第一款规定的严重违反法定程序的情形，故洋浦管委会的该理由不能成立。

综上所述，原判决认定事实和适用法律错误。最高人民法院根据《中华人民共和国民事诉讼法》第一百七十条第一款第（二）项之规定，判决如下：一、撤销海南省高级人民法院（2012）琼民一初字第6号民事判决；二、驳回澳华资产管理有限公司的诉讼请求。

三、申请再审及最高人民法院审查情况

澳华公司不服二审判决，向最高人民法院申请再审称，生效判决存在《中华人民共和国民事诉讼法》第二百条第（六）项规定之情形，应予再审。理由如下：（1）生效判决对本案的核心事实定性错误。对澳华公司与洋浦管委会于2008年4月19日签订的《投资意向书》的性质认定是本案的关键。依据《中华人民共和国合同法》以及《最高人民法院关于适用

〈中华人民共和国合同法〉若干问题的解释（二）》的规定，民事合同成立的必备要件是“姓名、标的以及数量”。[①]《投资意向书》完全具备上述三要件，应当认定为民事合同，而非无约束力的磋商性文件。首先，《投资意向书》的双方当事人是明确的。其次，《投资意向书》关于标的和数量也有明确的约定，第三条明确约定因规划调整，澳华公司受让的两块土地现已不能使用，故洋浦管委会同意为澳华公司在新英湾沿海一带置换相同面积的土地使用权，澳华公司对置换后的土地应进行酒店开发；再次，上述条款中已明确约定，澳华公司持有 D2－17－1 和 D2－17－2 两个地块的土地使用权，土地面积为 15951 平方米（约 24 亩），洋浦管委会同意为澳华公司置换与此相同面积的土地使用权。生效判决认为《投资意向书》未对双方当事人的权利和义务作明确约定，这一认定是错误的。《投资意向书》第三条对双方当事人的权利义务作了明确约定，即洋浦管委会的义务是为澳华公司置换土地，澳华公司的义务是在置换的土地上建设五星级酒店，且应在约定的时间内完成。《投资意向书》中洋浦管委会明确表示同意为澳华公司置换土地使用权，对土地置换是否必须成功是有明确约定的。至于以后洋浦管委会不再为澳华公司置换土地，属于违约情形，与《投资意向书》的性质无关。洋浦管委会在诉讼中明确表示不能为澳华公司置换土地，即构成了根本违约，澳华公司的诉请理应得到支持。光大公司通过合法途径从洋浦管委会取得涉案两块土地的使用权，并取得了相应的土地使用权证；澳华公司亦是从光大公司合法取得了土地使用权，且支付了相应对价。之后，澳华公司发现该土地已被洋浦管委会通过变更土地规划的方式，被无理由收回，且从未告知过光大公司和澳华公司。为此，澳华公司经过多次与洋浦管委会的沟通、协调，才在 2008 年签订了《投资意向书》。现生效判决驳回了澳华公司的全部诉求，彻底剥夺了澳华公

---

① 《中华人民共和国合同法》《最高人民法院关于适用〈中华人民共和国合同法〉若干问题的解释（二）》现已失效，条文对应《民法典》第四百七十条：“合同的内容由当事人约定，一般包括下列条款：（一）当事人的姓名或者名称和住所；（二）标的；（三）数量；（四）质量；（五）价款或者报酬；（六）履行期限、地点和方式；（七）违约责任；（八）解决争议的方法。当事人可以参照各类合同的示范文本订立合同。”

司通过合法交易获得的土地使用权，还助长了地方政府任意侵犯私人财产的风气。(2) 生效判决适用法律错误。《最高人民法院关于民事诉讼证据的若干规定》第四十一条规定："……（二）二审程序中的新的证据包括：一审庭审结束后新发现的证据；当事人在一审举证期限届满前申请人民法院调查取证未获准许，二审法院经审查认为应当准许并依当事人申请调取的证据。"在二审中，洋浦管委会提交的16份证据均是在一审庭审前已客观形成的，故不属于二审程序中的新证据，但生效判决仍然认定了上述16份证据，明显违背了上述法律的规定，属于严重适用法律错误。

洋浦管委会辩称，澳华公司的申请再审事由不成立，应依法予以驳回。理由如下：(1) 生效判决对本案核心事实定性准确。《投资意向书》不具备合同的基本要素，没有为双方设定民事权利义务。其一，无论是标题还是第一段内容都表明《投资意向书》是意向性、磋商性、谈判性文件。其二，标题及第四段内容表明，《投资意向书》约定的是投资建设高档酒店事项，而非土地置换事项。其三，《投资意向书》清楚地载明洋浦管委会"支持澳华公司在洋浦投资建设高档酒店，同意协调置换土地"，不是"同意置换土地"。澳华公司在诉讼中屡次偷换概念，曲解事实。其四，洋浦开发区在成立之初就已经国务院批准将土地一次性成片出让给外资开发商，洋浦管委会对土地并不拥有支配权，这就是双方约定"协调置换"的原因。其五，《投资意向书》并未约定"协调置换"的方式、双方权利义务、具体对象、完成期限等所有实质性内容。(2) 生效判决适用法律正确。《最高人民法院关于民事诉讼证据的若干规定》第四十一条[①]的表述是"一审庭审结束后新发现的证据"，并未说明必须是"在一审庭审前已经客观形成的证据"。也就是说，虽然可能是一审庭审前已经形成的证据，但是在一审庭审后才发现的，仍然可以作为二审新证据。况且，澳华公司认可二审新证据的真实性，实际上已经对此进行了质证。

最高人民法院经审查认为，本案关键在于对《投资意向书》的法律定性。一般而言，从一方发出愿意签订合同的意思表示（要约或要约邀请）

---

① 2019年修正的《最高人民法院关于民事诉讼证据的若干规定》已删除该条规定。

到合同的正式成立，期间会经历一个协商过程，并对合同的主要内容达成初步合意，最终以口头或书面方式成立合同。《最高人民法院关于适用〈中华人民共和国合同法〉若干问题的解释（二）》第一条第一款规定："……人民法院能够认定当事人名称或者姓名、标的和数量的，一般应当认定合同成立……"本案《投资意向书》并不具备合同的基本要素。从标题看，该文件明确为"意向书"，并非常用的"合同""协议"等名称；从内容看，该文件对于双方的权利义务以及法律责任约定并不明确，只是表明为了澳华公司能够在相应的地块进行商业投资开发，洋浦管委会有为其协调置换土地的意愿，但并未约定置换土地的具体位置和面积及履行期限等；从具体措辞看，双方明确约定洋浦管委会"协调置换土地"，表明从"协调"到真正"置换"还是需要经过再协商、再约定。因此，最高人民法院生效判决认定《投资意向书》的性质为磋商性、谈判性文件，符合法律规定和当事人真实意思表示。另外，澳华公司并不能以其取得光大公司资产包为由，主张其应当取得相应的土地使用权。洋浦管委会于2006年8月收回土地，并向光大公司清算组送达了告知书，澳华公司与光大公司清算组于2007年3月签订《资产包整体转让协议》，晚于洋浦管委会收回土地时间，澳华公司应当自行承担相应后果。

洋浦管委会在二审中提交的16份证据在一审庭审结束前均已客观存在，其以一审庭审结束后新发现为由，且存在合理的客观原因，作为新证据向二审法院提交，并不违反法律及相关司法解释之规定。上述16份证据均经过了质证，双方对证据的真实性并无异议，能够证明案件事实，二审予以采信并无不当。

综上，再审申请人澳华公司的申请再审事由不符合《中华人民共和国民事诉讼法》第二百条之规定，本案不应再审。最高人民法院根据《中华人民共和国民事诉讼法》第二百零四条第一款之规定，裁定如下：驳回澳华资产管理有限公司的再审申请。

四、评析意见

本案主要问题是意向书的法律性质及效力如何认定。目前，国内外理论界对意向书的法律性质和效力尚没有形成统一认识。在我国司法实践中，围绕意向书产生的纠纷较多，法院主要是根据个案的情况具体裁判，缺乏统一规范的认定规则。客观来看，意向书不是一个严格的法律概念，其内涵和外延并不非常清晰，其法律性质和效力呈现多样化。本文试结合所涉案件情况，对意向书的概念、性质、效力及审查规则等作一些分析，提出一些意见建议，以期有利于对意向书的理论认识和司法裁判。

（一）意向书的概念及主要特征

“意向书”（Letter of Intent）最早源于美国证券市场，在公司向证券交易委员会注册以获得股票发行资格前，证券发行公司经常与承销商订立一个文件，规定注册完成之时签订承销协议，并注明该文件是不具有法律约束力的“君子协定”。后来意向书运用于公司并购、不动产交易、资源开发等比较复杂的交易中，使用地域逐步扩大到世界各个国家，与其相类似的在正式合同订立之前的很多其他文件也被称为意向书。目前，意向书在我国市场经济交易中运用比较广泛，涉及房地产交易、公司并购、股权转让等诸多领域。

对于意向书的概念，国内外学者有多种表述。有的认为，所谓意向书，是指当事人之间用以表达合作交易意愿的文件。[①] 有的认为，意向书是指缔结正式合同之前，合同的双方或多方达成的记录初步事项的协议。[②] 有的认为，意向书泛指合同双方在缔结正式协议前就协商程序本身或就未来合同的内容所达成的各种约定。[③] 在英美法上，意向书是概括的概念，基本涵盖了所有的前合同协议；在德国法上，意向书多指没有约束力的文件，与其他的合同订立之前的文件一同组成前合同协议。[④] 商务印书馆《英汉证券投资词典》的解释是，意向书是指公司或个人为某项业务出具

---

① 王利明：《预约合同若干问题研究——我国司法解释相关规定述评》，载《法商研究》2014 年第 1 期。

② 陈进：《意向书的法律效力探析》，载《法学论坛》2013 年第 1 期。

③ 许德风：《意向书的法律效力问题》，载《法学》2007 年第 10 期。

④ 陈进：《意向书的法律效力探析》，载《法学论坛》2013 年第 1 期。

的非正式函件；虽然它不具备合约的约束力，但表明签署人的严肃态度。笔者认为，从目前实际使用情况看，意向书可以作广义和狭义两种理解，广义上的意向书是指在合同磋商过程中形成的一切冠以“意向书”或类似名称的书面文件，狭义上的意向书是指正式合同成立前，就合同有关程序和实体性事项达成合意而签订的不赋予其合同效力的文件。广义的表述承认意向书与合同可能存在的交叉关系，而狭义的表述排除意向书与合同交叉的可能性。

从对意向书概念的一般认识来看，其具有以下几个特征：

一是意向书是缔约过程中产生的。订立合同始于双方当事人开始磋商，终于合同要约、承诺的完成，其间有时会根据情况多次作出意思表示，对已达成一致的事项形成书面文件予以确认。意向书正是合同成立前产生的磋商性、过程性文件，从合同达成阶段上看，意向书一般订立在正式合同的要约、承诺之前。

二是标的、数量等主要条款多不明确。主要条款是否明确是识别合同成立与否的重要标志，之所以未签订正式合同，多数是因主要条款尚未达成一致。如果主要条款已达成一致，一般会签订正式合同，不会徒增意向书程序，除非因有后续审批程序、时机不成熟等因素暂不签订正式合同。

三是多不具有或只有有限的约束力。意向书是一种表达初步意图（Intent）的文件，其起源时是完全不具有约束力的。随着意向书使用领域逐步扩大，其法律效力实现从无到有的变化，有的意向书会有一定的程序或实体上的约束力，特殊情况下甚至与合同产生了同等效力，具有完全的合同约束力。

四是意向书的表现形式多种多样。意向书可以泛指所有前合同协议，从其外在表现形式来看，不一定以“意向书”的名称命名，也可能是备忘录、认购书、议定书、草约、原则性协议、框架协议甚至会议纪要等，但“意向书”的用法最为常见。

（二）意向书的法律性质

对于意向书法律性质的争议，主要集中在何种条件下可以构成正式合同，从而使其具有合同效力。2012 年我国司法解释开始承认预约合同的概念，[①] 又产生了意向书何种条件下可以构成预约合同的问题。笔者认为，意向书的外延太过宽泛，为更好地分析其法律性质，宜进行类型化划分，使各个类型与既有的法律制度相衔接。从我国立法现状出发，意向书依法律性质可以划分为本约合同、预约合同和磋商性文件三种类型。区分一份意向书属于哪一种类型，重点在于明确各类型的主要判断标准，准确认定当事人的真实意思表示。

1. 构成本约合同的主要条件。在实体上，要审查是否完成了要约、承诺的过程，特别是要约的内容是否具体确定以及要约人是否表明受该意思表示约束。在形式上，要审查是否具备合同的主要内容，能够确定当事人名称或者姓名、标的和数量的，一般应当认定合同成立。在司法实践中，较常见的是对“意思表示是否具体确定”和“标的、数量是否确定”发生争议，这两者其实是一个问题的两个方面，对此笔者在后文中再予分析。

2. 构成预约合同的主要条件。预约是约定将来订立一定合同的合同，本约是履行该预约而订立的合同。[②] 从性质上看，预约和本约是相互独立且相互关联的两个合同。预约的本质是合同，目的是确保与相对人在将来订立特定的合同，一般会明确约定双方将来订立正式合同的义务或约定在一定条件下转化为本约。此情形下“标的、数量”是否必须确定不可一概而论，一般已经具备本约成立的大部分或者全部条款，未能确定的，则需在订立本约时进一步协商确定。

3. 构成磋商性文件的主要条件。本文所称磋商性文件即狭义的意向书，是在就正式合同条款协商、谈判过程中，对已达成一致的事项进行记录的过程性文件。其通常具备当事人的名称或者姓名和住所、主要商谈事

① 《最高人民法院关于审理买卖合同纠纷案件适用法律问题的解释》第二条规定：当事人签订认购书、订购书、预订书、意向书、备忘录等预约合同，约定在将来一定期限内订立买卖合同，一方不履行订立买卖合同的义务，对方请求其承担预约合同违约责任或者要求解除预约合同并主张损害赔偿的，人民法院应予支持。需要注意的是，此条规定的“意向书”是指符合“预约合同”构成要件的“意向书”，而并非指所有的意向书。2020 年修正的《最高人民法院关于审理买卖合同纠纷案件适用法律问题的解释》已删除该规定。

② 田朗亮：《买卖合同纠纷裁判规则与案例适用》，中国法制出版社 2012 年版，第 51 页。

项及相关权利义务等，但一般“意思表示”不够具体确定、“标的、数量”不能确定，或者约定了“该文件不具有约束力”“将来订立正式合同”等效力排除性条款。简言之，意向书与合同的核心区别是，当事人尚未有接受其约束的意思表示，或者因标的、数量不确定而无法成立合同。认定磋商性文件可以使用排除法，不构成本约合同和预约合同的意向书，一般可以归为磋商性文件类型。

（三）意向书的法律效力

法律效力是研究意向书的核心问题，意向书以其具有的法律效力体现其价值。对意向书的法律效力，有的认为，可以分为程序性效力和实体性效力；[①] 有的认为，可以分为完全无约束力、部分有约束力和有完全约束力。[②] 笔者认为，意向书所产生的权利义务有几个来源：一是当事人对合同标的、数量等主要条款作出受约束的意思表示，二是当事人对程序性事项作出明确约定，三是基于诚信等原则而产生的附随义务。不同的权利义务来源对应不同层次的法律效力，意向书涉及的效力和责任类型分述如下：

1. 实体性条款的法律效力。实质性条款是指合同中对双方当事人的权利、义务、责任发生实际性影响的条款，比如合同标的、数量、质量、价款或者报酬、履行期限、违约责任等。核心问题是“标的、数量”是否确定以及当事人是否有受其约束的意思表示。如果标的、数量不能确定，当事人的主要权利义务不能完全锁定，自然不具有履行的可行性，从而也不具有约束力。如果标的、数量是确定的，但当事人约定了效力排除性条款，不赋予其合同效力，则意向书亦无合同约束力。如果标的、数量确定，当事人通过补充意思表示认可其效力，或者一方开始履行，另一方接受，那么该意向书就是错标为“意向书”的“合同”，其具备“合同”的效力。如果标的、数量等主要或全部条款是明确的，当事人约定将来签订

---

① 参见许德风：《意向书的法律效力问题》，载《法学》2007 年第 10 期。
② 参见陈进：《意向书的法律效力探析》，载《法学论坛》2013 年第 1 期。

正式合同，这类意向书构成预约，具有预约合同效力。

2. 程序性条款的法律效力。程序性条款主要是指涉及缔约过程有关事项的条款，比较常见的有“独占协商条款”（一定期限内只得与对方谈判）、“诚信协商条款”（应当积极谈判努力达成一致，但不是必须达成一致）、“保密条款”（在约定期限或范围内保密）等，[①] 有的还包括谈判时间安排、有关费用承担、纠纷解决条款等。只要经当事人协商达成一致，并且内容是明确的，即具有约束力，当事人应当予以遵守。如果违反，应当按照约定承担相应责任，如果没有约定，则可根据有关法律规定和原则予以处理。

3. 附随义务。当事人在缔约中对一些程序性条款未作出明确约定的情况下，仍应承担根据诚信原则、公平原则推导出的诚信协商、及时通知、保密、给予其他便利等附随义务。如果违反附随义务给对方造成损失，可能涉及缔约过失责任，对方可根据有关法律规定寻求司法救济。

4. 法律责任类型。从法律后果角度看，不同类型的意向书对应不同的法律责任。违反磋商性文件类型的意向书，因实体条款不明确或不具有约束力，不产生实体上的法律后果，如有缔约过失行为可能产生缔约过失责任。违反已构成合同的意向书，应承担合同违约责任。违反构成预约合同的意向书的责任，理论上有争议，有强制缔约说（当事人负有磋商并达成本约的义务，否则法院可以判令强制缔约）和强制磋商说（当事人负有诚信公平磋商义务而不必达成本约），[②] 我国买卖合同司法解释规定所秉持的理念更接近于后者。

综上，意向书的法律性质类型与其法律效力直接相关。名为意向书实为合同的，具有正式合同的属性，当事人有合同履行请求权，如违反应承担合同违约责任。名为意向书实为预约合同的，当事人具有缔约请求权，如不按约订立本约合同，应承担预约合同违约责任或者解除预约合同并赔偿损失。如果只是磋商性的文件，则一般没有违反实体性条款的基础，当

---

① 参见许德风：《意向书的法律效力问题》，载《法学》2007 年第 10 期。

② 参见刘承韪：《预约合同层次论》，载《法学论坛》2013 年第 6 期。

事人不具有订立本约或者承担违约责任的请求权，只有继续磋商的请求权，如果未合理履行继续磋商等义务，可能会承担相应的缔约过失责任。

（四）意向书法律性质和效力的审查方法

在司法实践中，对意向书法律性质和效力的审查，应遵循一定的规则，设定一定的审查程序，明确主要的审查环节，统一重要节点的认定标准，以更加便捷高效地作出判断。笔者认为，可以按照以下程序进行审查。

1. 当事人和标题审查。当事人是否明确是确定各自权利义务的前提和基础，如果双方当事人都尚不明确，肯定不构成本约或预约，一般也不构成规范意义上的意向书，可能只是一方的要约或要约邀请。标题对文件起到总领作用，通常鲜明地反映了文件的性质，这是辨识文件性质的第一个节点。如果标题是"意向书""备忘录""草案""初步协议"等表述，应首先考虑其是否属于磋商性文件；如果标题是"合同书""协议书""约定书"等表述，宜首先考虑其是否符合合同的构成要件。

2. 标的、数量确定性审查。这是确定意向书法律性质的关键点之一。意向书多存在于要物、要式合同缔约过程中，"标的"一般对应一定的"标的物"，对"标的物"进行审查更为直观。对有体物而言，认定标的、数量是否确定，宜以是否有明确的标的物为标准。如果是标的物是特定物，那么其标的本身就是确定的。如果标的物是种类物，那么主要看双方是否通过"合意"将其变为"特定物"，比如标的物为 100 台 IBM－T400 笔记本电脑，明确了四至的某一宗土地，指明了具体楼号、房号的一套住房，可以说标的物是确定的。对于无体物而言，比如股权转让，可以准确指向股权的主体、金额、价值、期限等，可以说标的、数量是确定的。标的、数量确定是意向书构成合同的必要条件。如果标的、数量含糊不清，则难以准确识别当事人对主要条款的合意，因而无法认定合同要约、承诺过程已经完成。

3. 程序性条款审查。主要审查当事人有无对谈判步骤、排他性磋商、诚信磋商、保密事项等作出约定，如果有程序性事项约定，各方应当遵守。需要注意的是，对于“双方应当尽力促成合同的达成”等诚信协商条款，其履行标准应当是为达成合同的目的作了努力，而非一定要达成最终合同。

4. 约束力条款审查。这是确定意向书法律性质的另一个核心节点。主要审查有无效力确定条款、效力排除条款，以及在无明确约定的情况下，如何认定当事人有无受约束的意思表示。如果有明确的效力排除条款，则可认定该意向书无约束力。如果明确约定“本意向书与正式合同具有同等法律效力”或类似表述，那么其对各方有合同约束力。如果没有明确约定，对其约束力的审查应当从严把握，因为“除非当事人有特别的声明，意向书这种形式本身就是对实体性条款约束力的保留”。[①]

5. 履行情况和效力补充条款审查。意向书的履行情况及有无补充约定，直接影响意向书的法律性质。如果意向书中包含合同主要条款，且双方当事人签字，并开始履行，那么该种意向书就应认定为合同，具有相当于合同的效力。[②] 如果双方补充约定意向书内容具有法律约束力，那么其产生了合同效力。可见，前者是通过履行行为对意向书的法律效力作了宣誓，后者是通过补充约定的方式赋予了意向书以合同的效力。

6. 违约条款审查。主要审查双方有无约定违约责任及承担方式，如果约定了，并且不违反法律的强制性规定，在产生纠纷时，应当首先以双方约定的违约方式承担责任。

综上，意向书法律性质和效力的审查，应是一个综合性、类型化、有步骤的审查。对争议条款的解释，应运用文义解释、体系解释、目的解释等合同解释的一般方法，努力探究当事人的真实意思表示，最终根据法律法规的规定，确定其性质和效力。

---

① Rennick v. O. P. T. I. O. N. Care, 77 F. 3d 309 (9th. Cir. 1996)，转引自许德风：《意向书的法律效力问题》，载《法学》2007 年第 10 期。

② 陶凯元、李进一：《〈意向书〉能否约束涉外经济合同当事人的“意向”》，载《港澳经济》1997 年第 3 期。

（五）涉案意向书的性质和效力

运用以上归纳的方法，对涉案意向书作一个审查，并试认定其法律性质和效力。

第一，关于当事人和标题。涉案意向书主体为澳华公司与洋浦经济开发区管理局，一方为商业公司，一方为行政机关，商业公司对自己的行为具有谨慎注意义务，行政机关的缔约行为应受法律法规的严格约束。涉案文件名称定位于“意向书”，应首先考虑其可能是一份磋商性文件。完整标题是“关于建设高档酒店的投资意向书”，接近于常见的招商引资类文件，一般是对双方大致的权利义务进行初步约定。需要注意的是，标题中并未出现有关“土地置换”的表述，因此，“土地置换”在该意向书中处于从属的地位。

第二，关于标的、数量的确定性。双方协商的主要内容是“建设高档酒店”，涉及土地和洋浦管委会的条款表述为“洋浦管理局支持澳华公司在洋浦投资建设高档酒店，同意协调置换土地”，此外无其他关于“洋浦管委会”对于“置换土地”的“义务性”约定。如果将“土地”作为意向书的标的物之一，所述“土地”并无四至、面积等必备要素，不宜认定为达到了“标的、数量确定”的标准，即使将“澳华公司拟将原地置换至东部生活区及新英湾沿海一带建设酒店”这一更似单方意愿的表述理解为双方合意，“东部生活区及新英湾沿海一带”也并非明确的空间位置，明显达不到“标的、数量确定”的认定标准，不具备直接履行的可能性。

第三，关于程序性条款。从意向书关于“土地”的约定来看，除洋浦管委会“同意协调置换土地”外，未见关于如何“协调置换”的具体约定。从“同意协调置换土地”的表述理解，洋浦管委会应尽量促成意向书目的之一“协调置换土地”的实现，履行“诚信磋商”的一般程序性义务。

第四，关于约束力条款。从法院查明的事实看，该意向书未见明确的效力确定条款或者效力排除条款。意向书尾部约定“本协议自签署之日起生效”，这里更宜理解为是对“意向书”本身所载条款确定性的约定，并非赋予“意向书”以“合同”的法律效力。虽然涉案意向书并无“合同”

效力，双方当事人对已达成一致的程序或实体性事项应予遵守，一般的附随义务应当履行。

第五，关于履行情况和效力补充条款。如前所述，待“置换”的标的物“土地”并不“确定”，更不具备“一方开始履行其义务，对方也接受”的条件。从法院查明的情况看，双方亦未作出“补充约定”，以使意向书具有合同约束力。对于是否履行了“协调”置换土地的义务，洋浦管委会举证主张“为澳华公司投资一事做了大量协调工作”，澳华公司认为相关证据“只是说明双方就投资事宜还有来往”，法院对相关证据的真实性予以认定。

第六，关于违约条款。从法院查明的事实看，双方并未对“协调置换土地”这一节的“违约责任及承担方式”作出明确约定。

另外，原有土地使用权出让及被政府通过行政处罚收回、澳华公司购买光大公司资产包等情况，虽在时间上与本案有一定联系，但因合同主体、内容不同等原因，不能认定相互之间系承继关系，各自应属于独立的法律关系。同时，我国对“建设用地使用权”流转程序要求严格，尤其是由政府直接出让的，一般应履行法定的出让程序，签订内容详细的合同书。涉案“意向书”关于“协调置换土地”的约定，较通常的“土地出让合同”应有的规范程度相去甚远。综上，就双方争议的“协调置换土地”这一焦点问题而言，涉案意向书并不具有本约或者预约的法律性质，认定其为磋商性文件。

总而言之，“意向书”目前仍是一个含义多元的概念，这不利于其自身作用的充分发挥。笔者建议，应在确立“预约合同”独立地位的基础上，尽快明确意向书的法律概念、性质和效力，宜按狭义“意向书”的内涵和外延确定其概念，在立法上将其定性为磋商性文件，明确界定其不具有合同效力，并制定相对统一的签订程序和审查认定规则，以与“本约合同”“预约合同”区分开来，减少市场交易行为的风险，促进司法裁判标准的统一。

（撰稿人：郭　魏）

建筑物和其他土地附着物抵押权纠纷

29. 上诉人中国农业银行股份有限公司天津自由贸易试验区分行与被上诉人黄惠英及一审被告陆桥（天津）实业有限公司、一审第三人天津市滨海新区塘沽航泰工贸有限公司第三人撤销之诉纠纷上诉案*

抵押权人同意转让抵押物的，不能再就已转让的抵押物行使优先受偿权

【裁判摘要】

经抵押权人同意转让抵押财产的，抵押权人就该已转让的抵押物不能再行使优先受偿权，但可以主张对转让所得价款优先受偿。

上诉人（原审被告）：中国农业银行股份有限公司天津自由贸易试验区分行，住所地天津自贸试验区（天津港保税区）海滨五路×号×室。

负责人：胡文哲，该分行行长。

委托诉讼代理人：李晶晶，女，该分行工作人员。

委托诉讼代理人：季桥龙，北京天驰君泰律师事务所律师。

* 摘自《民事审判指导与参考》2019年第4辑（总第80辑），人民法院出版社2019年版，第190~201页。

被上诉人（原审原告）：黄惠英，女，汉族，住天津市滨海新区。

委托诉讼代理人：卢伟，天津罗维律师事务所律师。

委托诉讼代理人：李会，天津罗维律师事务所律师。

原审被告：陆桥（天津）实业有限公司，住所地天津港保税区天保大道×号×室。

法定代表人：齐英武，该公司董事长。

委托诉讼代理人：李志荣，男，该公司工作人员。

一、一审法院查明的案件事实

中国农业银行股份有限公司天津自由贸易试验区分行（时为中国农业银行天津港保税区分行，以下简称农行自贸区分行）、陆桥（天津）实业有限公司（以下简称陆桥公司）于1999年9月16日签订农银抵借字99第141－1号和141－2号《抵押担保借款合同》。约定：农行自贸区分行共向陆桥公司贷款2573万元，贷款期限为一年，贷款利率为月息5.85‰。陆桥公司以其坐落于天津经济技术开发区第三大街×号的国有土地使用权13522.31平方米及地上在建项目抵押给农行自贸区分行用以担保上述借款的偿还，担保范围为全部贷款本息及实现债权的费用。上述合同签订后，农行自贸区分行于1999年9月17日依约放款，但合同到期后，陆桥公司未能履行还款义务。2003年2月10日，为继续担保双方签订的农银抵借字99第141－1号和141－2号抵押担保借款合同的履行，双方又签订了津保税农银抵字第03010－1号抵押合同，约定陆桥公司将其坐落于天津经济技术开发区第三大街×号的房产抵押给农行自贸区分行用于担保借款合同的履行，担保范围为借款合同本息及包括律师费在内的农行自贸区分行为实现债权而产生的一切费用。合同签订后，双方共同办理了房地产抵押权证明书。经天津经济技术开发区房地产管理局2004年4月26日出具的津房开发抵字第（04）00604号天津市房地产抵押权证明书，最终确定陆桥公司抵押房产坐落于天津经济技术开发区第三大街×号，房屋抵押范围为建筑面积17304.93平方米房产。

上述合同签订后，陆桥公司仍未能全部偿还借款本金及利息。2007年

9月农行自贸区分行向陆桥公司发出债务逾期催收通知书，陆桥公司确认尚欠农行自贸区分行借款本金433万元，但陆桥公司仍未履行还款责任。经双方确认，2008年3月20日陆桥公司尚欠农行自贸区分行利息总计为5827508.69元。为此，农行自贸区分行向天津市第二中级人民法院提起诉讼。该院作出（2008）二中保民初字第86号民事判决（以下简称86号判决），判决：一、陆桥公司于判决生效之日起10日内偿还尚欠农行自贸区分行借款本金433万元及至2008年3月20日止的利息5827508.69元以及自2008年3月21日起至判决确定的给付之日止的利息（按双方合同约定利率计付）；二、陆桥公司于判决生效之日起10日内给付农行自贸区分行因采取诉讼方式实现债权而产生的律师费用25万元；三、陆桥公司以其抵押物折价或者以拍卖、变卖该抵押物所得的价款对上述给付事项承担抵押担保责任，不足部分由陆桥公司继续清偿。如陆桥公司未按判决确定的期间履行给付金钱义务，按照《民事诉讼法》第二百二十九条之规定，加倍支付迟延履行期间的债务利息。案件受理费96407元，由陆桥公司负担。陆桥公司不服上述判决，提起上诉。天津市高级人民法院于2009年5月5日作出14号民事判决，驳回上诉，维持原判。

另查明，2004年5月3日，陆桥公司与黄惠英签订《天津市商品房买卖合同》约定，陆桥公司将涉案房屋出售给黄惠英，价款为748745元，陆桥公司应于2004年9月30日前将竣工验收合格的商品房交付黄惠英。2004年5月8日，黄惠英向陆桥公司交付房款748745元，陆桥公司向黄惠英出具了天津市房地产开发企业预售款专用收据。农行自贸区分行向陆桥公司出具《同意抵押期房出售证明》载明，农行自贸区分行同意抵押人陆桥公司将涉案房屋出售。后陆桥公司将该出售证明交付黄惠英。2004年5月3日，黄惠英与天津港保税区荣和国际贸易公司签订《租房合同》约定，黄惠英将涉案房屋出租给天津港保税区荣和国际贸易公司，租赁期限自2004年10月1日起10年。2014年7月24日，黄惠英与同福酒店签订《房屋租赁合同》约定，黄惠英将涉案房屋出租给同福酒店。2018年8月1日，同福酒店收到天津市滨海新区塘沽航泰工贸有限公司（以下简称航泰公司）告知函，内容为因航泰公司受让了农行自贸区分行对陆桥公司享有的债权，7 月 1 日天津市滨海新区人民法院作出（2012）滨功执字第 616 号之一裁定，裁定航泰公司为上述债权的申请执行人，要求同福酒店停止支付案涉房屋租金。

2015 年 2 月 25 日，中国农业银行天津港保税区分行变更企业名称为农行自贸区分行。

天津经济技术开发区房地产管理局 2004 年 4 月 26 日出具的津房开发抵字第（04）00604 号天津市房地产抵押权证明书，最终确定陆桥公司抵押房产坐落于天津经济技术开发区第三大街××号，房屋抵押范围为建筑面积 17304.93 平方米房产。抵押物清单中记载抵押房产包括黄惠英所购买的涉案房屋，该房产的性质属于在建工程，权利人目前仍为陆桥公司。

二、当事人一审起诉情况

黄惠英以农行自贸区分行为被告，以陆桥公司为第三人，向天津市高级人民法院提起诉讼，其诉讼请求为：（1）撤销 86 号判决第三项抵押物担保责任中涉及黄惠英天津经济技术开发区第三大街××号×号楼××室房屋部分；（2）注销农行自贸区分行关于天津经济技术开发区第三大街××号×号楼×××室房屋的抵押登记；（3）案件受理费由农行自贸区分行及陆桥公司负担。

三、一审法院的认定与判决

一审法院经审理认为，本案的争议焦点为：（1）对黄惠英的起诉予以受理是否符合法律规定；（2）另案 86 号判决第三项内容是否存在错误，黄惠英的合法权益是否因此受损。

关于对黄惠英的起诉予以受理是否符合法律规定的问题。根据《民事诉讼法》第五十六条的规定，对当事人双方的诉讼标的，第三人认为有独立请求权的，有权提起诉讼。对当事人双方的诉讼标的，第三人虽然没有独立请求权，但案件处理结果同他有法律上的利害关系的，可以申请参加诉讼，或者由人民法院通知他参加诉讼。人民法院判决承担民事责任的第三人，有当事人的诉讼权利义务。前两款规定的第三人，因不能归责于本人的事由未参加诉讼，但有证据证明发生法律效力的判决、裁定、调解书的部分或者全部内容错误，损害其民事权益的，可以自知道或者应当知道其民事权益受到损害之日起六个月内，向作出该判决、裁定、调解书的人民法院提起诉讼。人民法院经审理，诉讼请求成立的，应当改变或者撤销原判决、裁定、调解书；诉讼请求不成立的，驳回诉讼请求。本案中，黄惠英与陆桥公司签订涉案房屋买卖合同后支付了全部房款，陆桥公司亦将房屋交付黄惠英实际使用至今，黄惠英虽未办理房屋产权证书，但并非因黄惠英原因所致。86 号案件系农行自贸区分行诉陆桥公司借款合同纠纷，黄惠英虽非该案件当事人，但案件处理结果与其具有法律上的利害关系，黄惠英因不能归责于其本人的原因未参加 86 号案件的诉讼，其在本案中有权提起第三人撤销之诉，维护自身合法权益。黄惠英主张于 2018 年 8 月 1 日因航泰公司向同福酒店发送告知函才知晓 86 号判决的存在，并于 2018 年 12 月 10 日向一审法院提起诉讼，农行自贸区分行主张黄惠英对于 86 号判决的存在系明知，已经超出六个月的期限，但农行自贸区分行并未对此提供证据证明。现有证据表明黄惠英系在 2018 年 8 月 1 日知晓 86 号判决的存在，其提起本案第三人撤销之诉并未超出法律规定的六个月起诉期限。

关于另案 86 号判决第三项内容是否存在错误，黄惠英的合法权益是否因此受损的问题。首先，黄惠英与陆桥公司签订的《天津市商品房买卖合同》系双方当事人的真实意思表示，内容不违反法律、行政法规的强制性规定，合法有效。黄惠英依约支付了全部房款并实际使用房屋至今，虽然涉案房屋未办理房屋产权登记，但黄惠英对此并不存在过错。因陆桥公司未能偿还农行自贸区分行借款，双方于 2004 年将包括黄惠英所购买的房屋在内的在建工程进行了抵押登记。根据《最高人民法院关于建设工程价款优先受偿权问题的批复》[①] 的规定，人民法院在审理房地产纠纷案件和办理执行案件中，应当依照《合同法》第二百八十六条的规定，认定建筑工程的承包人的优先受偿权优于抵押权和其他债权。消费者交付购买商品房

① 《最高人民法院关于建设工程价款优先受偿权问题的批复》现已失效。

的全部或者大部分款项后，承包人就该商品房享有的工程价款优先受偿权不得对抗买受人。从上述规定可以看出，交付全部或者大部分款项的房屋买受人的权利优先于承包人对工程价款的优先受偿权，而承包人的优先受偿权又优先于抵押权。本案中，黄惠英交付了全部款项并实际占有房屋，在黄惠英的权利与农行自贸区分行的权利并存且发生冲突的情况下，依法应优先保护黄惠英的权利。其次，2004 年 4 月 26 日，农行自贸区分行与陆桥公司就包括涉案房屋在内的 17304.93 平方米的房屋办理抵押登记手续，但农行自贸区分行向陆桥公司出具《同意抵押期房出售证明》，同意陆桥公司将涉案房屋出售给黄惠英，后陆桥公司将该证明原件交付黄惠英。对于农行自贸区分行出具该证明的性质及法律后果，《物权法》第一百七十七条①规定："有下列情形之一的，担保物权消灭：（一）主债权消灭；（二）担保物权实现；（三）债权人放弃担保物权；（四）法律规定担保物权消灭的其他情形。"第一百九十一条规定："抵押期间，抵押人经抵押权人同意转让抵押财产的，应当将转让所得的价款向抵押权人提前清偿债务或者提存。转让的价款超过债权数额的部分归抵押人所有，不足部分由债务人清偿。"根据上述规定，我国法律并不禁止抵押财产的转让行为，在抵押权人同意的情况下，抵押人可以转让抵押财产，此时抵押权人通过使抵押物提前变现的方式，将原基于抵押财产的优先受偿权转化为基于转移抵押财产所获特定价金的优先受偿权。抵押权人不再享有对抵押物的无偿追及权，仅可就抵押物变现的特定价金实现抵押权，而受让人获得了抵押物的完整权利。本案中，农行自贸区分行通过向陆桥公司出具同意出售证明的方式，同意陆桥公司转让作为抵押物的涉案房屋，黄惠英已经支付全部房款并持有上述出售证明，农行自贸区分行对涉案房屋已不再享有抵押权。因此，另案 86 号判决第三项基于农行自贸区分行对涉案房屋享有抵押权，判令陆桥公司以其抵押物折价或者以拍卖、变卖该抵押物所得的价

① 对应《民法典》第三百九十三条："有下列情形之一的，担保物权消灭：（一）主债权消灭；（二）担保物权实现；（三）债权人放弃担保物权；（四）法律规定担保物权消灭的其他情形。"

款承担抵押担保责任，存在错误。最后，关于黄惠英的民事权益是否因此受损的问题。农行自贸区分行主张黄惠英购买的房屋并未被采取查封等强制措施，不存在权益受损的事实。对此，一审法院认为，另案86号判决第三项判令农行自贸区分行对涉案房屋享有抵押权，并有权以该房屋拍卖、变卖的价款享有优先受偿权。虽然目前涉案房屋并未被采取强制措施，但黄惠英仍面临房屋被拍卖或变卖的风险，该判决结果势必对于黄惠英所购买房屋的权益造成损害。因此，黄惠英关于撤销另案86号判决第三项涉及案涉房屋部分的请求，应予支持。黄惠英所提撤销房屋上抵押登记的请求，并非第三人撤销之诉的审理范围，本案不予涉及。

综上，一审判决：一、撤销86号民事判决第三项中涉及陆桥公司以天津经济技术开发区第三大街××号×号楼×××室的房产折价或者以拍卖、变卖所得的价款承担抵押担保责任的部分判决，以及14号民事判决维持的该部分内容；二、驳回黄惠英其他诉讼请求。案件受理费11287元，由农行自贸区分行负担。

四、当事人上诉及答辩情况

农行自贸区分行不服一审判决，向最高人民法院提起上诉，请求：(1) 撤销一审判决第一项；(2) 驳回黄惠英全部诉讼请求；(3) 一、二审案件受理费由黄惠英或陆桥公司承担。事实和理由：(1) 一审判决适用法律错误，本案不符合第三人撤销之诉的构成要件。黄惠英的起诉仅符合六个月的起诉期限以及因不能归责于本人事由未参加诉讼两项条件，不符合《最高人民法院关于适用〈中华人民共和国民事诉讼法〉的解释》第二百九十二条规定的其他条件。①案涉房屋尚处于在建工程状态，未办理产权登记，黄惠英至今不是房屋产权人，不具备第三人撤销之诉主体资格。②(2009) 津高民二终字第14号民事判决（以下简称14号判决）并无错误，亦未损害黄惠英的民事权益。案涉房屋事实上已由黄惠英占有使用，且不在被执行财产之列。(2) 黄惠英有多种途径保障权益，但其长期怠于行使权利，存在重大过错，应承担相应法律后果。在付清房款的前提下，黄惠英有权对抗任何执行行为，并非必须撤销原生效判决。黄惠英长期不依照合同主张债权请求权，案涉房屋至今未办理产权登记，黄惠英并非没有过错。（3）一审判决对购房人、抵押权人之间权利冲突的解释推理存在法律逻辑错误。农行自贸区分行为登记公示的抵押权人，第三人无权直接撤销该抵押权。第三人撤销之诉为事后特殊救济程序，应严格限定其使用条件。涉案房屋系用于商业出租受益，不属于为满足基本居住需求而应予特殊保护的情形。（4）一审判决认定诉讼费用全部由农行自贸区分行承担不合理。

黄惠英辩称：（1）农行自贸区分行已出具《同意抵押期房出售证明》，其对案涉房屋不再享有抵押权、优先受偿权。案涉房屋虽登记在陆桥公司名下，但黄惠英已与陆桥公司签订合法有效的《商品房买卖合同》并支付全部购房款，对房产享有民事权益。14号判决影响黄惠英实现物权，使黄惠英面临房产被拍卖或变卖的风险，侵害了黄惠英的民事权益。（2）黄惠英未怠于行使自身权利。黄惠英就房屋过户事宜一直与陆桥公司沟通，案涉工程未竣工验收、无法进行产权登记系陆桥公司原因导致，黄惠英并无过错。黄惠英作为普通消费者，出于居住用途购买房屋，案涉房屋仅对外出租并未用于经营。

五、最高人民法院二审认定与判决

最高人民法院二审期间，农行自贸区分行提交两份新证据：（1）黄惠英就天津益源工贸发展有限公司申请执行陆桥公司一案执行异议听证笔录，证明黄惠英在2018年1月6日即知晓农行自贸区分行债权转让，其于2018年12月10日提起本案第三人撤销之诉，已超出6个月的期限。（2）陆桥公司涉诉裁判文书（12份），证明现有针对陆桥公司提起的诉讼，很多购房人选择撤诉或放弃异议权。在建工程未成为法律意义上的房产，不具有可执行性。黄惠英质证认为，对两份证据的合法性、真实性认可，但不认可关联性。黄惠英当时没有收到相关材料，不能证明黄惠英明知生效判决已侵害其利益，而且该笔录记载停止支付租金的时间点是2018年7月；关于陆桥公司的涉诉裁判文书，大部分在本案一审之前产生，讼争在建工程是可以执行的。陆桥公司质证认为，对两份证据的合法性、真实性认可，但不认可关联性。2018 年 1 月 6 日通知黄惠英等停止支付租金，但没有明确告知诉讼情况，2018 年 3 月和 8 月，同福酒店和航泰公司发出的告知函中不包括黄惠英所购房屋；案涉房屋最终未办理房产证系政府原因所致。最高人民法院对上述两份证据认证如下：对第一份证据，经查，该听证笔录载明的申请执行人为天津益源工贸发展有限公司，与本案所涉纠纷并无关联。其中，黄惠英陈述称："2018 年 1 月 6 日停止支付租金，因债权有转让所以不支付租金。"该陈述亦不能证明黄惠英知悉生效判决的存在，不能达到农行自贸区分行的证明目的，不予采信。对第二份证据，该证据系陆桥公司所涉其他纠纷，与待证事实无关联，不予采信。

最高人民法院二审查明的事实与一审法院查明事实一致。

最高人民法院认为，本案争议的焦点问题是：（1）黄惠英的起诉是否符合第三人撤销之诉成立要件；（2）农行自贸区分行对其同意转让并已转让的抵押物，是否可以行使抵押权。

关于黄惠英的起诉是否符合第三人撤销之诉成立要件的问题。对此，各方在二审中主要存在两项争议：（1）黄惠英的起诉是否超过六个月的期限；（2）黄惠英在本案中是否具有诉的利益。具体分述如下：（1）对于黄惠英的起诉是否超过六个月起诉期限，农行自贸区分行在一审中并未提出异议，而且，其在上诉状中明确认可"黄惠英的起诉符合六个月的起诉时效"。其在二审庭审中提交的新证据不能证明黄惠英在 2018 年 1 月 6 日即已知悉 14 号判决错误并导致其权益受到损害，一审判决根据查明的事实，认定黄惠英的起诉未超过六个月期限，并无不当。（2）关于黄惠英在本案中是否具有诉的利益。本案虽缘起于陆桥公司未能为购房人黄惠英办理案涉房屋产权证，但各方的争议焦点并不在此。第三人撤销之诉主要解决的是生效判决是否存在全部或者部分内容错误以及是否损害第三人民事权益的问题。本案中，因 14 号判决认定农行自贸区分行对案涉房屋享有抵押权，导致作为该房屋买受人的黄惠英实现权利存在障碍，黄惠英在本案中具有诉的利益。农行自贸区分行主张黄惠英不具有诉的利益，依据不足。

关于农行自贸区分行对其同意转让并已转让的抵押物，是否可以行使抵押权的问题。《物权法》第一百九十一条规定，抵押期间，抵押人经抵押权人同意转让抵押财产的，应当将转让所得的价款向抵押权人提前清偿债务或者提存。转让的价款超过债权数额的部分归抵押人所有，不足部分由债务人清偿。抵押期间，抵押人未经抵押权人同意，不得转让抵押财产，但受让人代为清偿债务消灭抵押权的除外。可见，该条对抵押权人的权益已予以充分保障，并给予交易各方以明确的行为指引。农行自贸区分行作为案涉房屋抵押权人，出具《同意抵押期房出售证明》，同意抵押人陆桥公司将涉案房屋出售，即明知陆桥公司将出售房屋取得价款。其完全有权要求陆桥公司将转让所得价款提前清偿债务或者提存，并采取监管收款等必要措施予以保障，但农行自贸区分行并未采取相应的监管保障措施，放任陆桥公司不以售房款清偿贷款债务，明显具有过错。黄惠英基于农行自贸区分行出具的同意出售证明购买案涉房屋并无过错。农行自贸区分行同意陆桥公司出售抵押的房产后，怠于行使《物权法》第一百九十一条第一款赋予的要求陆桥公司以售房款直接清偿债务的权利，却转而继续要求对案涉房屋行使抵押权，势必影响已经支付价款的无过错购房者的利益，有失公平。农行自贸区分行应当按照前述物权法规定的途径寻求救济，并自行承担因其过错而产生的不利后果。一审判决对黄惠英撤销 14 号民事判决维持的 86 号民事判决第三项中涉及天津经济技术开发区第三大街××号×号楼×××室房屋部分的请求，予以支持，并无不当。

综上，农行自贸区分行的上诉请求不能成立，应予以驳回；一审判决认定事实清楚，适用法律正确，应予维持。依照民事诉讼法第一百七十条第一款第一项之规定，判决：驳回上诉，维持原判。二审案件受理费 11287 元，由中国农业银行股份有限公司天津自由贸易试验区分行负担。

六、本案解析

对本案的实体处理，需要分析的关键问题是：根据《物权法》第一百九十一条第一款①的规定，抵押权人同意抵押人转让抵押物，抵押权人是否还可以对该已转让的抵押物行使抵押权。有意见认为，抵押权人同意抵押人转让抵押物后，仍对该物享有抵押权追及效力，主要理由是：（1）具有追及效力是抵押权的应有之义。作为一种物权，抵押权首先是一种对物的权利，物在则权利在，除非通过合法的方式消除了抵押物上的抵押权，否则无论物在何处，物上的其他权利或权利主体如何发生变化，抵押权都不会受到影响。抵押权的效力不因抵押物的转让而受影响。这是各国各地区的通行做法。（2）就《物权法》第一百九十一条的文义而言，无法得出物权法否定抵押权追及效力的结论。依体系解释，我国实际已承认抵押权的追及效力。根据《物权法》第一百八十八条、第一百八十九条②的规定，在动产抵押中如已经办理抵押登记，则可对抗善意第三人或者正常经营活动中已支付合理对价并取得抵押财产的买受人，这显然是抵押权追及效力的体现。（3）抵押权的追及效力也是物权公示公信原则的贯彻结果。根据物权公示公信原则，推定不特定第三人都知晓或者应当知晓登记抵押权的设立情况，第三人不得以自己不知道抵押登记的存在而提出善意抗辩，受让人知道或者应当知道标的物上已经设立抵押权，却仍与抵押人进行交易，应视为其自愿取得设有负担的权利，故受让人的权利应劣后于抵押权人。（4）物权法实际是从物尽其用和利益平衡的角度出发，充分发挥价金物上代位制度的优点，并通过追及效力来弥补其局限性，从而实现了制度的最佳组合，形成以转让价金物上代位为主导、抵押权追及效力为补充的抵押物转让制度。抵押权的物上代位性仅存在于抵押物毁损、灭失的情形，且价金物上代位制度不足以保障抵押权人利益的实现。以《物权法》第一百九十一条已规定价金物上代位制度为由来否定抵押权的追及效力，

---

① 对应《民法典》第四百零六条："抵押期间，抵押人可以转让抵押财产。当事人另有约定的，按照其约定。抵押财产转让的，抵押权不受影响。抵押人转让抵押财产的，应当及时通知抵押权人。抵押权人能够证明抵押财产转让可能损害抵押权的，可以请求抵押人将转让所得的价款向抵押权人提前清偿债务或者提存。转让的价款超过债权数额的部分归抵押人所有，不足部分由债务人清偿。"

② 对应《民法典》第四百零三条："以动产抵押的，抵押权自抵押合同生效时设立；未经登记，不得对抗善意第三人。"

并无充分理据。如果将《物权法》第一百九十一条解释为抵押权人同意转让即放弃了对抵押物的追及效力，会使得银行因担心抵押物丧失而不愿意开发商转让房屋，导致开发商因不能出售房屋而无法回笼资金，从而严重影响开发商的偿债能力及损害开发商的利益，也迫使银行最终不得不通过行使抵押权来维护自己的利益。

笔者认为，上述意见虽有一定道理，但不能解决实践中的问题。经过充分研究，最终确定的思路为：经抵押权人同意转让抵押财产的，抵押权人对该已转让的抵押物不能再行使优先受偿权，但可以主张对转让所得价款优先受偿。主要理由是：（1）抵押权本质上是一种优先受偿权，体现的是抵押物的交换价值，在抵押物转让的情况下，交换价值已经实现。抵押权人同意转让抵押物的，其对抵押物的追及效力受到限制，转化为对转让价款的优先受偿权。根据《物权法》第一百九十一条规定，抵押期间，抵押人经抵押权人同意转让抵押财产的，应当将转让所得的价款向抵押权人提前清偿债务或者提存。之所以要对转让所得价款进行安排，即是由于抵押物的交换价值已经明确为转让所得价款，抵押权人的抵押权转化为就转让后所得价款享有优先受偿权。如不作此理解，就意味着立法既规定抵押权人可以就转让所得价金提前清偿债务，又允许抵押权人继续对抵押物享有抵押权。这对于受让人而言极为不公，容易造成利益失衡。法律不应支持抵押权人懈怠追及抵押物变现价款的行为。退一步讲，即使允许抵押权人始终追及抵押物，最终实现抵押权仍要变现抵押物，相比前一次变现而言，为何允许抵押权人放弃抵押人的第一变现，而转向从之后受让人手中寻求第二次变现，此舍近求远的低效并非法律所追求的价值。根据《物权法》第一百九十一条的制度设计，抵押权人同意转让抵押物的，完全可以通过控制销售所得房款并就该价款受偿来实现抵押权。如果抵押权人一方面同意抵押物转让，一方面又漠视对转让所得价款的监管，其本身对于未能实现抵押权即具有明显过错。（2）现行的《物权法》规定给抵押权发挥追及效力预留的空间极其有限。根据传统的物权法理论，抵押权作为物权，针对的是物本身，则不管物辗转流落何处，抵押权人均可追及该物实现其权利，抵押权人一般无权也无需决定抵押物的转让，当然也无需关注转让所得价款。但我国的《物权法》并未如此设计，否则，就不会赋予抵押权人如此大的权利，来决定抵押物是否可以转让。因此，思考此问题不能简单地从传统民法理论或比较法角度进行推理。按照我国现行法律规定，抵押权追及力发挥作用的空间并不大。正常情况下，在不动产转让时，如无抵押权人的同意及解押（涂销抵押权），不动产权属无法进行变更登记。而不动产物权不发生变动的情况下，抵押权追及效力也就没有发挥作用的空间。（3）现行《物权法》规定中，物权公示公信原则本身贯彻得并不彻底，《物权法》第一百零六条[①]将善意取得制度扩大到不动产即为例证。而且，在商品房预售中，普通购房人并无权利和渠道查看在建工程抵押情况，以此推定购房人明知并自愿承担不利后果，不符合目前商品房预售制度的现实情况。这涉及商品房预售制度本身规范的问题，商品房预售制度的本质是抵押银行和开发商联手下的对消费者的融资制度，不能将预售制度下的风险让弱势群体消费者承担。（4）现实中，抵押权人处于优势地位，其完全可以通过对购房款进行监管等方式保障自己的抵押权。在其同意转让抵押物的情况下，应当视为是对自己权利的放弃，而非迫不得已。有观点认为，如果这种情况下否定抵押权人对抵押物行使抵押权，则倒逼抵押权人为保障其抵押权实现而不再同意抵押物转让，反而限制了抵押物流转。对此，笔者认为，任何交易模式均存在一体两面的社会效果，如果持肯定说，则对于买受人来讲，抵押权人是否同意均导致其所购买的是一个有物上负担的物，同样限缩了买受人的交易愿望，如此，也同样会限制抵押物流转。因此，抵押物流转是否顺畅根本上应当是受供需平衡的经济规律以及相关的金融政策导向支配，而非其他。（5）此种理解与《物权法》第一百九十一条保护抵押权人的立法目的并不冲突。虽然该条规定

---

① 对应《民法典》第三百一十一条："无处分权人将不动产或者动产转让给受让人的，所有权人有权追回；除法律另有规定外，符合下列情形的，受让人取得该不动产或者动产的所有权：（一）受让人受让该不动产或者动产时是善意；（二）以合理的价格转让；（三）转让的不动产或者动产依照法律规定应当登记的已经登记，不需要登记的已经交付给受让人。受让人依据前款规定取得不动产或者动产的所有权的，原所有权人有权向无处分权人请求损害赔偿。当事人善意取得其他物权的，参照适用前两款规定。"

并无使得抵押权人丧失抵押权的原意，但通过赋予抵押权人同意权以及就转让所得价金提前清偿债权，已经给抵押权人充分的保障。抵押权人不能就已经同意转让的抵押物行使抵押权并非消灭了抵押权人的抵押权，只是行使抵押权的对象不再是原物，而是转让所得价金，这与抵押权的本质是一致的。（6）此种理解及处理方式更好地平衡了银行（抵押权人）和购房者的利益。权利的行使是有边界的，特别是与其他权利相冲突时，更要妥善兼顾。银行设定抵押权的目的在于保障其债权的实现，而不在于取得案涉房产，承认其对于购房款享有优先受偿权即可保护其利益。本案中，银行未获清偿的原因一方面在于债务人未履行物权法规定的义务，将转让价款提前清偿债务或者提存，另一方面也在于银行未对该转让款进行有效控制，银行自身过错明显。而购房者没有过错，其利益理应得到保护。而且，银行的商业利益与购房者的生存利益相比，亦应以优先保护生存利益为原则。这与《最高人民法院关于建设工程价款优先受偿权问题的批复》等司法解释和司法政策价值取向也是一致的。（7）抵押物转让经过抵押权人同意，目的即为保证交易安全，使受让人可以取得物权，如果此时抵押权人仍有权对抵押物优先受偿，与未经抵押权人同意的转让没有区别，法律设置"经抵押权人同意"这一程序即失去意义。一审法院否定农行自贸区分行的抵押权欠妥，但其关于农行自贸区分行在同意房屋出售后，作为抵押权人不再享有对抵押物的无偿追及权，仅可就抵押物变现的特定价金实现抵押权的认定和处理结果并无不当。

需要说明的是，《民法典》物权编第四百零六条已经对《物权法》第一百九十一条进行了修改，即抵押物转让无需再经过抵押权人同意，只需通知抵押权人即可。同时明确规定，抵押财产转让的，抵押权不受影响。《民法典》施行后，各民事主体的权利义务自应当按照新的规定确定。但笔者认为，即使按照新的规定，也需要解决实践中执行异议之诉和第三人撤销之诉中善意买受人权利的保护问题。尤其是在现有的商品房预售制度实践操作中，开发商通过在建工程抵押从银行获得贷款，银行向住建部门同意出售所建商品房后，开发商获得预售许可证，在此情况下，开发商"五证"齐全，普通购房人购此商品房，并无过错。但如果按照该规定，其所购商品房上仍负担有抵押权，这将严重损害普通购房人的利益，对社会稳定造成巨大威胁，要特别慎重对待。目前实践中已经凸显的银行与普通购房人之间执行异议之诉和第三人撤销之诉纠纷亦将进一步激化。因此，亦应当慎重对待。

（撰稿人：王　丹）

占有物返还纠纷

30. 上诉人天津福特斯有限公司与被上诉人天津市蓟县供热服务中心占有物返还纠纷二审案*

当事人主张占有物返还的，应当就其系物的合法占有人以及侵占人非法侵害占有的事实，承担举证证明责任

【裁判摘要】

当事人依据《中华人民共和国物权法》第二百四十五条①规定，主张占有物返还的，应当就其系物的合法占有人以及侵占人非法侵害占有的事实，承担举证证明责任。当事人主张侵害占有损害赔偿的，应当按照侵权责任的构成要件予以审查认定。

上诉人（原审原告）：天津福特斯有限公司，住所地：天津市河东区新开路与华捷道交口东北侧新天地家园。

法定代表人：李书平，该公司董事长。

委托代理人：戴汇瑜，北京智勇律师事务所律师。

委托代理人：陈世宇，北京智勇律师事务所律师。

被上诉人（原审被告）：天津市蓟县供热服务中心，住所地：天津市蓟县中昌北路。

---

* 摘自《民事审判指导与参考》2015年第4辑（总第64辑），人民法院出版社2016年版，第196～214页。

① 对应《民法典》第四百六十二条："占有的不动产或者动产被侵占的，占有人有权请求返还原物；对妨害占有的行为，占有人有权请求停止侵害、排除妨碍或者消除危险；因侵占或者妨害造成损害的，占有人有权请求损害赔偿。"

法定代表人：李艳丰，该中心主任。

委托代理人：白光辉，天津和瀛律师事务所律师。

委托代理人：王戬，天津和瀛律师事务所律师。

第三人：天津市华奥供热有限责任公司，住所地：天津市蓟县城关镇商贸街。

法定代表人：刘金涛，该公司董事长。

委托代理人：张冬光，北京友融律师事务所律师。

一、天津市高级人民法院一审查明的案件事实

2008年11月10日，甲方天津市供热管理办公室（以下简称供热办）与乙方天津市华奥供热有限责任公司（以下简称华奥公司）就天津市蓟县宝塔路锅炉房2008～2009年度供热运行和建设维修管理工作签订《协议书》，主要约定：（1）乙方负责宝塔路供热站的建设维修、运行和经营管理工作，用热单位及业主签订并履行《供热协议书》及《供用热合同》，保证供热质量。（2）甲方委派专业技术人员对宝塔路锅炉房2008～2009年度供热运行管理工作进行监督和技术指导，不计报酬。（3）甲方协助乙方申请市、县供热运行及其他政策资金补贴，负责运行及其他政策资金补贴到位。乙方应及时提供相关资料。（4）双方对本协议书的内容、条款、词语已理解无其他异议，未尽事宜可对协议条款进行补充，以书面形式签订补充协议，补充协议与本协议书具有同等效力。（5）本协议书生效后，双方不准单方解除并应严格履约。如单方违约，违约方应赔偿守约方经济损失，经济损失的计算以守约方实际经济损失为准。（6）本协议书自签订之日起生效，有效期至2009年3月15日止，在乙方享有的权利和利益尚未得以实现时本协议书的有效期顺延。

2008年11月13日，甲方供热办与乙方华奥公司签订《补充协议书》，主要约定：（1）按照《天津市集中供热管理规定》，乙方已向甲方申办供热特许经营许可，现甲方尚在为乙方办理。为确保供热，甲方赋予乙方履行与用热单位及用热人签订《供热协议书》《供用热合同》的权利、义务和责任。（2）甲方保护乙方享有的权益和利益，授权乙方对用热单位及用

热人拒不履行《供热协议书》《供用热合同》及私改供热设施和未经乙方同意擅自更改供热设施的予以停暖，诉讼追偿损失的权利。（3）将协议书违约责任条款修改为：违约方应赔偿守约方经济损失，经济损失的计算，违约方按守约方实际经济损失的双倍给予赔偿。（4）补充协议书与协议书具有同等效力。

2008年11月15日，供热办出具《授权委托书》，委托华奥公司作为其代理人，主要权限为：（1）与用热单位及用热人签订及履行《供热协议书》《供用热合同》，按照蓟县物价局文件收费标准收费。（2）诉讼追偿用热单位及用热人欠费、损失和违约金。（3）执行天津市人民政府令第64号《天津市集中供热管理规定》。（4）在《协议书》《补充协议书》所载明受委托人的权益和利益尚未完全得以实现时，委托人不准撤销本授权委托书。

2008年11月23日，甲方供热办与乙方华奥公司签订《补充协议（二）》，主要约定：（1）按照《协议书》《补充协议书》的约定和甲方《授权委托书》赋予乙方的代理权限，由乙方履行与用热单位蓟县外贸局签订《供热协议书》、与用热人蓟县外贸局凤凰小区业主签订《供用热合同》，按照蓟县物价局文件收费标准收取供热工程建设费和采暖费，确保供热质量。（2）收缴的供热工程建设费用用于乙方供热设施建设投资，所有权归乙方所有，不必上缴甲方。（3）《协议书》《补充协议书》和甲方出具的《授权委托书》所载明的《供热协议书》《供用热合同》用语的解释是：①《供热协议书》是指乙方与用热单位签订的供用热合同关系，由乙方提供热源，包括锅炉房上法兰盘接口至小区一次管网的供热管道和热交换机组等供热设施投资建设，用热单位向乙方按物价局文件标准支付供热工程建设费的权利、义务和责任关系。②《供用热合同》是指乙方与用热单位签订的供用热服务合同关系，由乙方给用热人提供供暖服务，用热人按物价局文件标准向乙方缴付采暖费的权利、义务和责任关系。（4）《协议书》期限条款修改为：乙方的供热设施出让后，乙方享有的权益全部实现时《协议书》终止。（5）《协议书》《补充协议书》、甲方出具的《授权委托书》，除本补充协议第三条外，其他内容、词语的含义等解释权归乙方。（6）本补充协议的内容、示范、用语解释，作为双方对《协议书》《补充协议书》、甲方出具的《授权委托书》实施与履行的补充附件，经双方盖章后具有同等效力。原《协议书》《补充协议书》、甲方出具的《授权委托书》的内容与本补充协议相抵触的，以本补充协议为准。

2009 年 6 月 2 日，供热办经天津市机构编制委员会办公室批准更名为“天津市蓟县供热服务中心”（以下简称供热中心），系蓟县房管局所属事业单位。

2012 年 11 月至 12 月间，众多用热业主反映华奥公司运营的宝塔路供热站供热温度不达标。2012 年 12 月 31 日，天津市蓟县应急管理办公室决定启动供热应急预案，责成供热中心负责恢复宝塔路供热站供热范围内的正常供热工作。由此，供热中心与华奥公司发生争议。在协商过程中，华奥公司曾向行政主管部门报送请示，请求转让诉争供热设施；供热中心则表示解除《协议书》《补充协议书》及《授权委托书》。

因双方当事人未能协商一致，供热中心于 2013 年 9 月 5 日向天津市蓟县人民法院（以下简称蓟县法院）提起诉讼，请求判令：（1）解除 2008 年 11 月 15 日出具的《授权委托书》；（2）华奥公司将蓟县宝塔路供热站院墙外的供热管网及时代花园热交换站两座、山水颐城北园热交换站一座、天一绿海城（揽秀园）热交换站两座、天一绿海城（揽翠园）热交换站一座的使用权交付供热中心。2013 年 9 月 27 日，供热中心针对前述宝塔路供热站供热设施提出先予执行申请。2013 年 9 月 29 日，蓟县法院作出（2013）蓟民二初字第 710 号民事裁定，裁定华奥公司向供热中心交付宝塔路供热站供热设施。2013 年 10 月 10 日，供热中心依照已生效的先予执行裁定，实际接收占有宝塔路供热站院墙外的供热管网及时代花园热交换站两座、山水颐城北园热交换站一座、天一绿海城（揽秀园）热交换站两座、天一绿海城（揽翠园）热交换站一座，并与热电联产供热管网连接。2013 年 12 月 2 日，华奥公司向蓟县人民政府报送《关于供热中心支付、收购宝塔路供热站资产转让金的请示》，明确表示：由于供热中心强行侵占华奥公司的供热管道、供热设备等并已使用，请求蓟县人民政府督促供热中心于 2013 年 12 月 31 日前支付整体转让金 4.56 亿元。如逾期不能支付上述款项，供热中心应返还前述供热设备设施并赔偿损失。

关于供热中心提起的诉讼，蓟县法院经审理认为，双方当事人系委托关系。华奥公司接受委托收取供热工程建设费，建设供热设施，为用热户提供集中供热热源。因 2012 ~ 2013 年度供热期未能正常供热，且华奥公司亦提出转让要求，至今尚未取得供热经营许可证。为保障宝塔路供热站正常供热，供热中心的主张应予支持。关于宝塔路供热站供热设施的财产权属等问题，不属于该案审理范围，可另行解决。2013 年 11 月 19 日，蓟县法院作出（2013）蓟民二初字第 710 号民事判决，支持了供热中心提出的诉讼请求。华奥公司不服该判决，向天津市第一中级人民法院（以下简称天津一中院）提起上诉。2014 年 2 月 19 日，天津一中院作出（2014）一中民二终字第 22 号民事判决，驳回上诉，维持原判。华奥公司以原审法院将福特斯公司排除在诉讼之外，遗漏当事人为由，申请再审。天津市高级人民法院（以下简称天津高院）经审查认为，天津福特斯有限公司（以下简称福特斯公司）既非合同相对人，亦非必须参加诉讼的当事人，遂于 2014 年 8 月 15 日作出（2014）津高民申字第 0812 号民事裁定，驳回了华奥公司的再审申请。此后，福特斯公司亦提出再审申请。天津高院经审查认为供热设施的财产权属等问题，不属于原审审理范围，原两审法院已明确告知当事人另行解决，福特斯公司以华奥公司资产受让人的名义主张供热设施的财产所有权，不属于再审审查的范围。2014 年 9 月 3 日，天津高院作出（2014）津高民申字第 0813 号民事裁定，驳回了福特斯公司的再审申请。

一审法院另查明，福特斯公司原名称为天津世纪力泰科技发展有限公司（以下简称世纪力泰公司），2014 年 2 月 10 日经工商行政主管部门核准后更名。福特斯公司主张以下事实：2013 年 7 月 26 日，世纪力泰公司与华奥公司签订《蓟县宝塔路供热站资产交易清查交接登记表》。同日，世纪力泰公司与华奥公司签署确认书（一）（二）（三）。2013 年 7 月 28 日，世纪力泰公司（甲方）与华奥公司（乙方）签订《蓟县宝塔路供热站资产买卖合同》，主要约定：（1）乙方整体出卖其名下蓟县宝塔路供热站资产，其中第一批出卖的资产包括热力管网、换热站设备、锅炉、配电系统等，价款21223万元。（2）甲方于当日已给付乙方21100万元，尚欠123万元于2013年9月1日前支付。（3）乙方出卖的供热站时代花园小区热力管网、天一绿海小区热力管网、现代城小区热力管网、凤凰小区热力管网及供热站配电设施等资产所有权、使用权、经营权、收费权全部归甲方所有，双方已进行清查交接登记。（4）2013～2014年度居民供热事宜另行订立补充合同。（5）乙方出卖的供热站第二批资产包括房屋、土地及其他构筑物，约定市场出卖价格为22477万元，乙方办完供热站房地产权证后30日内签订合同。签约前，供热站房屋和土地及其他构筑物等供热设施使用权、经营权、收费权交付甲方。（6）出卖的资产所涉债权、债务由乙方负责清偿，与甲方无关。（7）如单方违约应支付违约金，违约金按照合同总标的日万分之五计算，自违约之日起至违约责任消除之日止。同日，世纪力泰公司（甲方）与华奥公司（乙方）签订《蓟县宝塔路供热站资产交易款项结算书》，主要约定：（1）甲方买受了供热站热力管道、换热站设备、锅炉及配套设备等资产，应给付乙方21223万元。（2）乙方应偿还向甲方的借款本金及利息11072万元，见确认书（一）；乙方应付购买甲方项目价款37882000元，见确认书（二）；乙方应支付甲方供热站设备技术改造工程款62398000元，此款不包括乙方预留工程质保金800万元，见确认书（三）；乙方应付甲方以上款项合计21100万元。（3）甲方欠付的123万元，于2013年9月1日前支付。同日，华奥公司出具收条，确认收到世纪力泰公司支付的21100万元。2013年7月31日，世纪力泰公司与华奥公司签订《蓟县宝塔路供热站资产买卖合同补充合同（一）》。

2014年4月2日，福特斯公司与华奥公司就蓟县宝塔路供热站二次热力管网买卖未尽事宜签订《蓟县宝塔路供热站资产买卖合同补充合同（二）》。

经一审法院询问，华奥公司对其与供热中心、福特斯公司（原世纪力泰公司）签订的一系列协议的真实性均无异议。

本案成讼时，福特斯公司的股东包括刘建国、刘建明、王亚青、天津嘉信集团有限公司（以下简称嘉信集团）。嘉信集团的股东包括刘东兴、刘建明、刘振兴。2015年1月，福特斯公司的股东变更为王亚青、李书平、刘建国。

二、当事人一审起诉与答辩

福特斯公司起诉称：2007 年 3 月，华奥公司在天津市蓟县宝塔路东侧建设供热站，为 340 万平方米规划建设面积集中供热。2008 年 11 月 10 日、11 月 23 日，华奥公司与供热中心签订协议及补充协议，并由供热中心于 2008 年 11 月 15 日出具授权委托书，委托华奥公司向规划住宅小区供热，收取采暖费、供热工程建设费等费用，所收费用归华奥公司所有，用于供热设施建设及经营使用，资产归华奥公司所有。华奥公司自 2007 年 12 月开始供热，2013 年 7 月 28 日和 2014 年 4 月 2 日，华奥公司与福特斯公司签订协议，将供热管道及设备等资产转让给福特斯公司，福特斯公司即持有该供热设施的所有权、使用权、经营权、收费权。2013 年 9 月 5 日，供热中心以华奥公司为被告提起诉讼。蓟县法院判决解除了委托合同，华奥公司持有的资产，即供热站一次管网和二次管网及换热设备等供热设施由供热中心强行接管使用。华奥公司不服提起上诉，天津一中院判决驳回了华奥公司的上诉请求。华奥公司与福特斯公司均不服，提出再审申请，又被驳回。福特斯公司的诉讼请求为：（1）供热中心立即返还福特斯公司供热管道及设施、设备的经营权、使用权，并赔偿自 2013 年 10 月 8 日至 2014 年 10 月 7 日期间的经营损失 550 万元；（2）如不能返还，供热中心向福特斯公司支付投资损失 26358 万元；（3）诉讼费用由供热中心承担。2014 年 10 月 13 日，福特斯公司变更诉讼请求，具体内容为：（1）撤销原第一项诉讼请求中赔偿损失的要求；（2）变更原第二项诉讼请求为如不能返还，供热中心向福特斯公司支付投资损失 32840 万元；（3）第三项诉讼请求不变。

供热中心答辩称：（1）福特斯公司的诉讼主体资格不适格。按照《中华人民共和国民事诉讼法》的相关规定，原告必须是与本案有直接利害关系的公民、法人或其他组织，福特斯公司作为原告以占有物返还纠纷提起诉讼，所谓占有是指对于物在事实上的支配和控制权，福特斯公司的请求权没有法律基础，不享有对供热中心的诉权。（2）双方当事人之间不存在直接的法律关系，福特斯公司无权对供热中心直接主张权利。福特斯公司与华奥公司可能存在权利义务关系，而华奥公司曾经与供热中心存在委托供热关系。但是该委托供热关系已经合法解除。如果福特斯公司认为自身的权益受到损害，可以向华奥公司主张违约责任，而不能直接向供热中心主张占有物的返还。（3）福特斯公司对本案诉争的所谓华奥公司资产的财产权利和范围存在误解。按照《天津市供热用热条例》和《天津市新建房屋供热工程建设费征收管理办法》等相关规定，供热工程建设费属于行政事业性收费，应当专款专用，专项用于相关供热设施的建设。华奥公司接受供热中心的委托，从用热单位收取的供热工程建设费并由此投资形成的供热管网等资产，并不属于华奥公司的资产，华奥公司也无权把该部分资产转让给福特斯公司。综上，福特斯公司的主张不能成立，请求依法驳回其全部诉讼请求。

三、天津市高级人民法院一审认定与判决

一审法院认为，本案争议焦点为：福特斯公司请求供热中心返还讼争供热设施设备的主张能否成立。本案系占有物返还纠纷，福特斯公司主张其系讼争供热设施设备的原占有人，因供热中心非法侵占讼争供热设施设备，故提起诉讼。福特斯公司应针对其系讼争供热设施设备的原占有人以及供热中心存在非法侵占行为等事实承担举证责任。

关于讼争供热设施设备的占有，生效法律文书已认定供热中心与华奥公司系委托合同关系，双方在合同履行过程中因华奥公司供热温度不达标而发生争议。为解决用热业主供暖问题，供热中心提起诉讼，请求解除授权委托书并要求华奥公司交付讼争供热设施设备。供热中心于 2013 年 10 月实际占有讼争供热设施设备系基于已发生法律效力的先予执行裁定，且天津市第一中级人民法院于 2014 年 2 月 19 日作出的民事判决亦判令华奥公司应向供热中心交付讼争供热设施设备。故供热中心实际占有讼争供热设施设备系依据人民法院作出的生效裁判文书，其占有行为具有合法性，并非违法侵占他人财产。福特斯公司关于供热中心违法侵占讼争供热设施设备的主张，没有事实依据。

关于福特斯公司是否为讼争供热设施设备的原占有人。首先，福特斯公司提供的证据仅能证实其与华奥公司存在买卖合同关系，而无法证实其确已实际占有的事实。其次，供热中心于2013年10月通过先予执行程序实际占有了讼争供热设施设备。依照福特斯公司与华奥公司之间的约定，福特斯公司此时已取得讼争供热设施设备的所有权、使用权。而福特斯公司在此期间既未就先予执行措施提出异议，亦未针对讼争供热设施设备主张权利，仅是华奥公司为维护其权利于2013年12月向蓟县人民政府提出异议，要求供热中心返还供热设施设备并赔偿损失。福特斯公司与华奥公司的前述行为，既与其主张的《蓟县宝塔路供热站资产买卖合同》的履行等事实存在矛盾，亦有悖常理。故福特斯公司主张其系讼争供热设施设备的原占有人，缺乏事实依据，不能成立。

综上，福特斯公司关于“供热中心返还供热管道及设施、设备的经营权、使用权；如不能返还，由供热中心支付投资损失32840万元”的主张，缺乏事实依据，不能成立。一审法院依照《中华人民共和国物权法》第二百四十五条、《最高人民法院关于适用〈中华人民共和国民事诉讼法〉的解释》第九十条的规定，判决驳回福特斯公司的诉讼请求。案件受理费1665800元，由福特斯公司负担。

四、当事人上诉与答辩

福特斯公司上诉称：（1）一审法院认定事实错误。供热中心与华奥公司于2008年11月13日所签订的《补充协议书》6份原件已全部被供热中心收回，2008年11月23日，本案双方当事人与华奥公司签订了新的《补充协议书》。福特斯公司有新的证据证明一审判决认定真实性的相关协议文件已经被废止。福特斯公司基于与华奥公司的合作协议和买卖合同已经取得出资、施工、建设宝塔路供热站的合伙人身份，享有案涉资产共同所有权，在供热中心依据另案先予执行程序占有案涉资产前也已实际占有了该资产。供热中心对其占有的资产没有分文投资，但却占有了福特斯公司数亿元财产。另案相关生效法律文书对供热中心占有供热站资产、设施设备等财产如何依法补偿亦没有认定和处理。（2）一审判决程序违法。华奥公司在本案中，绝不是案外人，一审法院应依职权依法追加华奥公司为第三人参加诉讼。故请求：（1）撤销一审判决，改判支持福特斯公司一审诉讼请求或者将本案发回重审；（2）本案诉讼费用由供热中心负担。

供热中心答辩称：（1）一审法院认定事实清楚，证据确实充分。一审法院基于已经生效的法律文书，确认供热中心对案涉供热设施资产具有合法的占有权，符合法律规定。福特斯公司在另案先予执行程序中既未提出异议，也没有向法院主张权利，亦不能证明其系案涉供热设施设备的合法占有人。华奥公司基于供热中心的委托，从用热单位收取建设费并由此投资形成的本案供热设施设备等资产，并非华奥公司自有资产，其亦无权转让给福特斯公司。（2）一审审判程序合法。华奥公司与本案不存在利害关系，一审法院并未遗漏当事人。故请求驳回上诉，维持原判。

华奥公司陈述意见称，该公司对一审诉讼情况是知情的，一审法院也将华奥公司作为证人。现华奥公司同意福特斯公司的上诉意见，不同意供热中心的答辩意见。

五、最高人民法院二审认定与判决

二审期间，福特斯公司提交6组23份新的证据：第一组为福特斯公司、华奥公司与供热中心签订的相关协议及授权委托书等共计5份，其中包括嘉信集团于2015年5月10日出具的证明材料；第二组为一审中未提交、未经质证、应作为定案依据的证据1份，即“应收供热配套费统计表供热协议书”；第三组为本案诉争标的物占有情况的证据共计3份，其中包括鑫泰物业公司诉华奥公司追偿权纠纷一案的诉讼材料；第四组为福特斯公司、华奥公司、供热办、县政府之间往来信函共计3份；第五组为工程审批建设材料共计10份，其中有关函文发送主体均为当地相关行政主管部门与华奥公司；第六组为福特斯公司与华奥公司之间存在共同投资关系的证据1份，即世纪力泰公司与华奥公司签订于2008年9月19日的《合作协议书》。上述证据中，福特斯公司当庭确认只有嘉信集团出具的证明材料及鑫泰物业公司诉华奥公司追偿权纠纷一案的诉讼材料等两份证据形成于一审程序结束之后。对其他证据未及时提交一审法院的原因，福特斯公司称该公司与华奥公司共管项目时，相关材料交华奥公司保存，后因保管档案的相关人员离职而一直未移交。供热中心认为除两份产生于一审程序之后的证据，其余证据均属于逾期提供的证据，且福特斯公司所持逾期提供的理由不能成立。嘉信集团证明材料的证明内容为，华奥公司（证明材料原载“被告”，综合其整体内容应为华奥公司）与供热办于2008年11月13日及15日签订的补充协议书、授权委托书已经废止。鑫泰物业公司诉华奥公司追偿权纠纷一案的诉讼材料包括鑫泰物业公司民事起诉状以及蓟县法院向华奥公司制发的应诉通知书、民事诉讼举证通知书、开庭传票等。供热中心对该两份证据质证认为：（1）嘉信集团法定代表人刘建明同时也是华奥公司、福特斯公司的股东，其间存在利害关系。该证明材料缺少单位负责人及制作证明材料人员的签名或盖章的形式要件，内容与本案其他证据材料不符，且文件材料作废与否，不能以一方意见认定；（2）鑫泰物业公司诉华奥公司追偿权纠纷一案的诉讼材料与本案不存在关联性，且不能达到福特斯公司的证明目的。

福特斯公司所提其他证据中，核心的证据有6份：（1）供热办2009年9月10日给华奥公司、世纪力泰公司的复函。内容为“贵公司，华奥公司与我办于2008年11月10日签订《协议书》1份，11月23日签订《补充协议书》1份。世纪力泰公司、华奥公司与我办于2008年11月15日签订《授权委托书》1份、《补充协议书》2份。以上所签协议书共计5份有效。华奥公司与我办于2008年11月13日签订《补充协议书》、11月15日签订《授权委托书》、11月18日签订《补充协议书（二）》等3份协议书三方不再履行”。（2）载明时间为2008年11月23日的《补充协议书》。该协议书与本案一审判决所载供热办与华奥公司于2008年11月13日所签《补充协议书》首页相同，均载明协议当事人为供热办（甲方）、华奥公司（乙方）。第四条内容为“本补充协议书一式六份，甲、乙双方各执两份，由甲方呈报蓟县人民政府两份，经甲、乙双方盖章后生效，补充协议书与协议书具有同等效力”。后者第五条内容为“本补充协议书于2008年11月13日在蓟县供热管理办公室签订（‘13’为手写）”。前者第五条内容为“本补充协议书于2008年11月23日在蓟县供热管理办公室签订（‘23’

为手写，其中‘2’有明显修改痕迹）”。前者在第五条后另有如下内容，即“第六条：补充事项：甲方确认世纪力泰公司是乙方建设宝塔路供热站出资、施工的合伙人，持有该供热站资产，为协议书第三方。享有对该供热站的资产处置、受让、利润分红、政府补贴等权益。本协议书第四条废止，经三方盖章确认生效，三方各执一份。（此句另起一段，为加黑字体，世纪力泰公司在该句末尾处加盖了公章）”（3）华奥公司在首页上方及末页中上方右侧签注“此补充协议书已作废，6份原件已留存蓟县供热管理办公室”字样并加盖公章的“供热办与华奥公司于2008年11月13日所签《补充协议书》”。（4）载明时间为2008年11月15日的授权委托书。该委托书与一审判决所载供热办于2008年11月15日所出具《授权委托书》的首部（委托人供热办，受委托人华奥公司）以及前四条内容相同，但另有第五条约定“世纪力泰公司与受委托人享有同等权利”。该条序号“五”与前四条序号位置相较，明显凸前。世纪力泰公司在该委托书底端加盖公章，打印时间亦为2008年11月15日，但“2008”较之其上部“委托人”下打印时间中“2008”，亦明显凸前。（5）供热办在首页上方及末页下方右侧签注“此协议作废。2008.11.23”字样并加盖公章的2008年11月18日《补充协议书（二）》，该签注及盖章明显为“字压章”。（6）世纪力泰公司与华奥公司签订于2008年9月19日的《合作协议书》。福特斯公司提供上述证据，旨在证明其与华奥公司之间系合作关系，且供热中心知道并认可该事实，一审法院认定真实性的相关证据已经废止，对福特斯公司主张的上述事实未予认定存在错误。供热中心除认为该6份证据不属于新的证据外，还认为：（1）所谓2008年11月23日三方协议并不存在；（2）供热办没有出具过所谓2009年9月10日复函，该函中的公章与供热中心前身供热办的章有差异；（3）相关证据存在变造痕迹；（4）供热中心对福特斯公司、华奥公司所谓《合作协议书》并不知情。

二审庭审中，福特斯公司针对有关该公司有无出资建设案涉供热管道及设施设备的证据问题称，自2008年3月25日到2011年9月29日，其共付款61642000元。福特斯公司一审提交的《世纪力泰公司汇款汇总表》记载，福特斯公司于上述时间段内共向华奥公司汇款25笔，收款人均为华奥公司。2014年11月27日下午，一审法院第二次开庭过程中，福特斯公司在回答“2013.7.28协议（即世纪力泰公司与华奥公司所签《蓟县宝塔路供热站资产买卖合同》）的款项支付情况”问题时称：一开始华奥公司建设本项目供热站时没有钱，向福特斯公司借了款，双方有一个借贷关系，从2008年3月25日到2011年9月29日止，共借给华奥公司本金61642000元；双方约定第一批转让标的物总价款21223万元中包括三部分。第一部分是前述借款61642000元及利息49078525元，第二部分是基于福特斯公司将营业楼转让给华奥公司的转让协议（与本案转让协议无关），华奥公司欠付的37882000元，第三部分是基于双方签订的宝塔路供热站设备改造合同，华奥公司欠付的5680万元及利息13598000元。在该次庭审中，福特斯公司在回答“2013年7月份，你方主张支付过对价并交接，相应标的物的权利应该由谁行使”“先予执行时向法院提异议了吗”的问题时，述称“原告（即福特斯公司）”“我们向华奥公司提出过异议，没有以我公司的名义提出”。另据一审卷宗及一审法院2014年11月18日上午第一次庭审笔录记载，福特斯公司二审主张已经作废的华奥公司与供热办于2008年11月13日签订《补充协议书》、2008年11月15日《授权委托书》均系该公司提交一审法院的证据。福特斯公司在一审期间向一审法院提交天津市蓟县人民政府办公室2013年6月19日发给华奥公司的《关于天津市华奥供热有限责任公司请示出让宝塔路供热站的复函》一份，该函主要内容为：华奥公司于2013年6月1日递交关于整体出让宝塔路供热站的请示，望政府予以支持并协调联系有关竞买人；宝塔路供热站的转让由县政府主导，请华奥公司尽快提供整体转让的相关材料，政府组织有关部门全力配合相关事宜，审核竞买人资质及履约能力。2014年11月27日下午，一审法院第二次开庭过程中，一审法院询问福特斯公司“政府强调转让可以，但是必须履行一个程序。你方在签订转让协议（即2013年7月28日，世纪力泰公司与华奥公司所签《蓟县宝塔路供热站资产买卖合同》）时，是否履行了该程序”，福特斯公司回答“不清楚”。

二审庭审中，法院就“2013年12月2日，华奥公司向蓟县人民政府报送《关于供热中心支付、收购宝塔路供热站资产转让金的请示》时，华奥公司与福特斯公司之间的买卖合同是否已经履行完毕”问题询问福特斯公司，福特斯公司与华奥公司均称“买卖合同在2013年7月成立了，已经履行完毕了”。对在买卖合同履行完毕的情况下，为何是华奥公司向蓟县政府报送请示问题，福特斯公司称“供热站包括站内和站外管网，华奥公司出售的是站外的管网，华奥主张的是站内的部分，就把我们站外的管网一并主张了”。华奥公司亦确认福特斯公司所述内容。

二审庭审中，供热中心提供蓟县法院（2013）蓟民二初字第710号民事案件卷宗材料（节选），旨在证明华奥公司在与服务中心相关诉讼过程中提交的证据材料表明，《补充协议书》及《授权委托书》只存在两方当事人，不涉及福特斯公司。经查，蓟县法院（2013）蓟民二初字第710号判决书载明上述证据系供热中心提交。该判决书载明，对该等证据，华奥公司称：“供热中心的诉讼请求没有事实理由和法律依据，不同意供热中心的诉讼请求。理由如下：（1）供热中心为华奥公司出具的授权委托书不具备解除条件，供热中心不能擅自解除；……”

二审庭审中，福特斯公司在回答“买卖合同价款如何支付”的问题时述称，买卖合同实际是对以前的结算，是福特斯公司的投资和利益以及福特斯公司的一个营业楼，还有就是福特斯公司对案涉项目进行维护。针对所主张32840万元投资损失的计算依据问题，福特斯公司述称，是根据买卖合同和评估报告，就是投资和预期的价格。

嘉信集团企业法人营业执照副本显示，该公司法定代表人为刘建明。在二审法院已经通知华奥公司参加本案诉讼的情况下，福特斯公司二审当庭表示不再坚持原审遗漏当事人的上诉理由。

各方当事人对一审法院查明案件事实的真实性均表示没有异议，二审法院确认一审法院查明的案件事实。

二审法院认为，本案二审争议焦点为：（1）供热中心应否返还案涉供热管道及设施设备的经营权、使用权；（2）供热中心应否赔偿福特斯公司投资损失32840万元。

1. 关于供热中心应否返还案涉供热管道及设施设备的经营权、使用权的问题。针对福特斯公司二审所提交相关证据，最高人民法院认为，嘉信集团于2015年5月10日出具的证明材料及鑫泰物业公司诉华奥公司追偿权纠纷一案的诉讼材料形成于一审程序结束之后，从形式上看，属于二审程序中的新的证据。福特斯公司提交鑫泰物业公司诉华奥公司追偿权纠纷一案的诉讼材料，旨在证明鑫泰物业公司现为本案标的物的使用人和经营者，该证明目的系为说明本案应追加鑫泰物业公司为本案被告。最高人民法院（2015）民一终字第105－1号民事裁定认定，鑫泰物业公司实际占有使用案涉供热设施系根据供热中心的指示，从占有类型看，属他主占有和辅助占有，其占有状态能否持续，依赖于供热中心的授权意思。据此，鑫泰物业公司并非必须参加本案诉讼的必要共同诉讼人。于此情况下，在对本案当事人诉争实体权利义务的认定和处理过程中，该证据不具有证明力。《中华人民共和国民事诉讼法》第六十五条第二款规定：当事人逾期提供证据的，人民法院应当责令其说明理由；拒不说明理由或者理由不成立的，人民法院根据不同情形可以不予采纳该证据，或者采纳该证据但予以训诫、罚款。根据《最高人民法院关于适用〈中华人民共和国民事诉讼法〉的解释》第一百零一条、第一百零二条第一款规定，当事人逾期提供证据的，人民法院应当责令其说明理由，必要时可以要求其提供相应的证据。当事人因客观原因逾期提供证据，或者对方当事人对逾期提供证据未提出异议的，视为未逾期。当事人因故意或者重大过失逾期提供的证据，人民法院不予采纳。但该证据与案件基本事实有关的，人民法院应当采纳，并依照《中华人民共和国民事诉讼法》第六十五条、第一百一十五条第一款的规定予以训诫、罚款。最高人民法院认为，即使福特斯公司所述逾期提供证据的事由属实，但该情形显然不属于“客观原因”。此外，当事人之间重要协议文件的废止显属本案争议的极端重要事项，即便因交接问题未能如期提交相关证据，福特斯公司（包括自称以证人身份“参与”一审诉讼的华奥公司）在一审期间均未向一审法院提及该重要事实，亦使得福特斯公司二审所述逾期提交理由欠缺起码的合理性。依照上述规定，由于福特斯公司对逾期提供该等证据所述之理由并不属于因客观原因所致，其理由也明显不能成立，故应认定其逾期提供构成重大过失，故对相关证据均应不予采信。但根据有关证据与案件基本事实的关系，也可就前述6份证据以及嘉信集团于2015年5月10日出具的证明材料分别作出认定。

从福特斯公司在本案一、二审过程中所持诉讼理由看，其提出该诉讼请求的基础在于，其已经享有案涉供热管道及设施设备的所有权并在供热中心基于另案先予执行程序取得“占有”之前即已实现了“占有”。福特斯公司认为其已享有案涉供热管道及设施设备的所有权的主要依据是，其于2008年9月19日、2013年7月28日与华奥公司签订并履行了合作协议书及买卖合同。案涉供热管道及设施设备并非一般的民事交易标的物，具有一定的区域规划性和社会公益性。在福特斯公司确认真实性的供热办与华奥公司2008年11月10日所签《协议书中》以及相关《授权委托书》中，双方当事人对标的物所有权问题并未作出明确约定，但从其中均明确载明华奥公司享有的负责宝塔路供热站的建设维修、运行、经营管理及供热收费等权利内容看，得不出华奥公司据此取得案涉供热管道及设施设备所有权的结论。依福特斯公司所述，其与华奥公司签订并履行了合作协议及买卖合同，但在福特斯公司能否取得案涉供热管道及设施设备所有权问题上，应作不能超越华奥公司所享有权利边界的解释。《中华人民共和国物权法》第三十条①规定，因合法建造、拆除房屋等事实行为设立物权的，自事实行为成就时发生效力。具体到本案，该条规定所称“合法建造”之事实行为，应依有关行政主管部门审批而定。本案中，福特斯公司并未就其所称投资建设系根据当地相关政府职能部门批准所为的证据。福特斯公司在二审中虽然主张其在2008年3月25日至2011年9月29日期间投入61642000元用于建设案涉供热管道及设施设备，但所举证据既不能证明所付款项的性质，且该主张亦与一审期间其对该款项性质所作陈述存在重大出入。福特斯公司认为其与华奥公司签订并已履行了买卖合同，其对讼争标的物享有权利，但在蓟县法院先予执行过程中，其并未提出异议。不仅如此，在前述买卖合同已经履行完毕且其认为对讼争标的物享有权利的情

① 对应《民法典》第二百三十一条：“因合法建造、拆除房屋等事实行为设立或者消灭物权的，自事实行为成就时发生效力。”

况下，向蓟县人民政府报送《关于供热中心支付、收购宝塔路供热站资产转让金的请示》的主体仍然为华奥公司。由此，福特斯公司所持其为案涉供热管道及设施设备所有权人的主张，亦欠缺其行使所有权人权利的相关事实依据。前述福特斯公司二审提交的证据1～5中，证据2、4、5在形式上存在明显瑕疵，而证据3中标记作废的签字盖章仅为华奥公司。除此以外，福特斯公司上诉认为，供热中心与华奥公司所签2008年11月13日《补充协议书》已经作废，6份协议原件均已被收回。在此情况下，若其所称2008年11月23日"三方补充协议"真实存在，该协议应为各方当事人重新订立。本案福特斯公司提交的该三方协议表明，各方当事人保留了已经作废协议的形式和内容，协议当事人部分仍为供热中心、华奥公司而非三方，本可直接修改的内容反采保留原表述但特别标注增加、废止的方式处理。前述证据1～5均系华奥公司、福特斯公司持有，在供热中心与华奥公司在蓟县法院相关诉讼过程中，华奥公司的观点却是认为约束其与供热中心的《授权委托书》不能解除。由是，福特斯公司二审所提前述证据1的内容缺乏其他证据相互印证，且该证据中对有关协议签约主体的表述亦与本案相关协议文件所载内容不符。在此情况下，依据该等证据，根本无法认定福特斯公司所主张的供热中心明知并认可福特斯公司与华奥公司之间存在合作、合伙关系，福特斯公司自身一审所提相关书证已经作废的事实成立。对该等证据，难予采信。关于福特斯公司所提证据6，根据本案现已查明的案件事实，即便该协议真实存在，亦应认定其仅在华奥公司、福特斯公司之间具有约束力。嘉信集团同本案相关当事人存在或者曾经存在关联关系，其所出具的证明材料不能单独作为认定本案事实的证据，且该材料所载内容同样缺乏其他证据相互印证。综上，最高人民法院认定福特斯公司所持其基于投资建设而对案涉供热管道及设施设备享有的，作为请求供热中心返还相关资产经营权、使用权之权利基础并不存在。

关于福特斯公司所称其在供热中心基于另案先予执行程序取得"占有"之前即已实现"占有"的问题。2013年9月29日，蓟县法院作出（2013）蓟民二初字第710号民事裁定，裁定华奥公司向供热中心交付宝塔路供热站供热设施。福特斯公司既未就先予执行措施提出异议，亦未针对讼争供热设施设备主张权利，仅是华奥公司于 2013 年 12 月 2 日向蓟县人民政府提出异议，要求供热中心返还供热设施设备并赔偿损失。在供热中心系依据生效裁定合法占有案涉供热管道及设施设备，且福特斯公司没有提供充分证据证明其已实现占有的情况下，对福特斯公司前述主张，不予采信。

证明标准是负担证明责任的人提供证据证明其所主张法律事实所要达到的证明程度。按照《最高人民法院关于适用〈中华人民共和国民事诉讼法〉的解释》第一百零八条规定，福特斯公司之举证应当在证明力上足以使人民法院确信其所主张的待证事实之存在具有高度可能性。而在本案中，福特斯公司的举证远未达到高度可能性证明标准的要求。综上，对福特斯公司要求供热中心返还案涉供热管道及设施设备的经营权、使用权的上诉请求，不予支持。

2. 关于供热中心应否赔偿福特斯公司投资损失 32840 万元的问题。福特斯公司此项上诉请求以供热中心应当返还案涉供热管道及设施设备的经营权、使用权为基础，如果不能返还，福特斯公司认为供热中心应承担相应赔偿责任。福特斯公司与供热中心之间并不存在合同关系，而如前所述，供热中心也不对福特斯公司负有返还案涉供热管道及设施设备的经营权、使用权的民事责任。据此，福特斯公司此项上诉请求的基础已不存在。退而言之，从福特斯公司有关其与华奥公司之间买卖合同价款支付以及该 32840 万元投资损失的具体构成看，即便供热中心负有前述返还义务，福特斯公司要求供热中心赔偿投资损失 32840 万元亦缺乏充分的事实及法律依据。蓟县法院（2013）蓟民二初字第 710 号民事案件中，虽未对相关资产补偿问题作出认定处理，但其原因在于此事项非属该案审理范围。相关当事人如对此存有争议，可另循法律途径解决。

综上所述，福特斯公司的上诉请求缺乏事实及法律依据，不予支持。一审判决认定事实清楚、适用法律正确，予以维持。最高人民法院依照《中华人民共和国民事诉讼法》第一百七十条第一款第（一）项之规定，判决：驳回上诉，维持原判。一审、二审案件受理费各 1665800 元，共计 3331600 元由福特斯公司负担。

六、对本案的解析

本案从二审案件审理的角度看，重点在于查明和认定事实，这是由于当事人在二审中提交的主要证据均与一审中提交的证据发生了重大变化造成的。但从本案反映的法律适用问题看，主要是对于当事人提出占有物返还及损害赔偿请求时，应当如何对其诉请应否予以支持作出判断。

《中华人民共和国物权法》第二百四十五条第一款[①]规定，占有的不动产或者动产被侵占的，占有人有权请求返还原物；对妨害占有的行为，占有人有权请求排除妨害或者消除危险；因侵占或者妨害造成损害的，占有人有权请求损害赔偿。根据该条法律规定，占有人对于占有受到的侵害，依法享有保护请求权，具体包括返还原物、排除妨害、消除危险和损害赔偿等。请求返还原物，应当具备三方面的条件：一是请求权主体是原占有人；二是现占有人具有侵占的行为或事实；三是侵占行为具有违法性。具体到案件审理中，作为提出占有物返还诉请的福特斯公司，应当承担举证证明上述事实的责任。本案中，由于供热中心现实取得了对案涉供热设备等的占有、管领，该事实各方当事人并无争议，因而可以认为福特斯公司相应免除了一定的举证证明责任。但就其系原占有人和供热中心非法侵占占有物的事实，福特斯公司仍需负担相应的举证责任。

关于原占有人的认定问题。请求返还原物的当事人，应当首先就其在物被侵占前享有对物事实上的管领等举证证明。需要明确的是，无论从传统民法理论还是物权法规定措辞上看，均没有将占有物返还请求权的行使主体限定在合法占有人范围。这是因为，占有保护请求权是对占有事实的法律保护，旨在回复或维持占有的事实状态。因而应当认为，此时请求返还原物的当事人，仅需证明原占有之事实，而无须就原占有系合法、有权、善意占有等予以举证证明。因为占有保护请求权无关占有事实背后的本权。相反，对于物享有一定合法权利的人，却可能因并不享有对物的占

---

① 对应《民法典》第四百六十二条第一款：“占有的不动产或者动产被侵占的，占有人有权请求返还原物；对妨害占有的行为，占有人有权请求排除妨害或者消除危险；因侵占或者妨害造成损害的，占有人有权依法请求损害赔偿。”

有，而无法主张占有物的原物返还，比如质押物的出质人。本案中，福特斯公司向供热中心提出占有物返还请求，应当首先证明其在供热中心取得对案涉标的物的占有之前，系物的原占有人。但从举证情况看，对于其曾经实际取得了对案涉标的物的占有、管理等事实，福特斯公司的举证明显不足，其是将举证的重点，放到了是否“有权”而非是否“占有”上，可以说是本末倒置。仅此一点，就使得法院不能认定其具有要求供热中心返还占有物的请求权基础。

关于违法侵占占有物的事实认定问题。对于非法侵占占有物的事实认定，应当主要审查两方面的事实：一是占有被侵占是否基于原占有人的意思；二是侵占行为是否具有违法性。原占有人是否同意新占有人取得占有，在理论上通常要求直接占有人在侵占发生同时表达将物交由新占有人占有，方可认定为基于其意思的占有。我国物权法在制定过程中，将审议稿中的“侵夺”改为“侵占”，从文义解释上看，突破了传统民法理论对占有之积极侵害的要求，将对占有之保护范畴，扩大到了包括消极侵害在内。不过，在本案中对于非基于原占有人之意思的事实，当事人之间并不存在争议，因为没有证据显示福特斯公司或华奥公司有主动将案涉供热设备等交付给供热中心的意思表示。本案的另一个关键事实是，供热中心对于案涉供热设备取得占有，系根据人民法院另案生效裁判，这成为排除侵占违法性的主要事实依据。理论通说认为，侵害占有存在违法阻却事由，正当防卫、容忍义务、法院裁判的执行等，均在此列。这是因为，法律对占有人基于占有事实的权利保护，其主要价值在于对法律秩序的维护，而当这种占有状态的改变具有法定事由或经由合法程序时，对原占有状态之保持即告丧失意义。虽然本案中，华奥公司与供热中心之间关于相关供热设备资产由供热中心取回后，相应补偿问题受当事人诉讼请求范围限制，并未经法院审查处理，但该事项并不属于本案的审理范围。本案所能作出的认定，只能是供热中心系依据已生效的先予执行裁定，实际接收占有案涉供热设备的事实，该事实即排除了供热中心占有之违法性。

由于福特斯公司未能举证证明其系案涉标的物的原占有人，亦有充分证据排除供热中心占有之违法性，福特斯公司要求返还占有物之诉请，自然不能得到支持。本案的另一问题是福特斯公司提出的损害赔偿请求应否予以支持。从福特斯公司诉讼请器的措辞上看，其要求“如不能返还（供热设备），供热中心向福特斯公司支付投资损失32840万元”，也就是说，福特斯公司此项请求的基础仍然是返还占有物，损失仅是占有物不能返还时的替代物。从这个角度看，既然福特斯公司返还占有物原物的请求不应得到支持，则该损失赔偿请求亦不应得到支持自不待言。而如果认为福特斯公司此项损失赔偿请求，属于《中华人民共和国物权法》第二百四十五条规定的“损害赔偿”，则还可以进一步分析其该请求是否应当得到支持。无论从占有的法学理论还是物权法的上述规定上看，侵害占有的损害赔偿，是一种侵权损害赔偿，因而，作为主张赔偿的一方当事人，应当举证证明侵害行为、违法性、因果关系、损害事实的存在，而且能够获得赔偿的原占有人范围小于可以主张占有物原物返还的范围，仅限于善意、有权占有人。这主要是因为，作为侵权损害赔偿，法律仅对具有合法权源的原占有人的占有利益损失予以保护，对于恶意占有人的占有利益，因其本身没有合法性，因而不能通过损害赔偿的方式获得保护。本案中，福特斯公司即使主张侵害占有的损害赔偿，仍需面对举证证明其系合法、善意原占有人，供热中心存在违法侵害行为并因此给福特斯公司造成相应损失等。而按照《最高人民法院关于适用〈中华人民共和国民事诉讼法〉的解释》第一百零八条所规定的证明标准，应当认为福特斯公司未完成其举证证明责任，因而对其该项诉讼请求亦不应予以支持。

（撰稿人：沈丹丹）

31. 邢某某诉殷某某占有物返还案*

占有的不动产被侵占的，占有人有权请求返还原物

【裁判摘要】

占有被侵夺的，占有人有权请求侵夺人及其继受人回复其占有，返还占有物。占有的不动产被侵占的，占有人有权请求返还原物。

一、基本案情

原告邢某某与案外人殷某田系夫妻关系。婚后，案外人殷某田于1980年12月7日购买了坐落于丹东市振兴区浪头镇文安村徐家屯村民组建筑面积为55平方米的砖石结构三间房屋（房产证编号为振农房字第159号）。1985年5月9日，殷某田死亡。涉案房屋由邢某某与殷某田之子殷某金暂时居住。2012年1月23日，殷某金死亡。同年，殷某金之子殷某某在未经原告同意的情况下，搬到涉案房屋居住。原告诉至法院，要求被告腾退涉案房屋。

二、裁判结果

法院审理后认为，涉案房屋系原告邢某某与案外人

* 摘自2015年12月4日最高人民法院公布的婚姻家庭纠纷典型案例。

殷某田婚后购买，应视为夫妻共同财产。案外人殷某田死亡后，原告作为共有人享有对该房屋占有使用的权利。现被告殷某某未经原告同意，即占有使用该房屋，侵害了原告的合法权益，应当承担相应的民事责任。故对原告要求被告立即搬出并返还涉案房屋的诉讼主张，本院予以支持。关于被告提出的涉案房屋已由案外人殷某田卖给其父殷某金的辩论意见，因涉案房屋系原告与案外人殷某田夫妻共同共有，殷某田在未经原告同意及事后追认的情况下，单方处置该房屋的行为应为无效，且被告提供的房屋买卖协议书的日期与案外人殷某田死亡日期明显存在矛盾，与事实不符，故对该意见，本院不予采纳。关于被告提出其对涉案房屋享有继承权的辩论意见，虽在案外人殷某田死亡后，属于殷某田的房屋产权份额发生继承，但被告殷某某仅享有继承权，并未实际取得对涉案房屋占有使用的权利，故对该辩论意见，本院亦不予采纳。对于被告提出的对涉案房屋享有继承份额，被告可另案主张该权利，本案不一并处理。依据《中华人民共和国民事诉讼法》第六十四条第一款、《中华人民共和国民法通则》第五条、《中华人民共和国物权法》第二百四十五条第一款之规定，判决：被告殷某某于判决生效后立即倒出坐落于丹东市振兴区浪头镇文安村徐家屯村民组建筑面积为55平方米的砖石结构三间房屋（房产证编号为振农房字第159号），并返还给原告邢某某。

三、典型意义

随着我国社会主义经济的发展，《中华人民共和国物权法》对公民的保护显得尤为重大。本案虽是占有物返还纠纷，但涉及的问题主要在于占有回复请求权的构成。占有回复请求权，指占有被侵夺的，占有人有权请求侵夺人及其继受人回复其占有，返还占有物。构成要件有四：（1）占有被侵夺。侵夺，指违背占有人的意思，以法律禁止的私力剥夺占有；（2）请求权人须为占有被剥夺的占有人。（3）被请求人为占有的侵夺人及其继受人。须注意两点：侵夺人须仍为现在占有之人。否则，若侵夺人不再是现在占有之人，则对侵夺人无占有回复请求权。（4）须自侵夺之日起1年内行使（1年期满未行使的，占有回复请求权消灭）。占有回复请求权使得占有脱离本权获得独立保护，其法律意旨有三：(1) 通过保护占有，保护占有背后（以占有为内容的）物权；(2) 通过保护占有，保护占有背后的债权（因债权人不能享有物权请求权）；(3) 维护社会平和即物的归属秩序，禁止任何人以法律禁止的私人力量擅自剥夺他人的占有。公民的合法的民事权益受法律保护，任何组织和个人不得侵犯。占有的不动产被侵占的，占有人有权请求返还原物。

其他纠纷

32. 丰宁长阁矿业有限公司与北京铁路局物权保护纠纷案*

建设项目因公共利益压覆矿产的，应补偿矿业权人被压覆资源储量在压覆时市场条件下所应缴价款，以及所压覆的矿区分担的勘察投资等直接损失

【裁判摘要】

建设单位与矿业权人达成压覆矿产补偿意向，并依照相关法律法规履行了压覆审批手续，则其压覆矿产的行为不具违法性，主观上亦不存在过错，不构成侵权。矿业权人因矿产被压覆所受损失可以依法得到补偿。

建设项目因公共利益压覆矿产的，建设单位应补偿矿业权人被压覆资源储量在压覆时市场条件下所应缴价款，以及所压覆的矿区分担的勘查投资、已建的开采设施投入和搬迁相应设施等直接损失。

最高人民法院民事判决书

（2017）最高法民终724号

上诉人（一审原告）：丰宁长阁矿业有限公司。住所地：河北省丰宁满族自治县南关乡长阁村。

---

* 摘自《民事审判指导与参考》2016年第1辑（总第65辑），人民法院出版社2016年版，第153～156页。

法定代表人：丁连茂，该公司董事长。

委托诉讼代理人：岳运生，北京市岳成律师事务所律师。

委托诉讼代理人：张志伟，北京市岳成律师事务所律师。

上诉人（一审被告）：北京铁路局。住所地：北京市海淀区复兴路6号。

法定代表人：郭竹学，该局局长。

委托诉讼代理人：石喆志，天津天元世通律师事务所律师。

委托诉讼代理人：王冬梅，天津天元世通律师事务所律师。

上诉人丰宁长阁矿业有限公司（以下简称长阁矿业公司）因与上诉人北京铁路局物权保护纠纷一案，于2014年8月1日向河北省高级人民法院（以下简称一审法院）提起诉讼。北京铁路局提出管辖权异议，一审法院于2014年10月10日作出（2014）冀立民初字第9号民事裁定，驳回北京铁路局对本案管辖权提出的异议。北京铁路局不服该裁定提起上诉，本院于2015年3月20日作出（2015）民一终字第64号民事裁定，驳回了北京铁路局的上诉。一审法院于2017年6月27日作出（2014）冀民一初字第9号民事判决。双方当事人均不服，向本院提起上诉。本院于2017年9月13日立案后，依法组成合议庭，依照《中华人民共和国民事诉讼法》第一百三十四条规定，不公开开庭对本案进行了审理。上诉人长阁矿业公司的委托诉讼代理人岳运生、张志伟，上诉人北京铁路局的委托诉讼代理人石喆志、王冬梅到庭参加诉讼。本案现已审理终结。

长阁矿业公司上诉请求：（1）改判北京铁路局在一审判决第一项基础上增加赔偿长阁矿业公司3407800元（探矿权损失76637300元+资产损失3407800元+停产停业期间经营费用损失3012035元－北京铁路局已支付的500万元－一审判决的74649335元）及利息损失（以78057135元为基数，按中国人民银行同期贷款利率，自2011年5月9日起计算至实际履行完毕之日止）；（2）北京铁路局承担本案的全部诉讼费用。事实和理由：（1）一审判决认定北京铁路局不构成侵权错误。北京铁路局并未与长阁矿业公司达成压覆矿产资源补偿协议，《新建张家口至唐山铁路建设项目用地压覆矿产资源调查评估报告》（以下简称《调查评估报告》）不符合法律法规的强制性规定，北京铁路局申请压覆矿产资源的程序不合法。北京铁路局已构成侵权，应承担赔偿责任。（2）关于探矿权损失，评估机构就矿产品价格、折现率等因素取值低，导致《河北省丰宁县南关乡长阁村梨树沟铁矿普查探矿权评估报告》评估值偏低，但为尽快解决纠纷，避免损失进一步扩大，长阁矿业公司就该部分不再提出上诉。（3）关于资产损失，尽管《丰宁长阁矿业有限公司与北京铁路局物权保护纠纷一案资产评估报告》［冀立信评报字（2016）8066 号］（以下简称《8066 号资产评估报告》）评估值偏低，但北京铁路局至少应据此赔偿长阁矿业公司资产损失3407800 元。一审判决以根据《张唐铁路（承德段）征占厂矿企事业单位资产登记表》计算得出的《关于丰宁长阁矿业有限公司与北京铁路局物权保护纠纷一案资产评估报告〔冀立信评报字（2016）8066 号〕补充报告》（以下简称《8066 号资产评估补充报告》）作为赔偿依据错误。（4）关于停产停业损失，尽管《关于原告长阁矿业有限公司与北京铁路局物权保护纠纷案鉴定报告》鉴定结论数值偏低，未包含长阁矿业公司投入案涉铁矿项目的借贷资金利息，但北京铁路局至少应据此赔偿长阁矿业公司停产停业损失 3012035 元。一审判决以根据《张唐铁路承德段征地拆迁办法》制作完成的《关于原告丰宁长阁矿业有限公司与北京铁路局物权保护纠纷案鉴定报告（补充说明）》作为赔偿依据错误。长阁矿业公司只认可《张唐铁路承德段征地拆迁办法》是北京铁路局的补偿政策之一，并不认可北京铁路局仅依据该办法进行补偿。另外，一审判决既已认定《协商纪要》合法有效，根据《协商纪要》第一条第四项约定，长阁矿业公司自行委托评估机构对压覆矿产资源所造成的损失进行评估，评估费应由北京铁路局承担。（5）关于其他合理经济损失，一审判决酌定利息从长阁矿业公司起诉之日起算，没有法律依据。2011 年 5 月 9 日，北京铁路局正式通知长阁矿业公司停止经营，当时就应一次性赔偿长阁矿业公司损失，利息亦应自此时起计算。后长阁矿业公司在本院二审期间当庭将其上诉请求修改为：（1）改判北京铁路局在一审判决第一项基础上增加赔偿长阁矿业公司利息损失，暂计算至 2017 年 11 月 30 日，增加数额为 16800143.89 元（以一审已判决的 74649335 元为基数，按中国人民银行同期贷款利率，自 2011 年 5 月 9 日起计算至实际履行完毕之日止，减去一审判决已支持利息 12953629.53 元）；（2）北京铁路局承担本案的全部诉讼费用。

北京铁路局辩称：（1）张家口至唐山铁路（以下简称张唐铁路）项目取得行政主管部门允许压覆矿产资源的批复，手续齐全、合法合规，一审判决认定北京铁路局不构成侵权正确。（2）长阁矿业公司无偿取得矿业权，其关于探矿权损失的诉讼请求不应得到支持。（3）长阁矿业公司仅享有探矿权，未取得采矿权，不享有开采、利用并取得矿产资源的权利，故其关于资产损失、停产停业损失的诉讼请求不应得到支持。（4）本案系物权占有保护纠纷，且长阁矿业公司至今未获补偿的原因并非北京铁路局造成，而是其不认可补偿价款，未与承德市铁路工程建设指挥部（以下简称承德市铁指）达成补偿协议导致，故其关于利息的主张不应得到支持。综上，长阁矿业公司的上诉请求缺乏事实和法律依据，请求予以驳回。

北京铁路局上诉请求：（1）依法撤销一审判决，改判驳回长阁矿业公司的全部诉讼请求；（2）本案全部诉讼费用由长阁矿业公司承担。事实和理由：（1）北京铁路局并非本案适格被告。一审法院已认定本案属于征收征用补偿纠纷，北京铁路局不构成侵权。北京铁路局与长阁矿业公司并未达成任何补偿协议，双方之间的争议也不是合同纠纷，不能依据委托合同关系认定北京铁路局是本案适格被告。蒙冀铁路有限责任公司（以下简称蒙冀公司）作为张唐铁路项目的投资建设单位、资产产权人、资产受益者和压覆矿产资源补偿费用的最终承担者，应当对长阁矿业公司承担补偿责任。（2）不应补偿探矿权损失。长阁矿业公司至今未向国家缴纳案涉梨树沟铁矿探矿权使用费和探矿权价款，系无偿取得探矿权，不应予以补偿。即使补偿，也应以河北省兰德矿业权评估咨询有限公司出具的评估报告作为补偿依据。一审法院不能仅因双方当事人之间未能成功协商探矿权补偿费用，就简单地认定法院委托的河北矿业资产评估有限公司作出的鉴定意见可以作为判决依据。况且，折现现金流量法不适用于本案压覆矿产资源补偿情形。（3）不应补偿资产损失。长阁矿业公司仅对案涉梨树沟铁矿享有探矿权，不享有采矿权，选矿厂、尾矿库等资产与探矿工作无必然关联，且选矿厂、尾矿库距梨树沟铁矿矿区 6 公里之远，不在张唐铁路项目征地拆迁范围内，也不在长阁矿业公司探矿区内，不属于征地拆迁对象。长阁矿业公司亦非选矿厂、尾矿库等资产的合法产权人。一审法院不能仅依据丰宁地方铁路建设拆迁办公室（以下简称丰宁拆迁办）与长阁矿业公司签署的《协商纪要》以及承德燕峰资产评估有限公司出具的《资产评估报告书》就认定北京铁路局应补偿长阁矿业公司选矿厂、尾矿库等资产损失。（4）张唐铁路项目的建设并不必然导致长阁矿业公司诉请的选矿厂和尾矿库无法经营，因此不应补偿停产停业损失。（5）不应补偿利息损失。在2014年8月1日本案立案后，丰宁拆迁办已按照相关法律法规规定和张唐铁路项目铁路中心线两侧各360米压矿范围的评估结果向长阁矿业公司足额支付全部补偿费用500万元。2015年1月7日，河北省人民政府办公厅发布《关于张唐铁路压覆矿评估补偿工作的通知》，导致张唐铁路项目压覆矿产资源范围扩大，补偿费用巨额增加，这并非北京铁路局的单方过错，而是双方就补偿范围及补偿金额不能协商一致导致，相应利息不应由北京铁路局承担。一审法院判决北京铁路局向长阁矿业公司支付自2014年8月1日起的利息，于法无据。综上，案涉争议属于补偿范畴，并非侵权赔偿，更非合同纠纷。北京铁路局作为张唐铁路项目的代建单位，不应向长阁矿业公司承担补偿责任。本案应依照《中华人民共和国物权法》以及国土资发〔2010〕137号《关于进一步做好建设项目压覆重要矿产资源审批管理工作的通知》（以下简称国土资源部137号文）的规定，对长阁矿业公司在当前市场条件下被压覆矿产资源所应缴纳的价款等实际损失进行补偿，而不是按照市场买卖评估方式对探矿权价值等包含预期利益的损失进行赔偿。张唐铁路项目作为原国家发展和改革委员会批准的国家重点铁路建设项目，在压覆矿产资源补偿评估过程中所依据的法律法规和采用的评估方法，在京津冀地区铁路乃至全国铁路建设过程中均相同。本案如果按照矿业权市场价值评估结果判决赔偿探矿权损失，势必造成张唐铁路项目中已补偿矿业权人的不安和抗议，甚至会产生广泛的负面示范效应，造成严重的社会影响。

长阁矿业公司辩称：（1）长阁矿业公司是案涉铁矿的合法探矿权人，对案涉铁矿享有占有、使用和收益的权利。张唐铁路已经建成并开通运行，北京铁路局客观上压覆了案涉铁矿，侵害了长阁矿业公司的探矿权。一审判决确认北京铁路局是本案适格被告正确。（2）一审法院委托专业机构就探矿权损失、资产损失、停产停业损失等进行了评估，于法有据，北京铁路局应当按照一审判决的项目和金额赔偿。（3）北京铁路局要求长阁矿业公司停止经营的时间是2011年5月9日，北京铁路局应自该日起支付利息。（4）非国有企业财产权亦应得到平等、公平的保护。综上，北京铁路局的上诉请求不能成立，请求予以驳回。

长阁矿业公司向一审法院起诉请求：（1）判令北京铁路局赔偿长阁矿业公司探矿权损失115913500元；停产停业期间经营费用损失31620413元（已扣除北京铁路局于2014年9月5日支付的300万元和2014年10月11日支付的200万元）；选矿厂资产损失5288258元、封闭尾矿库所需费用800万元、道路修建损失200万元；其他合理经济损失（以探矿权损失、资产损失、道路修建损失共计123201758元为本金，按银行同期贷款利率计算，自2011年5月9日起算，直至全部付清之日止的利息）。以上四项合计200001000元。（2）判令北京铁路局承担本案的全部诉讼费用。

一审法院认定案件事实如下：

1. 关于北京铁路局是否为本案适格被告的相关事实。2010年10月30日，案外人蒙冀公司作为委托方与北京铁路局签订《新建张家口至唐山铁路委托代建协议书》一份，委托代建的内容是：新建张唐铁路全部建设管理工作。2010年11月10日，北京铁路局机构编制委员会下发《关于成立张家口至唐山铁路工程建设指挥部的通知》，据此成立了北京铁路局张家口至唐山铁路工程建设指挥部（以下简称张唐指挥部），具体负责张唐铁路项目的建设管理工作。2013年2月5日、2014年9月1日，张唐指挥部与承德市铁指先后签订《新建张家口至唐山铁路（承德段）工程压矿补偿实施协议》和《新建张家口至唐山铁路（承德段）工程征地拆迁框架协议（四）》，约定张唐指挥部委托承德市铁指具体负责实施张唐铁路项目承德地区的压覆矿产资源评估及补偿工作。在张唐铁路项目拆迁补偿工作实施过程中，承德市铁指下设的丰宁拆迁办就压覆案涉梨树沟铁矿补偿事宜与长阁矿业公司进行过协商，并于2014年5月27日形成《协商纪要》，确认了双方认可的压覆事实、无争议的补偿项目和主要分歧。2014年9月4日，丰宁拆迁办与长阁矿业公司签订《协议书》，约定丰宁拆迁办代北京铁路局预付压覆矿产资源补偿款500万元，根据法院判决结果多退少补，该500万元补偿款已实际给付。另，在项目建设过程中，北京铁路局曾向承德市人民政府致函，反映张唐铁路项目拆迁工作中遇到的主要问题，请求协助解决。

2. 关于北京铁路局是否存在侵权行为的相关事实。2009 年 9 月 9 日，河北省国土资源厅针对蒙冀公司提交的《调查评估报告》出具冀国土资储评〔2009〕119 号《评审意见书》，结论是同意该报告通过评审，可以作为建设项目申请压覆矿产资源审批的依据。2009 年 9 月 23 日，河北省国土资源厅对蒙冀公司提出的张唐铁路建设用地压覆矿产资源的申请，作出《关于"新建张家口至唐山铁路建设项目"压覆矿产资源的批复》，同意该建设项目范围内压覆已查明的重要矿产煤矿（2S21）70.88 万吨，铁矿（121B）14.76 万吨，铜（金属量）（333）1979 吨及部分建材非金属矿，建议建设单位处理好与矿业权人的利益补偿关系，并按规定做好压覆矿产资源的储量登记。因双方就探矿权损失评估范围和探矿权赔偿范围等问题存在重大分歧，一直未能签署正式的压覆补偿协议，由此发生诉讼。

3. 关于应赔偿（补偿）项目的相关事实。2013 年 6 月 3 日，丰宁拆迁办向承德市铁指提交了《关于对丰宁吉源矿业有限公司和丰宁长阁矿业有限公司铁选厂给予补偿的报告》，该报告提及："长阁矿业公司于 2003 年经丰宁满族自治县经济贸易局批准，投资 500 万元建设铁选厂。2009 年长阁矿业公司已具备办理探矿权转采矿权的条件，在办理过程中，因修建张唐铁路压覆采区被迫终止，建议建设单位尊重事实，对选矿厂资产给予合理补偿。"2013 年 6 月 28 日，经项目指挥部、县指挥部、乡镇政府、村委会、产权人、建设单位、设计单位、施工单位、监理单位代表和现场登录人十方见证并签字，对长阁矿业公司选矿厂资产进行了清点和登记，形成《张唐铁路（承德段）征占厂矿企事业单位资产登记表》。根据 2014 年 5 月 27 日丰宁拆迁办与长阁矿业公司签订的《协商纪要》，双方同意的赔偿项目包括探矿权价值和固定资产投入、尾矿库建库闭库损失、停产停业等损失（赔偿具体数额以具有相应评估资质的评估机构作出的评估报告为准），存在的分歧一是探矿权损失评估范围，是铁路中心线 360 米内还是全部被压覆矿区；二是探矿权价值评估的标准，是国土资源部 137 号文，还是《中国矿业权评估准则》。另，关于第一个分歧点，诉讼中，北京铁路局表示，因 2015 年河北省人民政府办公厅发布了《关于张唐铁路压覆矿评估补偿工作的通知》，故同意长阁矿业公司主张的铁路中心线 1000 米的评估范围。2014 年 4 月 10 日，承德燕峰资产评估有限公司根据承德市铁指的委托，针对长阁矿业公司选矿厂的资产公允值出具《资产评估报告书》，结论是以 2011 年 1 月 6 日为基准日，长阁矿业公司被拆迁的资产价值为 1983100 元。2014 年 8 月 1 日本案诉讼发生后，长阁矿业公司主张因探矿权被压覆，北京铁路局应赔偿的侵权损失包括探矿权损失、资产损失和停产停业损失。北京铁路局则主张，其不存在侵权行为，即使承担责任，也应该是因探矿权被国家征收所承担的补偿责任。同时，长阁矿业公司拥有的是探矿权，被实际压覆的也仅是探矿权采区，故赔偿项目仅应涉及探矿权损失补偿。2014 年 9 月 3 日，丰宁拆迁办作出《会议纪要》，主要内容是因长阁矿业公司阻工事件，决定先预付长阁矿业公司梨树沟铁矿补偿款 500 万元（其中停产损失 400 万元，办证费加评估费 100 万元），最终补偿金额以法院判决为准，多退少补。

4. 关于探矿权损失赔偿（补偿）金额问题的相关事实。2012 年 12 月 30 日，河北兰德矿业权评估咨询有限公司根据承德市铁指的委托，以 2011 年 1 月 16 日为基准日，参考《河北省矿业权价款缴纳办法（试行）》中价款计算方法，作出《河北省丰宁县南关乡长阁村梨树沟铁矿普查探矿权评估咨询报告书》，结论是案涉探矿权价值为 19267200 元，前期勘查投入为 4816800 元（按采矿权价款的 20% 确定）。诉讼中，北京铁路局始终坚持应以该评估报告（或按照该报告的评估方法作出的司法鉴定意见）作为补偿金额的依据。2013 年 5 月 15 日，受长阁矿业公司委托，北京岳海鑫源矿业咨询有限公司以 2013 年 4 月 30 日为基准日，采用现金流量法，作出《河北省丰宁县南关乡长阁村梨树沟铁矿普查探矿权（铁路压覆及影响区）评估咨询报告书》，结论为案涉探矿权价值为 115913500 元。诉讼中，因双方就该问题不能协商一致，亦互不认可诉前单方委托评估结论，故一审法院根据长阁矿业公司的申请，委托河北矿业资产评估有限责任公司对案涉探矿权的价值进行评估（原委托鉴定事项为对探矿权压覆补偿金额进行评估，但鉴定单位提出只能对探矿权价值进行评估，故修改了委托鉴定事项）。河北矿业资产评估有限责任公司于 2016 年 12 月 14 日作出《河北省丰宁县南关乡长阁村梨树沟铁矿普查探矿权评估报告》，基准日为 2011 年 1 月 16 日，评估方法为折现现金流量法，评估结论为探矿权价值为

76637300元。该司法鉴定意见送达双方后，双方均提出书面异议，长阁矿业公司的异议主要针对三个问题：一是销售价格，二是折现率的取值，三是报告估值中908.03万吨压覆区的价值问题。北京铁路局提出的异议主要有三项：一是评估不应采用现金流量法，二是长阁矿业公司提交的开发利用方案不能作为评估依据，三是评估采用的铁矿销售价格明显偏高，未考虑2011年以来市场行情下行的趋势。河北矿业资产评估有限责任公司针对书面异议进行了鉴定复核，并于2017年3月15日出具书面异议答复，对双方提出的异议均未采纳。鉴定单位于2017年3月16日出庭接受了质询。

5. 关于资产损失赔偿（补偿）金额问题的相关事实。因诉讼中双方不能协商一致，一审法院根据长阁矿业公司的申请，委托河北立信安侨资产评估有限公司对长阁矿业公司主张的资产损失进行评估。河北立信安侨资产评估有限公司根据长阁矿业公司提交的检材（北京铁路局从根本上否定该赔偿项目，故对长阁矿业公司提交的检材均不认可），于2016年12月22日作出《8066号资产评估报告》，以2011年1月16日为基准日，以成本法为评估方法，评估结论为资产评估值3407800元，其中道路修建评估值119700元，房屋、构建物、设备、树木资产评估值2648100元，封闭尾矿库所需费用为640000元。《8066号资产评估报告》送达双方后，双方均提出书面异议。长阁矿业公司的主要异议是鉴定估值偏低。北京铁路局的主要异议是不认可该司法鉴定事项，同时相关损失依据的检材系长阁矿业公司单方制作提交，不能作为鉴定依据。2017年3月10日，河北立信安侨资产评估有限公司针对双方书面异议作出答复，对双方提出的异议均未采纳。鉴定单位于2017年3月16日出庭接受了双方质询。另，《8066号资产评估报告》作出后，一审法院依长阁矿业公司申请调取的证据包括前述《张唐铁路（承德段）征占厂矿企事业单位资产登记表》，因该登记表经过多方确认，故一审法院告知鉴定单位依据该登记表对选矿厂的资产价值进行复核。河北立信安侨资产评估有限公司于2017年3月29日出具《8066号资产评估补充报告》，结论为《张唐铁路（承德段）征占厂矿企事业单位资产登记表》记载的资产评估值为1491900元，该数额未包括树木评估值12608元，道路延长部分增加值83730元，场地平整费458710元，尾矿库建库费用718130元，尾矿库闭库费用640000元。《8066号资产评估补充报告》送达双方当事人后，长阁矿业公司表示相关异议以庭审中提出的异议为准，北京铁路局对该鉴定事项仍持根本否定态度。

6. 关于停产停业损失赔偿（补偿）金额问题的相关事实。根据长阁矿业公司的申请，一审法院委托河北立信会计师事务有限责任公司对长阁矿业公司主张的停工损失进行鉴定。河北立信会计师事务有限责任公司依据长阁矿业公司提交的检材（北京铁路局对该赔偿项目也予以根本否定，故对长阁矿业公司提交的检材均不认可），于2016年12月16日作出《关于原告长阁矿业有限公司与北京铁路局物权保护纠纷案鉴定报告》，结论是停产停业期间2011年5月9日至2016年5月31日，经营费用共计3012035.71元。该鉴定报告送达双方后，长阁矿业公司提出的异议是鉴定结果偏低，未计算利息。北京铁路局提出的异议是，该项目不应列入补偿范围，且依据的检材系长阁矿业公司单方制作提交。2017年3月16日，河北立信会计师事务有限责任公司出庭接受了双方质询。庭审过程中，双方当事人对承德市人民政府于2010年11月22日印发的《张唐铁路承德段征地拆迁办法》合法性和有效性均予以认可，该办法第二十条第六点规定，对经营性企业增补下列费用："（一）由于受搬迁影响，造成企业停产、停业的，按照企业实有职工人数和拆迁所在地统计部门发布的拆迁前本行政区域六个月职工人均工资执行，计发期限为6个月，职工人数以社保部门提供的社会保险缴纳证明为准。（二）对于搬迁企业在迁建过程中因停产、停业造成的损失，按搬迁时前六个月的平均利润补偿六个月……"诉讼中，长阁矿业公司自称因未办理探矿转采矿手续，未进行矿石开采和实际经营。一审法院告知鉴定单位，根据上述办法规定的补偿标准进行补充鉴定，以供法院判决时参考。河北立信会计师事务有限责任公司于2017年3月29日出具《关于原告长阁矿业有限公司与北京铁路局物权保护纠纷案鉴定报告（补充说明）》，按照河北省统计局发布的数据，长阁矿业公司10人半年期员工工资为162005元。对于该补充说明，长阁矿业公司表示不认可，北京铁路局对该赔偿项目整体仍持根本否定态度。

一审法院认为，本案争议的焦点问题主要有三个：第一，北京铁路局是否为本案适格被告；第二，北京铁路局是否存在侵权行为，应承担赔偿责任还是补偿责任；第三，北京铁路局应赔偿（补偿）的项目以及相应的金额，利息应如何计算。

关于北京铁路局是否为本案适格被告的问题。《中华人民共和国合同法》第四百零三条第二款规定："受托人因委托人的原因对第三人不履行义务，受托人应当向第三人披露委托人，第三人因此可以选择受托人或者委托人作为相对人主张其权利，但第三人不得变更选定的相对人。"具体到本案，根据案外人蒙冀公司（委托方）与北京铁路局签订的《新建张家口至唐山铁路委托代建协议书》，案涉张唐铁路项目的建设单位系蒙冀公司，北京铁路局作为受托人负责全部建设管理工作，双方系委托关系。北京铁路局接受委托后，组建了张唐项目部，张唐项目部又与承德市铁指签订承德路段的压覆补偿框架协议，承德市铁指下设机构丰宁拆迁办又以北京铁路局名义与长阁矿业公司就压覆补偿问题多次协商，签署书面协商纪要，并以北京铁路局名义预付500万元补偿费用，故长阁矿业公司有权选择向北京铁路局或者蒙冀公司主张权利。在本案诉讼发生后，北京铁路局披露了其与蒙冀公司的委托关系，并主张追加蒙冀公司为本案被告，但长阁矿业公司明确表示不同意进行追加。故北京铁路局是本案适格被告，应承担相应的赔偿或补偿责任。

关于北京铁路局是否存在侵权行为，应承担赔偿责任还是补偿责任的问题。庭审过程中，北京铁路局明确认可长阁矿业公司系梨树沟铁矿的探矿权人，具备原告主体资格。根据《中华人民共和国物权法》第一百二十三条规定，探矿权属于用益物权，依法应受保护。对于长阁矿业公司拥有的探矿权已被实际压覆的事实，2014年5月27日的《协商纪要》已进行了确认。双方争议的核心是该压覆行为是否合法，即北京铁路局是否构成侵权。根据已查明的事实，2009年9月23日，河北省国土资源厅对蒙冀公司提出的张唐铁路建设用地压覆矿产资源的申请，已作出《关于"新建张家口至唐山铁路建设项目"压覆矿产资源的批复》，同意该建设项目范围内压覆包括案涉探矿权在内的矿产资源，因此，北京铁路局不构成侵权。《中华人民共和国物权法》第一百二十一条规定："因不动产或者动产被征收、征用致使用益物权消灭或者影响用益物权行使的，用益物权人有权依照本法第四十二条、第四十四条的规定获得相应补偿。"北京铁路局应对长阁矿业公司因探矿权压覆受到的经济损失进行补偿。

关于北京铁路局应补偿项目的问题。北京铁路局应依法承担补偿责任，对于应补偿的项目，诉讼中北京铁路局认可对探矿权损失进行补偿，一审法院予以确认。对于长阁矿业公司主张的资产损失和停产停业损失，虽然张唐铁路只压覆了案涉探矿权采区，未直接压覆长阁矿业公司投资建设的选矿厂，但案涉探矿权当时正处于探转采手续办理阶段，长阁矿业公司预先投资建设配套选矿厂经过行政主管部门审批，也办理了尾矿库安全生产许可证，探转采的手续不能继续办理直接导致配套选矿厂无法直接经营，故资产损失和停产停业损失应纳入补偿范围。同时，丰宁拆迁办与长阁矿业公司签订的《协商纪要》已明确认可对上述两项损失进行赔偿，虽然北京铁路局在诉讼中称丰宁拆迁办的行为超越职权，对此其不知情也不认可，但丰宁拆迁办系承德市铁指的下设单位，承德市铁指与张唐指挥部签订有委托协议，而张唐指挥部又系北京铁路局组建，故四方在张唐铁路拆迁补偿日常工作中应存在密切联系，北京铁路局称对丰宁拆迁办进行的协商、提交报告以及承德市铁指委托承德燕峰资产评估有限公司对选矿厂资产进行评估等事实均不知情不符合常理，且一审法院依法调取的《张唐铁路（承德段）征占厂矿企事业单位资产登记表》有项目指挥部、县指挥部、乡镇政府、村委会、产权人、建设单位、设计单位、施工单位、监理单位代表和现场登录人十方见证并签字，故对北京铁路局的抗辩不予支持。

关于探矿权损失应补偿金额的问题。根据河北矿业资产评估有限责任公司作出的鉴定意见，以 2011 年 1 月 16 日为基准日，以折现现金流量法为评估方法，案涉探矿权价值为76637300元。根据诉前承德市铁指委托河北兰德矿业权评估咨询有限公司作出的评估报告，以 2011 年 1 月 16 日为基准日，参考《河北省矿业权价款缴纳办法（试行)》中价款计算方法，案涉探矿权价值为 19267200 元，前期勘查投入为 4816800 元（按采矿权价款的 20% 确定）。两份鉴定结论采用的基准日相同，认定的压覆矿产资源储量相同，唯一的区别是评估方法。对于压覆矿产资源补偿标准问题，《中华人民共和国物权法》未作出明确规定，国土资源部 137 号文第四条第三项规定："建设项目压覆已设置矿业权矿产资源的，新的土地使用权人还应同时与矿业权人签订协议，协议应包括矿业权人同意放弃被压覆矿区范围及相关补偿内容。补偿的范围原则上应包括：1. 矿业权人被压覆资源储量在当前市场条件下所应缴的价款（无偿取得的除外）；2. 所压覆的矿产资源分担的勘查投资、已建的开采设施投入和搬迁相应设施等直接损失。”上述规定首先强调双方需经协商签订具体补偿协议，所列补偿范围也是“原则上应包括”，故应为指导性规定，而非强制性规定。在双方不能自行协商一致的情况下，河北矿业资产评估有限责任公司作出的鉴定意见，程序合法，也符合公平原则，应作为定案依据。

关于资产损失的问题。根据河北立信安侨资产评估有限公司2017年3月29日出具的《8066号资产评估补充报告》，十方签字的《张唐铁路（承德段）征占厂矿企事业单位资产登记表》记载的资产评估值为1491900元（该数额未包括树木评估值12608元，道路延长部分增加值83730元，场地平整费458710元，尾矿库建库费用718130元，尾矿库闭库费用640000元）。因《张唐铁路（承德段）征占厂矿企事业单位资产登记表》系各方经核对签署的原始文件，比长阁矿业公司单方提交的检材更具有客观性，《8066号资产评估补充报告》应作为定案依据，选矿厂的资产损失金额为1491900元。另，根据丰宁拆迁办与长阁矿业公司签署的《协商纪要》，尾矿库建设投入和闭库费用属于补偿项目，同时该尾矿库也取得了合法手续，故尾矿库建库费用718130元和尾矿库闭库费用640000元应纳入补偿范围，总的资产损失金额为2850030元。

关于停产停业损失补偿金额问题。庭审过程中，双方对承德市人民政府于2010年11月22日印发的《张唐铁路承德段征地拆迁办法》的合法性和有效性均予以认可。根据该办法，河北立信会计师事务有限责任公司于2017年3月29日出具补充说明，按照河北省统计局发布的数据，长阁矿业公司10人半年期员工工资为162005元，应作为长阁矿业公司的停产停业损失补偿金额。

综上，北京铁路局应给付长阁矿业公司压覆补偿款总金额为76637300元（探矿权损失）＋2850030元（资产损失）＋162005元（停产停业损失）＝79649335元，减去北京铁路局已实际给付的500万元，尚需支付补偿款74649335元。另，自2011年1月16日实际压覆矿产资源之日，双方因补偿标准问题一直未能协商一致，一审法院酌定利息按中国人民银行同期贷款利率，自长阁矿业公司起诉之日即2014年8月1日起算。

一审法院判决：一、北京铁路局于判决生效后十五日内给付长阁矿业公司压覆矿产资源补偿款74649335元及利息（利息以74649335元为基数，自2014年8月1日起计算至实际履行完毕之日止，按中国人民银行同期贷款利率计算）；二、驳回长阁矿业公司其他诉讼请求。案件受理费1041805元由长阁矿业公司负担591805元，由北京铁路局负担450000元；鉴定费481100元由双方各自负担一半。

本院二审期间，当事人围绕上诉请求依法提交了证据。本院组织当事人进行了证据交换和质证。

北京铁路局当庭提交三组证据作为二审新证据。

第一组证据：共5份。证据1为长阁矿业公司的企业信用信息公示报告；证据2为北京东方腾达商贸有限公司（以下简称腾达公司）的企业信用信息公示报告。证据1、2系从国家企业信用信息公示系统获取，拟证明长阁矿业公司与腾达公司的法定代表人均系丁连茂。证据3为《调查评估报告》附件扉页；证据4为〔2007〕第0315号《颁发矿产资源勘查许可证通知》及附图（河北省丰宁县南关乡长阁村梨树沟铁矿普查矿产资源勘查区块登记图）；证据5为蒙冀公司与腾达公司于2009年8月8日签订的《拟建张唐铁路压覆矿业权补偿意向书》。证据3、4、5系从蒙冀公司处获取，拟证明蒙冀公司申请压覆矿产资源手续齐备，程序合法，北京铁路局作为张唐铁路项目的代建单位，受蒙冀公司委托实施压覆矿产资源的行为合法合规，不存在侵权行为。

第二组证据：证据6为河北省丰宁县南关乡长阁村梨树沟铁矿普查项目在原国土资源部探矿权登记信息查验平台上的信息。该证据系二审开庭前从原国土资源部官网获取，拟证明长阁矿业公司的探矿权依然合法存续，张唐铁路项目没有压覆案涉梨树沟铁矿矿产资源。

第三组证据：证据7为长阁矿业公司在原国土资源部全国矿业权人勘查开采信息公示系统中的信息。该证据系二审开庭前从原国土资源部官网获取，拟证明长阁矿业公司无偿取得案涉探矿权，不应当获得补偿。

长阁矿业公司质证称：（1）对证据1、2、4、5的真实性、合法性予以认可，关联性不予认可。证据3仅有扉页不完整，对其真实性、合法性、关联性均不予认可。对该组证据的证明目的不予认可。腾达公司与蒙冀公司达成的是补偿意向书，未明确补偿项目、补偿金额、补偿时间等核心条款，并非真正的补偿协议。《调查评估报告》应当附具的是补偿协议，而非补偿意向书。故该组证据无法证明压覆矿产资源程序合法，更无法证明北京铁路局不存在侵权行为。（2）对证据6的真实性、合法性、关联性予以认可，对证明目的不予认可。北京铁路局未对长阁矿业公司进行合法补偿，不符合行政主管部门要求的办理压覆矿产资源储量登记的条件，故长阁矿业公司可以继续办理探矿权保留。张唐铁路已经开通运行，案涉铁矿被压覆的事实客观存在。（3）对证据7证据来源的真实性、合法性予以认可，但对该证据所记载的部分内容的真实性不予认可，对证明目的不予认可。长阁矿业公司按期向河北省国土资源厅缴纳了探矿权使用费。

本院认为，证据1、2、4、5，因长阁矿业公司认可其真实性、合法性，可予采信，其证明目的需结合其他证据和案件事实综合认定。证据3仅为《调查评估报告》附件扉页，不符合证据的完整性要求，不予采信。证据6、7，长阁矿业公司认可其真实性，但该两份证据与长阁矿业公司一审期间提交的证据存在矛盾，需结合其他证据进行认定。

本院对一审判决认定的事实予以确认。

本院另查明：2015年底，张唐铁路已建成并正式开通运营。长阁矿业公司为案涉探矿权办理了探矿权保留手续，案涉探矿权仍登记在长阁矿业公司名下。

本院认为，本案二审争议焦点为：第一，北京铁路局是否为本案适格被告；第二，北京铁路局是否存在侵权行为，应承担赔偿责任还是补偿责任；第三，北京铁路局应赔偿或补偿的项目、数额，以及利息如何计算。

（一）关于北京铁路局是否为本案适格被告的问题

张唐铁路项目的投资建设单位为蒙冀公司。蒙冀公司与北京铁路局签署《新建张家口至唐山铁路委托代建协议书》约定，蒙冀公司委托北京铁路局负责张唐铁路项目的全部建设管理工作，包括负责建设过程中所涉征地拆迁、压覆矿产资源补偿等相关工作并列支建设项目管理费等其他费用。为履行代建协议，北京铁路局成立了张唐指挥部，并授权张唐指挥部具体实施代建协议项下北京铁路局所应承担的全部工作。随后，张唐指挥部与承德市铁指签订《新建张家口至唐山铁路（承德段）工程压矿补偿实施协议》和《新建张家口至唐山铁路（承德段）工程征地拆迁框架协议（四）》，约定张唐指挥部委托承德市铁指具体负责实施张唐铁路项目承德地区的压覆矿产资源评估及补偿工作。丰宁拆迁办作为承德市铁指的下属单位，负责丰宁县地区的压覆矿产资源评估及补偿工作。事实上，长阁矿业公司在诉讼前一直向丰宁拆迁办主张进行压覆矿产资源评估及补偿，丰宁拆迁办也一直与长阁矿业公司就相关补偿问题进行协商处理。二审庭审中，北京铁路局亦认可丰宁拆迁办与其他矿业权人所签订的压覆矿产资源补偿协议。因此，北京铁路局应对压覆矿产资源补偿实施单位在其委托授权范围内实施的压覆矿产资源补偿行为的后果承担法律责任。北京铁路局主张其不是本案适格被告的上诉理由不能成立，本院不予支持。

（二）关于北京铁路局是否存在侵权行为，应承担赔偿责任还是补偿责任的问题

根据《中华人民共和国物权法》第一百二十三条“依法取得的探矿权、采矿权、取水权和使用水域、滩涂从事养殖、捕捞的权利受法律保护”的规定，长阁矿业公司依法取得的矿业权受法律保护。根据《中华人民共和国侵权责任法》第六条“行为人因过错侵害他人民事权益，应当承担侵权责任”的规定，长阁矿业公司主张北京铁路局构成侵权，应当证明北京铁路局实施压覆矿产资源的行为存在过错。根据本案查明事实，蒙冀公司与腾达公司于2009年8月8日签订的《拟建张唐铁路压覆矿业权补偿意向书》明确约定“为保证国家重点项目的实施，经矿业权人与建设单位友好协商，同意压覆矿业权。双方同意，项目正式立项后，依据省国土资源厅批复的压覆矿产资源评估报告、国家政策及有关规定，双方协商，签订补偿协议”。2009年9月23日，河北省国土资源厅对蒙冀公司提出的张唐铁路建设用地压覆矿产资源的申请，作出《关于“新建张家口至唐山铁路建设项目”压覆矿产资源的批复》，同意在该建设项目范围内压覆已查明重要矿产资源。本案双方当事人中，北京铁路局系接受蒙冀公司委托负责张唐铁路项目建设；长阁矿业公司系从案外人腾达公司处受让案涉矿业权，且长阁矿业公司与腾达公司的法定代表人均系丁连茂。蒙冀公司在与腾达公司达成压覆补偿意向后，已按照相关法律法规履行压覆重要矿产资

源的报批手续，故北京铁路局在张唐铁路项目建设期间压覆长阁矿业公司名下探矿权的行为不具违法性，主观上亦不存在过错，不构成侵权。因此，长阁矿业公司关于北京铁路局构成侵权的上诉理由不能成立，长阁矿业公司的探矿权因北京铁路局的压覆行为所受损失依法应得到补偿。

（三）关于北京铁路局应补偿项目、数额及利息问题

关于应补偿项目问题。一是探矿权损失。一审期间，北京铁路局认可对案涉探矿权损失进行补偿，但上诉时其以长阁矿业公司系无偿取得为由主张不应补偿探矿权损失。原国土资源部《探矿权采矿权招标拍卖挂牌管理办法（试行）》及财政部、原国土资源部《关于深化探矿权采矿权有偿取得制度改革有关问题的通知》规定，探矿权全面实行有偿取得制度。根据丰宁满族自治县国土资源局于 2015 年 5 月 25 日出具的《关于河北省丰宁县南关乡长阁村梨树沟铁矿普查探矿权保留的情况说明》，“河北省丰宁县南关乡长阁村梨树沟铁矿普查”探矿权于 2005 年 6 月以挂牌方式取得。北京铁路局主张长阁矿业公司系无偿取得探矿权，不应获得补偿，但未提供充分证据证明，其此项上诉理由不能成立。二是资产损失和停产停业损失。虽然张唐铁路只压覆了案涉探矿权矿区，但案涉探矿权已处于探转采手续办理阶段，长阁矿业公司预先投资建设配套选矿厂经过行政主管部门的审批，也办理了尾矿库安全生产许可证，探转采的手续不能继续办理直接导致配套选矿厂无法开展生产经营活动，故选矿厂资产损失和停产停业损失客观存在。同时，丰宁拆迁办与长阁矿业公司于 2014 年 5 月 21 日签订的《协商纪要》已明确认可上述两项损失，一审法院依法调取的《张唐铁路（承德段）征占厂矿企事业单位资产登记表》有项目指挥部、县指挥部、乡镇政府、村委会、产权人、建设单位、设计单位、施工单位、监理单位代表和现场登录人十方见证并签字，故北京铁路局关于不应补偿长阁矿业公司资产损失及停产停业损失的上诉理由不能成立。

关于补偿数额问题。本案双方当事人对于应就铁路中心线左右各 1000 米范围内的探矿权进行补偿以及被压覆矿产资源储量已无争议。本院认为，压覆矿产资源的补偿范围，应限于矿业权人被压覆资源储量在当前市场条件下所应缴的价款，以及所压覆的矿区分担的勘查投资、已建的开采设施投入和搬迁相应设施等直接损失。特别是对于探矿权而言，能否转换

为采矿权尚具不确定性；即便由探矿权转为采矿权，探矿权人亦需为采矿权的实现向国家缴纳必要的使用费以及投入大量的建设和生产经营成本；从市场风险的角度而言，投资采矿权还面临矿产品市场价格变动的风险，采矿权人的预期利润未必能够实现。对于仅拥有探矿权的长阁矿业公司而言，依据前述标准予以补偿，已经能够较好地保护其合法权益，也与其他已达成补偿协议的矿业权人所取得的补偿基本持平。河北兰德矿业权评估咨询有限公司根据承德市铁指的委托，参考《河北省矿业权价款缴纳办法（试行）》中价款计算方式，对被压覆的矿业权价值作出评估，其结论具有合理性，可以作为确定补偿金额的依据。据此，案涉探矿权价值为19267200元，前期勘查投入为4816800元。对于资产损失和停产停业损失，《8066号资产评估补充报告》及《关于原告长阁矿业有限公司与北京铁路局物权保护纠纷案鉴定报告（补充说明）》作出的程序合法，依据充分，本院予以采信。据此，长阁矿业公司的资产损失为2850030元，停产停业损失为162005元。

北京铁路局应向长阁矿业公司支付补偿款总金额为19267200元（探矿权损失）+4816800元（前期勘查投入）+2850030元（资产损失）+162005元（停产停业损失）=27096035元，减去北京铁路局已实际给付的500万元，尚需支付22096035元。

关于利息问题。考虑到本案探矿权纠纷历时数年，双方当事人未就补偿数额达成一致无法实际履行，双方对此均有责任，利息从本案起诉之日即2014年8月1日起按中国人民银行同期同类贷款利率计算较为合理。

综上所述，长阁矿业公司的上诉请求不能成立，本院不予支持；北京铁路局的上诉请求部分成立，本院对成立部分予以支持。依照《中华人民共和国民事诉讼法》第一百七十条第一款第二项规定，判决如下：

一、撤销河北省高级人民法院（2014）冀民一初字第9号民事判决；

二、北京铁路局于本判决生效后十五日内给付丰宁长阁矿业有限公司补偿款22096035元（利息以22096035元为基数，按中国人民银行同期同类贷款利率，自2014年8月1日起计算至实际履行完毕之日止）；

三、驳回丰宁长阁矿业有限公司的其他诉讼请求。

如果未按本判决指定的期间履行给付金钱义务，应当依照《中华人民共和国民事诉讼法》第二百五十三条规定，加倍支付迟延履行期间的债务利息。

一审案件受理费 1041805 元，由丰宁长阁矿业有限公司负担 885535 元，由北京铁路局负担 156270 元；鉴定费 481100 元，由丰宁长阁矿业有限公司、北京铁路局各自负担一半。二审案件受理费 1075867.4 元，由丰宁长阁矿业有限公司负担 1050867.4 元，由北京铁路局负担 25000 元。

本判决为终审判决。

审　判　长　魏文超
审　判　员　贾清林
审　判　员　刘小飞

二〇一八年六月二十九日

法官助理　吴凯敏
书　记　员　陈中原

33. 农行某支行诉贺某金融借款合同纠纷案*

最高人民法院民一庭

预购商品房抵押的预告登记不产生抵押效力

【裁判摘要】

预告登记后，债权消灭或者自能够进行不动产登记之日起三个月内未申请登记的，预告登记失效，即抵押权预告登记所登记的并非现实的抵押权，而是将来发生抵押权变动的请求权，该请求权具有排他效力。系争房屋抵押权预告登记的权利人，在未办理房屋抵押权设立登记之前，其享有的是抵押登记条件成就或约定期限届满办理抵押权登记的请求权，并非对系争房屋享有现实的抵押权。

一、案情简介

2002年8月，贺某与房地产公司签订商品房买卖合同一份，约定其向房地产公司购买在建别墅一幢，总金额600余万元。同时，贺某与农行某支行签订了《个人住房按揭（抵押）借款合同》，约定农行某支行以按揭贷款方式向其发放贷款500万元。由贺某以购买的上述

* 摘自《民事审判指导与参考》2016年第1辑（总第65辑），人民法院出版社2016年版，第153～156页。

在建房产作为抵押，并由其向房产部门办理了抵押备案登记（预购房产贷款抵押登记），房地产公司承诺为上述借款承担连带保证责任。

合同签订后，农行某支行依约发放了贷款，贺某也陆续还款，后因房地产公司原因未能按时交房及办理产权证，贺某与其协议解除购房合同，因未能还款产生纠纷，银行提起诉讼，要求偿还借款本息，并对预告登记抵押房产行使优先受偿权。

二、法院裁判情况

一审法院认为，因本案购房合同已解除，贺某已将房产退还房地产公司，涉案购买房屋贷款本息应由房地产公司返还银行。关于能否对预告登记的抵押房产行使优先受偿权的问题。依据《中华人民共和国物权法》第九条规定，不动产物权的设立、变更、转让和消灭，经依法登记发生效力，未经登记，不发生效力。抵押权系物权，经登记才能发生效力，案涉房屋抵押系预告登记，并未登记到不动产登记簿，不发生抵押权效力，双方可依合同主张债权请求权。银行行使抵押物优先受偿权的请求不能支持。据此判决：一、房地产公司返还银行贷款本息；二、驳回银行行使优先受偿权的请求。

银行不服提起上诉，二审法院经审理认为，原审判决由房地产公司返还银行尚欠的贷款本息正确。关于对抵押物优先受偿的上诉请求，系争房产上设立的抵押预告登记，与抵押权设立登记具有不同的性质和效力。依据《中华人民共和国物权法》第二十条规定，预告登记后，未经预告登记的权利人同意，处分该不动产的，不发生物权效力。预告登记后，债权消灭或者自能够进行不动产登记之日起3个月内未申请登记的，预告登记失效。即抵押权预告登记所登记的并非现实的抵押权，而是将来发生抵押权变动的请求权，该请求权具有排他效力。因此，银行作为系争房屋抵押权预告登记的权利人，在未办理房屋抵押权设立登记之前，其享有的是抵押登记条件成就或约定期限届满办理抵押权登记的请求权，并非对系争房屋享有现实的抵押权。故二审法院判决：驳回上诉，维持原判。

三、主要观点及理由

本案争议的焦点是，预购商品房抵押预告登记是否产生抵押效力。对此问题有两种观点：

第一种观点认为，预购商品房抵押的预告登记可以产生抵押效力。依据是《最高人民法院关于适用〈中华人民共和国担保法〉若干问题的解释》（以下简称《担保法解释》）第四十七条①的规定，以依法获准尚未建造的或正在建造中的房屋或者其他建筑物抵押的，当事人办理了抵押物登记的，人民法院可以认定有效；《中华人民共和国物权法》第一百八十七条②亦规定，以本法第一百八十条第一款第（一）项至第（三）项规定的财产或者第（五）项规定的正在建造的建筑物抵押的，应当办理抵押登记。抵押权自登记时设立。本案中的抵押预告登记就是指上述法律中规定的抵押物登记，因此，抵押有效。抵押权人行使抵押物优先受偿权的应予支持。

第二种观点认为，预购商品房抵押的预告登记不产生抵押效力。理由是：预告登记是与本登记相对应的概念，预告登记是对将来发生不动产物权变动的目的请求权的登记，本登记则是对已经发生的物权变动进行的登记。本案中的预购商品房抵押预告登记，主要是促使以设立房屋抵押权为内容的请求权得以实现，并非直接导致抵押权的设立。《担保法解释》第四十七条、《中华人民共和国物权法》第一百八十七条中关于抵押物登记，均指本登记，非预告登记，故在预售商品房上抵押预告未转换成房屋抵押登记之前，抵押权人行使房屋优先受偿权依据不足，不予支持。

笔者认为第二种观点更为合理。理由如下：

首先，应明确预告登记的法律性质。《中华人民共和国物权法》第二

---

① 《最高人民法院关于适用〈中华人民共和国担保法〉若干问题的解释》现已失效。

② 对应《民法典》第四百零二条："以本法第三百九十五条第一款第一项至第三项规定的财产或者第五项规定的正在建造的建筑物抵押的，应当办理抵押登记。抵押权自登记时设立。"

十条①规定："当事人签订买卖房屋或者其他不动产物权的协议，为保障将来实现物权，按照约定可以向登记机构申请预告登记。预告登记后，未经预告登记的权利人同意，处分该不动产的，不发生物权效力。预告登记后，债权消灭或者自能够进行不动产登记之日起三个月内未申请登记的，预告登记失效。"这是物权法关于不动产登记制度中的预告登记的规定，即为保全一项以将来发生不动产物权变动为目的的债权请求权的实现。其效力主要表现为：其一，违背预告登记的处分行为不发生物权效力；其二，在预告登记义务人破产或被强制执行时，预告登记具有物权效力；其三，预告登记保全的债权因履行而转化为物权时，物权的顺位依据预告登记时间予以确定。本登记是与预告登记相对应的概念，表明预告登记体现的是债权请求权，与本登记存在本质上的不同，但其均为表征权利的形式，并最终产生物权效力。故预告登记为债权内容与物权效力的结合。预告登记与担保物权的区别：预告登记是保全债权实现的措施，不存在变价和清算程序；担保物权在本质上是优先受偿权，它使得债权人在债权之外，享有变价抵押物并优先受偿的权利。预告登记的请求权基础不是预告登记本身，而是其保障的债权。预告登记所保全的请求权包括：不动产所有权转移请求权，设定抵押权请求权，消灭不动产物权的请求权，变更不动产物权内容的请求权和变更不动产物权顺位的请求权。《中华人民共和国物权法》实施前，在国家立法层面尚未出现预告登记概念，较常使用的是预售商品房合同登记备案的提法，与物权法意义上的预告登记还是有着本质上差异的，因为预告登记引入之主旨，在与解决商品房预购人所面临的一房数卖的风险，确保预购人最终取得房屋所有权。预购商品房抵押权最早始见于 1997 年建设部的《城市房地产抵押管理办法》（2001 年修订），该办法第三条第四款规定，所谓"预购商品房贷款抵押，是指购房人在支付首期规定的房价款后，由贷款银行代其支付其余的购房款，将所

---

① 对应《民法典》第二百二十一条："当事人签订买卖房屋的协议或者签订其他不动产物权的协议，为保障将来实现物权，按照约定可以向登记机构申请预告登记。预告登记后，未经预告登记的权利人同意，处分该不动产的，不发生物权效力。预告登记后，债权消灭或者自能够进行不动产登记之日起九十日内未申请登记的，预告登记失效。"

购商品房抵押给贷款银行作为偿还贷款履行担保的行为”。所谓“预购商品房抵押权”的登记，依据《城市房地产抵押管理办法》第三十四条第二款的规定，是指登记机关应当在抵押合同上作记载，因为此时商品房尚未建成，其上不可能成立所有权，亦不存在不动产登记簿。在商品房建成之前，预购商品房抵押权之预告登记，主要在与确保商品房建成且预购人取得所有权登记后，这一所谓的“抵押权”能自动转换为该房屋上的抵押权，也就是转为现房抵押。反面言之，如预购人未取得所有权登记，房屋抵押权登记就无法完成，抵押权则不能产生。

其次，《担保法解释》第四十七条、《中华人民共和国物权法》第一百八十七条所规定正在建造的建筑物抵押的，应当办理抵押登记，抵押权自登记时设立或认定抵押权有效。条文中的登记是指预告登记还是本登记？预告登记是与本登记相对应的，预告登记是对将来发生不动产物权变动的目的请求权的登记，本登记则是对已经发生的物权变动进行的登记。

《中华人民共和国物权法》第九条①规定，不动产物权的设立、变更、转让和消灭，经依法登记，发生效力；未经登记，不发生效力。第十一条②规定，当事人申请登记，应当根据不同登记事项提供权属证明和不动产界址、面积等必要材料。第十四条③规定，不动产物权的设立、变更、转让和消灭，依照法律规定应当登记的，自记载于不动产登记簿时发生效力。第十六条④规定，不动产登记簿是物权归属和内容的根据。不动产登记薄由登记机构管理。上述条文强调不动产物权的设立，经依法登记且记载于不动产登记簿时发生效力，不动产登记簿是物权归属和内容的根据。

---

① 对应《民法典》第二百零九条：“不动产物权的设立、变更、转让和消灭，经依法登记，发生效力；未经登记，不发生效力，但是法律另有规定的除外。依法属于国家所有的自然资源，所有权可以不登记。”

② 对应《民法典》第二百一十一条：“当事人申请登记，应当根据不同登记事项提供权属证明和不动产界址、面积等必要材料。”

③ 对应《民法典》第二百一十四条：不动产物权的设立、变更、转让和消灭，依照法律规定应当登记的，自记载于不动产登记簿时发生效力。”

④ 对应《民法典》第二百一十六条：“不动产登记簿是物权归属和内容的根据。不动产登记簿由登记机构管理。”

上述法条位于物权法总则部分，对分则部分起到统领和指导的作用。则《担保法解释》第四十七条、《中华人民共和国物权法》第一百八十七条中所规定的抵押登记，应指记载于不动产登记簿时的登记，即本登记，系对房屋建成后所有权的抵押登记。

最后，从合理平衡各方当事人利益而言，在房地产公司和购房人可协同办理预抵押登记的情况下，如果房屋具备办证条件或房屋已登记到购房人名下时，可以考虑由银行垫付费用进行抵押登记；如果购房人和房地产公司不予配合，则由银行提起诉讼，判令房地产公司和购房人协助办理抵押登记，以实现预抵押登记与正式抵押登记的衔接。

（撰稿人：李明义　陈　林）